中央高校基本科研业务费专项资金资助项目
Fundamental Research Funds f

从模仿创新到自主创新
——国际代工企业的转型路径研究

王生辉 著

本书通过理论分析、扎根理论研究和实证研究，构建了我国国际代工企业从模仿创新向自主创新的转型路径模型，探讨了转型路径的选择问题，并提出了实现转型路径的策略和建议。

中国财经出版传媒集团
经济科学出版社
Economic Science Press

图书在版编目（CIP）数据

从模仿创新到自主创新：国际代工企业的转型路径研究/王生辉著. —北京：经济科学出版社，2018.11

ISBN 978-7-5218-0094-4

Ⅰ.①从… Ⅱ.①王… Ⅲ.①跨国公司-加工企业-企业发展-研究-中国 Ⅳ.①F426

中国版本图书馆 CIP 数据核字（2018）第 298446 号

责任编辑：王　娟　凌　健
责任校对：王苗苗
责任印制：邱　天

从模仿创新到自主创新
——国际代工企业的转型路径研究
王生辉　著
经济科学出版社出版、发行　新华书店经销
社址：北京市海淀区阜成路甲 28 号　邮编：100142
总编部电话：010-88191217　发行部电话：010-88191522
网址：www.esp.com.cn
电子邮件：esp@esp.com.cn
天猫网店：经济科学出版社旗舰店
网址：http://jjkxcbs.tmall.com
北京季蜂印刷有限公司印装
710×1000　16 开　14.25 印张　210000 字
2019 年 3 月第 1 版　2019 年 3 月第 1 次印刷
ISBN 978-7-5218-0094-4　定价：68.00 元
(图书出现印装问题，本社负责调换。电话：010-88191510)
(版权所有　侵权必究　打击盗版　举报热线：010-88191661
QQ：2242791300　营销中心电话：010-88191537
电子邮箱：dbts@esp.com.cn)

序

20世纪80年代以来,随着经济全球化进程的推进,越来越多的跨国公司为了寻求竞争优势,在全球范围内布局价值链上的各项活动,从而构建起全球价值链体系。在这种体系中,跨国公司占据着研发、营销和关键零部件供应等事关自身核心能力的高增值环节,而将简单加工和组装等一般性活动转移到土地、劳动力等要素价格相对低廉的发展中国家,进而推动了国际代工这一业务模式以及发展中国家国际代工企业的发展。与此同时,中国对外开放的征程已经开启,以东部沿海地区为主的大量中国本土企业,顺应外向型经济发展战略的要求,抓住跨国公司价值链重构的机遇,利用自身的成本优势,以国际代工方式承接跨国公司的订单,迅速切入服装、玩具、家电、电子等行业跨国公司的全球价值链体系之中,在自身获得发展的同时,也对推动中国经济增长,特别是推动中国成为"世界工厂"发挥了重要作用。

在国际代工业务和国际代工企业迅猛发展的同时,随着世界经济格局的变化和中国改革开放进程的不断深化,这种业务模式内在的局限不断显现出来,大量中国国际代工企业也开始面临着严峻的挑战。从业务模式来看,在跨国公司占据主导地位的全球价值链中,中国国际代工企业通常依靠劳动力和其他初级要素方面的成本优势,从事简单加工和组装等低增值活动,除了简单的模仿创新,很少开展自主创新活动。通过模仿创新,中国国际代工企业可以在一定程度上提高自身技术水平,但这种模仿并不能形成企业的核心能力,反而由于核心技术和自有知识产权的普遍缺失,导致大量的这类企业被锁定在低增值环节,只能赚取微薄的加工费。当国际市场需求出现大的波动,或者主要出口国的贸易保护主义势头上升时,这些企业很容易因为跨国公司减少或取消订单而受到巨大冲击。十年前的国际金融危机就是一个很好的例子。此外,近年来,由于受中国国内劳动力、土地等要素成本不断上升以及环境保护方面的政策法规日益严格等因素的影响，传统国际代工业务赖以生存的比较优势正在弱化，众多中国国际代工企业面临着前所未有的压力。要摆脱面临的困境，它们迫切需要从模仿创新转向自主创新。

关于国际代工企业的自主创新问题，近年来，业界和学术界一直在探索和讨论。但这种探索和讨论，大都围绕自主创新对于国际代工企业的重要意义及加大研发投入等一些具体的措施，深入系统地分析国际代工企业自主创新问题的研究为数较少。本书基于作者承担的国家社会科学基金项目的研究成果，主要从战略层面探讨了国际代工企业从模仿创新向自主创新的转型路径，重点做了以下三项工作：第一，通过对国际代工企业的实地调研，运用扎根理论研究方法，梳理出了国际代工企业实现自主创新的主要路径，构建了国际代工企业从模仿创新向自主创新转型路径的理论模型。第二，通过问卷调查获取数据，对所提出的理论模型进行了实证检验，分析了模型中各个主要要素之间的关系。第三，根据现实中国际代工企业的异质性，分析了转型路径的选择问题，并从国际代工企业策略与行为以及外部政策支撑与保障两个方面，提出了实现转型路径的策略建议。上述三项工作层层推进，基本上解答了国际代工企业从模仿创新到自主创新的转型路径有哪些、这些路径是否站得住脚，以及如何选择与实施三个重要问题。

总体来看，本书所探讨的主题是中国经济转型及中国企业国际化经营中迫切需要解决的一个重要现实问题。作者在掌握大量文献的基础上，利用实地调研所获取的案例企业资料及问卷调查数据，运用较为科学的方法对此问题进行了深入研究，所得出的结论对于推进国际代工理论及自主创新理论的发展、对于指导中国国际代工企业通过自主创新应对面临的问题和挑战，都具有积极的意义。当然，寄希望于一个课题、一本学术著作去解决国际代工企业从模仿创新到自主创新转型中遇到的所有问题也是不现实的，在这个领域还有诸多问题需要探讨，希望本书作者今后能够在这方面做进一步的研究和拓展。

孙国辉
2018年9月于中央财经大学

前　　言

改革开放以来，在自身尚不具备充分技术实力和营销能力的前提下，大量中国企业通过代工模式嵌入到全球价值链中，积极参与全球分工、进入国际市场，并通过以客户为主要对象的模仿创新，提高了生产工艺水平，学习和掌握了一定的产品设计知识。但是，代工模式下的模仿创新有其自身的局限性，并不能形成企业的核心能力，也不能推动代工业务的进一步升级。面对在全球价值链中被低端锁定的现状及国内外环境变化带来的挑战，国际代工企业必须实现从模仿创新到自主创新的战略转型，在不断提高自主创新能力的基础上，提升自身在全球价值链中的地位，获得更大的价值分配权力。

本书以国际代工企业的业务升级为导向，探讨了这类企业从模仿创新到自主创新的转型路径问题。在研究过程中，首先，对全球价值链及业务升级、国际代工及其升级、自主创新等领域的已有文献进行了回顾，这些文献为本书的研究奠定了理论基础。其次，对国际代工企业从模仿创新到自主创新的战略转型进行了理论分析，指出了模仿创新的不足及所导致的困境，辨析了自主创新的特征及对业务升级的推动作用，探讨了国际代工企业从模仿创新向自主创新路径转型的可能。再其次，采用扎根理论的方法论，在对14家国际代工企业进行实地访谈所获取的资料的基础上，通过开放性编码、主轴编码和选择性编码，构建了国际代工企业从模仿创新到自主创新的"动力—活动—能力—升级"的转型路径框架，初步明确了国际代工企业从模仿创新向自主创新转型的逻辑脉络和演化范式。之后，针对整体转型路径框架，通过理论分析，进一步探讨了框架中各维度之间的关系，在此基础上提出研究假设，构建了国际代工企业从模仿创新到自主创新转型路径的理论模型，并介绍了与假设检验有关的问卷设计、量表选择及数据处理等方面的问题。接下来，利用167家国际代工企业问卷调查的数据，主要运用偏最小二乘法结构方程模型，在进行了描述性统计分析及量表的信度和效度检验之后，对研究假设进行了实证检验，并根据实证检验的结果，提出了国际代工企业从模仿创新到自主创新的转型路径模型。接下来，依据国际代工企业在价值链中的定位和企业既有的技术能力基础两个指标，提出了国际代工企业从模仿创新到自主创新的转型路径选择模型，分析了三种转型路径选择的特征及要求，继而结合实地调研所获取的信息及调查问卷所获取的数据，从企业策略与行为、政策支撑与保障两个方面提出了对策建议。最后，对本书的结论进行了归纳总结，并指出了本书所做研究的不足与未来研究的展望。

本书创新之处主要体现在以下三个方面：首先，在研究视角上，以国际代工企业为对象，以业务升级为导向，系统地研究了国际代工企业从模仿创新到自主创新的转型路径问题，弥补了以往自主创新研究领域对国际代工企业未予以足够关注的不足，同时，也避免了从一般意义上研究从模仿创新到自主创新转型路径问题可能存在的针对性不强的问题。

其次，在研究内容上，本书采用扎根理论，构建了国际代工企业从模仿创新到自主创新转型框架，并以167家企业为样本进行实证检验，提出了国际代工企业从模仿创新到自主创新的转型路径模型，继而对不同类型代工企业的路径选择问题进行了分析和探讨。上述研究在较大程度上填补了已有研究留下的空白，研究内容具有较强的创新性。

最后，在研究方法上，由于从模仿创新到自主创新的转型路径问题并没有成熟的理论和研究范式，使得对该问题的研究具有很强的探索性特征。因此，在规范研究之外，本书采用扎根理论构建理论框架，并采用基于方差的结构方程软件SmartPLS进行实证检验。扎根理论研究是进行探索性研究的有效方法；而与基于协方差的结构方程模型方法（如AMOS和Lisrel等）相比，基于方差的结构方程模型被公认为更适合进行探索性的研究，其中，经常被用到的就是采用偏最小二乘法的SmartPLS软件。根据本研究的属性，在质性研究和量化研究两个方面分别采用了扎根理论和基于方差的结构方程模型，是本研究在方法上的特色，对于其他同类研究也具有一定的启示和借鉴意义。

总体来看，本书聚焦于国际代工企业这一特定研究对象，基于代工模式的特殊性，探讨其从模仿创新向自主创新的转型路径及对业务升级的影响，一方面发展了自主创新理论和国际代工理论，另一方面也有助于指导本土代工企业选择适合自身的自主创新战略，实现从模仿创新向自主创新的转型，继而摆脱在价值链中的低端分工地位。

目　　录

第一章　导论 ………………………………………………………… 1
　　第一节　研究背景与问题的提出 ……………………………… 1
　　第二节　研究目的与研究意义 ………………………………… 5
　　第三节　主要内容与结构安排 ………………………………… 7
　　第四节　研究方案设计 ………………………………………… 10
　　第五节　研究的重点、难点与可能的创新 …………………… 12

第二章　理论基础与文献综述 …………………………………… 15
　　第一节　全球价值链及其升级理论 …………………………… 15
　　第二节　国际代工及其升级的相关研究 ……………………… 24
　　第三节　自主创新的相关研究 ………………………………… 37

第三章　国际代工企业从模仿创新到自主创新的战略转型：
　　　　　理论分析 ……………………………………………… 46
　　第一节　国际代工企业的模仿创新及其困境 ………………… 46
　　第二节　国际代工企业的自主创新与业务升级 ……………… 55
　　第三节　国际代工企业从模仿创新到自主创新：路径依赖与
　　　　　　路径转型 …………………………………………… 64

第四章　国际代工企业从模仿创新到自主创新的转型路径：
　　　　　基于扎根理论的探索性研究 ………………………… 70
　　第一节　研究方法和数据来源 ………………………………… 70
　　第二节　范畴提炼和模型构建 ………………………………… 78
　　第三节　模型阐释和研究发现 ………………………………… 88

第五章 国际代工企业从模仿创新到自主创新的转型路径：理论发展与实证研究设计 …… 96

第一节 理论发展与研究假设 …… 96
第二节 问卷设计与变量测量 …… 114
第三节 问卷发放、回收及数据处理 …… 124

第六章 国际代工企业从模仿创新到自主创新的转型路径：数据分析与假设检验 …… 129

第一节 样本的描述性统计 …… 129
第二节 变量的效度与信度检验 …… 133
第三节 假设检验与结果讨论 …… 145

第七章 国际代工企业从模仿创新到自主创新的转型路径：选择与实施 …… 161

第一节 国际代工企业从模仿创新到自主创新转型路径的选择 …… 161
第二节 国际代工企业从模仿创新到自主创新转型路径的实施：企业策略与行为 …… 172
第三节 国际代工企业从模仿创新到自主创新转型路径的实施：政策支撑与保障 …… 181

第八章 结论与展望 …… 187

第一节 主要结论 …… 187
第二节 研究的不足与展望 …… 189

参考文献 …… 191
后记 …… 212
附录：问卷调查表 …… 214

第一章

导　　论

第一节　研究背景与问题的提出

随着全球市场竞争的加剧，越来越多的跨国公司将其核心能力集中在研发、设计、营销以及制造和服务活动中增值最高的环节，而把一般性部件的加工和大批量生产、装配等非核心活动从内部剥离，由代工企业承担，生产活动呈现出全球布局的态势（Van Assche et al., 2017）[①]。这种生产的"非一体化"使得众多中国企业在自身尚不具备强大技术能力和营销能力的前提下，能够以代工模式切入全球价值链、参与全球分工并进入国际市场，一方面为自身的发展获得了契机并拓展了空间，另一方面也推动了中国对外贸易的发展和中国经济的增长。但是，由于国际代工模式固有的局限以及国内外环境的变化，当前，代工企业正面临着一系列严峻的挑战。如何实现从模仿创新到自主创新的战略转型，通过自主创新提升自身在全球价值链中的地位，已成为大量国际代工企业亟待解决的问题。

一、研究背景

从20世纪60年代开始，随着经济全球化的发展，全球劳动分工开始从传统的产业间和产业内分工向产品内分工转化，表现为产品生产过程所包含的不同工序和区段，被分解后安排到不同国家或地区进行，形成以工

---

① Van Assche, A., Brandl, K., Perri, A., Scalera, V.G., The Nature of Innovation in Global Value Chains. *Journal of World Business*, Vol.52, 2017, pp.Ⅰ-Ⅲ.

序、区段、环节为对象的分工体系（卢锋，2004）[①]。这种"把生产过程分离开来并配置到不同空间"的分工形态，也被称为"片段化生产"（fragment production）（Jones & Kierzkowski, 1990）[②]或"全球经济中的生产非一体化"（disintegration of production in the global economy）（Freenstra, 1998）[③]。进入20世纪80年代以后，随着经济全球化的迅猛发展，产品内分工在规模上不断扩大，深度上也不断推进（UNCTAD, 2013）[④]。

这种产品内分工的不断发展，是发达国家的跨国公司根据自己的核心能力，从自身战略目标出发，按照比较优势原则，构建起全球价值链（Global Value Chain）体系，对价值增值活动在全球进行重新配置的结果。在全球价值链中，跨国公司牢牢掌握着创新、设计、营销等核心环节和制造中的高增值环节，而把生产、装配等低增值活动配置到劳动力成本相对较为低廉的发展中国家。在具体实施时，除了通过对外直接投资在海外建立并运营从事生产、装配业务的公司或附属企业之外，以契约形式、利用市场机制或准市场机制向发展中国家企业下订单，由后者依照产品设计要求进行生产，产品完成后加贴发包企业品牌出售的国际代工（international subconstracting）模式已经被越来越多的跨国公司所采用。

20世纪80年代后期以来、特别是进入90年代以后，随着中国大陆改革开放的进程不断推进以及韩国等东南亚部分国家（地区）的劳动力成本显著提高，中国东部沿海地区的企业在外向型经济发展战略的推动之下，以代工方式切入不同产业的全球价值链之中，使中国迅速成为全球重要的制造业基地，与代工业务相伴随的加工贸易也成为中国对外贸易增长和经济发展不容忽视的推动力量。

目前，我国从事国际代工的企业涉及诸多产业领域，如纺织服装、鞋帽、玩具、家电、电子及通信设备等。全球1/3的OEM业务由中国提供，中国家电行业90%以上的企业在做代工（俞荣建，2010）[⑤]，并且涌现出了一批在相关领域具有举足轻重地位的企业。如广东顺德的格兰仕电器，

[①] 卢锋：《产品内分工》，载《经济学》2004年第4期。
[②] Jones, R. W., H. Kierzkowski., *The Role of Services in Production and International Trade: A Theoretical Framework. In Ronald Jones, Anne Krueger (eds.). The Political Economy of International Trade.* Oxford: Basil Blackwell, 1990.
[③] Feenstra, R., Integration of Trade and Disintegration of Production in the Global Economy. *Journal of Economic Perspectives*, Fall 1998, pp. 31–50.
[④] UNCTAD, World Investment Report 2013 – Global Value Chains: Investment and Trade for Development. Geneva, 2013.
[⑤] 俞荣建：《基于全球价值链治理的长三角本土代工企业升级治理机制研究》，浙江大学出版社2010年版。

从承接海外客户的微波炉订单起步，逐步发展成为微波炉行业中的领头羊，其微波炉产销量自1998年以来连续每年保持全球领先，世界上每销售两台微波炉有一台出自格兰仕①。

直观判断中国国际代工企业发展规模及趋势的一个重要指标是加工贸易的规模和走势。1980年，中国加工贸易进出口金额仅为16.7亿美元，占我国贸易进出口总额的比重为4.4%；到1998年，加工贸易的规模已经超过一般贸易，在我国贸易进出口中所占比重达到53.4%。进入21世纪以来，加工贸易所占比重虽然有所下降，但总体规模依然很大，2017年达到11900亿美元，占全部贸易进出口的比重约为1/4②。加工贸易这种爆发式的增长，背后正是中国承接国际代工业务的企业不断增加和成长的结果③。

在代工业务总量不断增加的同时，由于这种业务模式先天的局限及国内外环境的变化，大量国际代工企业也面临着日益严峻的挑战。就业务模式自身而言，在跨国公司主导的全球价值链中，跨国公司牢牢占据着研发、设计、品牌、营销等高增值关节，而大量中国本土代工企业传统上则依靠劳动力成本方面的优势，从事加工、装配等低增值环节，只能赚取微薄的加工费。在全球价值链中所处的这种低增值地位，使代工业务呈现出了规模提升、但盈利能力却不断下滑的"贫困式增长"（immiserizing growth）的态势。同时，由于国际代工业务高度依赖海外客户的订单，当全球经济出现波动、海外需求下降时，客户订单的取消或减少将给代工企业的经营带来极大冲击。在2008年全球金融危机爆发之后，中国东部沿海地区大量代工企业或停工、或破产倒闭，充分暴露了传统代工业务模式的脆弱性。从国内外环境来看，近年来，国内劳动力、土地、原材料等方面的成本上升较快，传统代工业务模式赖以生存的低成本优势正在弱化，国际代工企业比较集中的长三角、珠三角和环渤海等地区面临着转换经济增长方式的要求；与此同时，越南、柬埔寨、孟加拉国等东南亚和南亚地区的企业，正在凭借相对于中国企业的劳动力成本等方面的优势，获得越来越多的跨国公司的订单，对中国本土代工企业带来了很大的竞争压力。

面对传统代工业务模式的局限及国内外环境的挑战，中国本土代工企

---

① 陈鹏丽：《中国微波炉产销量称霸全球 国内市场规模增长乏力》，载《每日经济新闻》2016年1月26日。
② 商务部商务数据中心网站，http://data.mofcom.gov.cn。
③ 张京红、王生辉：《加工贸易出口对我国经济增长的影响——基于协整检验与分位数回归的分析》，载《经济问题探索》2016年第12期。

业必须通过业务升级、改善自身在全球价值链中的地位。而要做到这一点，这些企业首先需要实施从模仿创新向自主创新的战略转型，通过自主创新能力的提升，实现在全球价值链中向高增值环节的跃迁。

二、问题的提出

中国本土的代工企业大多是在自身能力基础比较薄弱的前提下，通过引进设备、利用各种手册和指南、按照跨国公司提供的图纸、接受跨国公司的指导和培训以及现场观摩等手段，形成开展代工业务所必需的生产能力或基本的产品设计能力，其能力形成过程具有典型的模仿创新的特征。这种创新由于不需要在研究开发上进行大量的投资，一方面避免了研究开发的风险，另一方面可以在生产制造方面投入较多的技术力量和资金，进而在价格、产品质量、性能、交货速度等方面形成自己的竞争优势（傅家骥，1998）[1]。在传统的代工业务模式中，这种创新对于代工企业获取订单无疑具有非常重要的作用。但是，由于模仿创新主要依赖作为外部知识源的跨国公司，创新主要体现在学习和采用规范的生产工艺流程以及进行产品的模仿设计，创新的知识含量少、复杂性和专有性低、对特定客户的专用性高，其结果往往是强化了代工企业在全球价值链中低增值环节的"锁定"（locked-in）状态。为了在动态的市场环境中寻求持续发展的机会，实现代工业务的升级，国际代工企业必须摆脱简单的模仿创新，向更多依靠自身力量实施的自主创新转型。已有的部分研究指出了自主创新对于中国企业参与全球分工的重要性。例如，陈清泰（2008）指出，我国企业参与全球分工应立足自主创新[2]；具体到代工模式，王海燕等（2007）提出，中国企业应在"传统贴牌"的基础上，通过"新型贴牌"提高自主创新能力[3]。

很多研究指出了模仿创新的不足与自主创新的必要性，同时，也从整体上对我国企业从模仿创新到自主创新的转型路径进行了辨析和探索，但是，对于主要在全球价值链中从事加工与装配、创新活动受跨国公司引导与制约的代工企业的自主创新问题，尚缺乏有针对性的分析。例如：国际代工企业自主创新的含义和特征是什么？国际代工企业从模仿创新到自主

---

[1] 傅家骥：《技术创新学》，清华大学出版社1998年版。
[2] 陈清泰：《参与全球分工应立足自主创新》，载《科学》2008年第4期。
[3] 王海燕、周元：《"新型贴牌"与自主创新》，载《中国软科学》2007年第9期。

创新的转型路径是什么？转型路径包括哪些要素？国际代工企业如何选择和实施从模仿创新到自主创新的转型路径？等等。本书试图在全球价值链的框架体系内，以代工业务升级为导向，从自主创新的动力出发，以自主创新活动为核心，把自主创新能力培育和提升作为目标，在规范分析的基础上，通过扎根理论构建代工企业从模仿创新到自主创新的基本转型路径模型，在此基础上，进行理论发展并提出研究假设，再通过问卷调查获取数据进行实证分析和检验，进而提出路径选择的框架和路径实施的建议，以期对国际代工企业的自主创新和竞争能力的提升提供指导。

第二节 研究目的与研究意义

一、研究目的

大量国际代工企业能否实现从模仿创新到自主创新的路径转型，从微观上来看，直接关系到这些企业能否持续获得生存和发展的空间、能否提升在全球市场上的竞争力、能否实现在全球价值链中的业务升级、能否获得盈利能力的提高；从宏观上来看，则直接影响到我国进出口贸易、劳动力就业、经济增长方式转换以及我国在全球分工中的地位和利益。本书的目标，是通过理论分析和实证研究，揭示国际代工企业从模仿创新到自主创新的转型路径。具体研究目的主要包括以下三个方面：第一，探究国际代工企业实现自主创新的路径，构建从模仿创新向自主创新转型的路径理论模型。第二，对理论模型进行实证检验，发现合乎国际代工企业实际情况的转型路径。第三，提出国际代工企业从模仿创新到自主创新转型路径的选择框架和实施建议。

二、理论价值

在过去的十几年，有关全球价值链中的国际代工模式及代工企业业务升级的研究日益增多，但这些研究大多都集中在全球价值链中的主导企业如何利用价值链治理机制对代工企业的业务升级进行制约（例如，Gereffi，1999；Humphrey & Schmitz，2000）以及发展中国家企业如何通过价值链的重构实现对这种制约的突破（刘志彪，2007）。虽然有学者指出应该通过自主创新实现能力提升和业务升级，但并未对国际代工企业如何实施自主创新进行系统研究。本书力图构建国际代工企业从模仿创新到自主创新的转型路径模型，探讨如何通过开展自主创新改善这些企业在全球价值链中的地位，可以在一定程度上弥补现有研究的不足。

同时，有关企业自主创新的研究大都集中在一般意义上的自主创新的含义、特征、影响因素等，虽然也有部分研究探讨了从模仿创新到自主创新的转型路径问题，但这些理论研究大都缺乏实证支持，而基于案例研究所得出的结论存在一定局限，没有充分考虑不同类型企业从模仿创新转向自主创新时，所面临约束条件的差异性及路径要求的独特性。特别是对全球价值链中，国际代工企业这一亟待开展自主创新的庞大群体，自主创新研究领域的学者尚未给予应有的关注和充分的研究。本书聚焦于国际代工企业这一特定研究对象，基于代工模式的特殊性，探讨其从模仿创新向自主创新的转型路径，可以在一定程度上拓展和丰富已有的理论研究。

三、现实意义

改革开放以来，大量中国企业依靠低成本的劳动力资源和自然资源，在自身并不具备充分技术实力的条件下，以代工模式切入跨国公司构建并主导的全球价值链体系，实现了国内资源与国际市场的对接。但是，由于技术能力弱、缺乏对行业关键技术和核心零部件的掌控，同时，也缺乏自主的市场开拓能力，大量代工企业在跨国公司主导的全球价值链中只能处于低增值环节。随着国内要素成本的不断上升，特别是随着国内熟练劳动力近乎无限供给时代的结束，面对其他要素成本更为低廉的发展中国家代工企业的竞争，中国国际代工企业必须实现从模仿创新向自主创新的转型，通过增强自身的自主创新能力，实现在全球价值链中的业务升级和价值链分工位置跃迁。

在以自主创新实现代工企业能力提升和业务升级方面，不乏成功的典范，例如，韩国的三星电子，中国台湾地区的巨大机械、宏碁、鸿海集团，中国大陆的万向集团、格兰仕电器等。这些成功企业的案例表明，代工企业从模仿创新到自主创新的转型路径并不是唯一的，由于企业所处行业、战略意图、能力基础、面临的竞争格局等方面存在诸多差异，从自主创新活动实施到自主创新能力形成再到代工业务升级的过程，具有多维性、复杂性和动态性的特征。针对这一过程进行理论上的探讨和实证上的分析,从实践上来看,有助于指导中国代工企业选择适合自身的自主创新战略,进而摆脱在价值链中的低端分工地位、实现向高增值环节升级、推动我国整体经济的可持续发展。同时,分析本土代工企业在自主创新中面临的问题以及外部环境支撑体系存在的问题,也可以为政府制定相关政策提供借鉴和启示。

第三节 主要内容与结构安排

一、本书的主要内容

本书的主要内容包括四个部分。

(一) 理论分析

理论分析主要是探讨国际代工企业模仿创新的含义、结果及局限。在此基础上,明确界定代工企业自主创新的内涵、特征及所包含的维度,并分析和探讨自主创新对国际代工企业实现业务升级的战略影响。

(二) 扎根理论研究

在对国际代工企业进行实地访谈的基础上,采用扎根理论研究方法,对访谈资料进行开放性编码、主轴编码和选择性编码,初步形成以代工业务升级为导向、以代工企业自主创新动力为前置因素、以自主创新活动为核心、以自主创新能力形成为目标的多层次、多维度、复合性的转型路径框架模型,如图1-1所示。

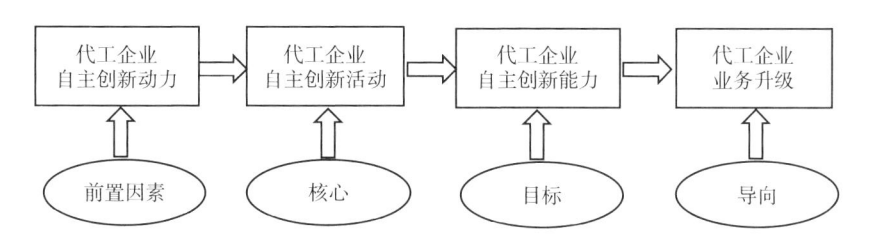

图1-1 国际代工企业从模仿创新到自主创新的转型路径框架模型

(三) 实证研究

在扎根理论研究的基础上，通过理论阐释进一步完善、细化研究模型并提出研究假设，利用北京市、山东省青岛市和潍坊市、江苏省无锡市以及广东省深圳市等地国际代工企业问卷调查的数据，主要采用基于偏最小二乘法的 SamrtPLS 3 软件进行实证研究和假设检验。

(四) 对策建议

针对经过实证检验后的转型路径模型，探讨代工企业的转型路径选择及实施问题。具体来说，一方面，综合考虑国际代工企业的价值链定位、自身的技术能力状况，构建国际代工企业自主创新转型路径的选择模型，指出不同转型路径的特征及要求；另一方面，围绕转型路径的实施，从企业自身策略与行为及外部政策支撑与保障两个方面，提出有针对性的对策建议。

二、重点解决的问题

本书重点解决的问题有以下三个。

(一) 国际代工企业自主创新的基本理论问题

主要包括：国际代工企业模仿创新的含义和驱动力量是什么？这种创新模式的局限性和由此导致的企业困境主要体现在哪些方面？代工企业自主创新的含义是什么？这种自主创新有何特征？实施自主创新对代工企业业务升级有何影响？什么样的内外部条件会促使代工企业实现从模仿创新到自主创新的路径转型？

(二) 国际代工企业从模仿创新到自主创新转型路径模型的构建

主要包括：国际代工企业从模仿创新到自主创新的转型路径是什么？转型路径包括哪些要素？要素彼此之间的关系是什么？所构建的路径模型能否得到实证研究的检验？

(三) 国际代工企业从模仿创新到自主创新转型路径的选择与实施

主要包括：国际代工企业如何在不同的转型路径中进行选择？选择的

标准是什么？在选择了特定的转型路径之后，代工企业应该如何实施？在实施过程中需要什么样的外部支持？

三、本书的基本结构

按照前述内容的逻辑关系，本书的基本结构安排如下。

第一章，导论。主要介绍本书的研究背景、目的和意义、研究内容、研究方法和技术路线以及本研究可能的创新点。

第二章，理论基础与文献综述。主要对全球价值链及业务升级理论、国际代工企业转型升级理论、自主创新理论等领域的重要文献进行回顾与评述，在为本书的研究打下理论基础的同时，也从现有文献的不足中寻找可能的研究方向。

第三章，国际代工企业从模仿创新到自主创新的战略转型：理论分析。在对国际代工企业模仿创新的含义、驱动力量及局限性进行分析的基础上，重点探讨自主创新的含义、特征及对代工企业业务升级的重要意义，并探索国际代工企业从模仿创新到自主创新路径转型的可能性及总体思路。

第四章，国际代工企业从模仿创新到自主创新的转型路径：基于扎根理论的探索性研究。通过对14家从事国际代工企业的现场访谈，基于所收集到的资料，运用扎根理论构建国际代工企业从模仿创新到自主创新转型路径的整体框架。

第五章，国际代工企业从模仿创新到自主创新的转型路径：理论发展与实证研究设计。在第四章研究的基础上，进一步从理论上分析和探讨转型路径框架中各要素之间的关系，并提出相应的研究假设；继而阐释问卷设计及测量量表等相关问题，并对问卷发放与回收、数据处理方法及研究中可能涉及到的共同方法偏差问题加以介绍。

第六章，国际代工企业从模仿创新到自主创新的转型路径：数据分析与假设检验。首先，对样本基本情况进行描述性统计；其次，对测量模型进行信度和效度检验；最后，运用SmartPLS 3统计软件，对转型路径理论模型进行假设检验，并对实证结果进行总结和进一步的讨论。

第七章，国际代工企业从模仿创新到自主创新的转型路径：选择与实施。依据国际代工企业在全球价值中的定位、企业自身的技术能力基础这两个维度，提出不同企业应该选择的转型路径及各条路径的特征与要求。

然后，结合调研中所获取的信息及重要性—表现力映射分析（IPMA）的结果，从微观的企业策略和宏观的政策支撑两个方面分析转型路径的实施问题。

第八章，结论与展望。对本书的研究结论进行归纳和总结；指出本书所做研究的局限以及后续研究的展望。

第四节　研究方案设计

一、研究方法

本书主要采用如下四种研究方法。

（一）文献研究方法

国际代工企业的发展与升级问题以及自主创新问题，是近年来理论界和实务界普遍比较关注的问题。本书以国际代工企业业务升级为导向，探讨国际代工企业从模仿创新向自主创新转型的问题，涉及多个领域的理论和文献。通过文献搜索，在大量阅读文献的基础上，对已有理论成果进行梳理、归纳和提炼，为形成研究思路、发掘研究方向打下基础。

（二）规范研究方法

综合全球价值链理论、国际代工理论、企业战略理论、技术创新理论和组织学习理论等多个不同的理论范畴，对国际代工企业模仿创新和自主创新的相关问题进行理论分析，并探讨转型路径的选择和实施问题。

（三）扎根理论方法

运用扎根理论的方法论，对14家国际代工企业进行实地访谈，以获取第一手的资料，通过对资料不断比较和补充以提炼原始概念，继而发展范畴并发现范畴之间的关联，最终经过整合、凝练上升为系统理论，构建以代工企业自主创新驱动力为前置因素、以自主创新活动为核心、以自主创新能力为目标、以代工业务升级为导向的国际代工企业从模仿创新向自主创新路径转型的框架模型。

（四）定量研究方法

在规范研究和扎根理论研究的基础上，通过问卷调查收集样本数据，利用 SPSS20 和 SmartPls 3 软件，在进行探索性因子分析之后，测度量表的信度和效度，并利用结构方程模型对转型路径框架中的假设进行实证检验。同时，结合 SmartPls 3 软件中的重要性—表现力映射分析（IPMA）结果，提出国际代工企业从模仿创新向自主创新转型的具体策略。

二、技术路线

本书所做研究的技术路线如图 1-2 所示。

```
研究的现实及理论背景
        ↓
    研究的总体构想
        ↓
模仿创新的局限与自主创新的提出
        ↓
┌─────────────────────────────────────┐
│ 转型路径：扎根理论研究 → 转型路径：理论发展与假设 │
│              ↓              ↓        │
│           转型路径：实证检验           │
└─────────────────────────────────────┘
        ↓
   转型路径：选择与实施
        ↓
      结论与展望
```

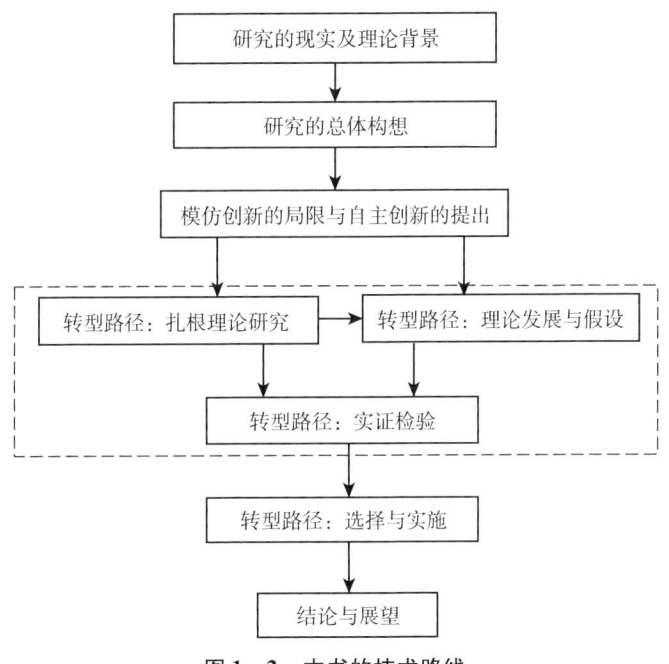

图 1-2 本书的技术路线

1. 通过问题探索、文献研究、理论概括、逻辑推演等方法，提出研究的现实及理论背景，在此基础上提出本书的总体构想。

2. 运用文献研究方法和规范分析方法，结合具体案例描述，分析国际代工企业模仿创新的局限及结果，提出自主创新的内涵、特征及对业务升级的影响，并探讨国际代工企业从模仿创新到自主创新转型的可能性与整体思路。

3. 通过扎根理论研究，构建国际代工企业从模仿创新向自主创新转型路径的基本框架模型，继而针对该模型，通过进一步的理论阐释，提出转型路径中各要素之间关系的研究假设，并通过实证研究加以检验。这是本书的核心内容。

4. 主要基于规范分析方法，结合实地访谈所获取的资料、实证研究结果以及 SmartPLS 3 中的重要性—表现力映射分析（IPMA）方法，提出国际代工企业转型路径的选择框架及相关要求，并提出具体实施中的微观策略和宏观对策。这是本书的重要内容。

5. 对前述研究进行归纳和总结，指出研究的不足和未来的研究方向。

第五节　研究的重点、难点与可能的创新

一、研究的重点

研究的重点主要有三个。

1. 基于扎根理论研究，提出国际代工企业从模仿创新到自主创新转型路径的框架模型。

2. 在问卷调查的基础上，通过实证研究对转型路径进行假设检验。

3. 不同国际代工企业转型路径的选择及转型路径实施的微观策略和宏观对策。

二、研究的难点

研究的难点主要有两个。

1. 通过现场访谈获得第一手资料，在此基础上，提出国际代工企业从模仿创新到自主创新转型路径的框架模型，辨明转型路径中各要素之间的关系。这是本书研究的核心，需要做大量的企业搜寻、筛选、沟通等准备工作及实地调研工作，具有较大挑战性。

2. 国际代工企业从模仿创新到自主创新转型路径模型相关假设的实

证检验，需要进行较大规模的问卷调查。抽样框的确定、问卷的发放和回收等都需要做大量的工作，存在诸多的难题需要克服。

三、可能的创新

可能的创新之处主要体现在以下三个方面。

（一）研究视角的创新

在研究视角上，以国际代工企业为对象，以业务升级为导向，系统地研究了国际代工企业从模仿创新到自主创新的转型路径问题，弥补了以往自主创新研究领域对国际代工企业未予以足够关注的不足；同时，也避免了从一般意义上分析从模仿创新到自主创新转型路径问题，可能存在的结论针对性不强的问题。将从模仿创新到自主创新的转型路径问题与国际代工企业的业务升级问题相联系，放在一个共同的研究框架中，这是本书的一个明显创新。

（二）研究内容的创新

在研究内容上，采用扎根理论，利用对14家国际代工企业访谈所获取的资料，构建了国际代工企业从模仿创新到自主创新的"动力—活动—能力—升级"的转型框架，明晰了以业务升级为导向的国际代工企业，从模仿创新向自主创新转型的逻辑脉络和演化过程。在此基础上，以167家企业为样本，经过实证检验，最终提出了国际代工企业从模仿创新到自主创新的转型路径模型，并对不同类型代工企业的路径选择问题进行了分析和探讨。上述内容在很大程度上填补了自主创新领域的研究空白，所提出的转型路径模型具有较强的创新性。

（三）研究方法的创新

在研究方法上，由于从模仿创新到自主创新的转型路径问题并没有成熟的理论和研究范式，使得对该问题的研究具有很强的探索性特征。因此，在规范研究之外，本书采用了扎根理论用以构建理论框架，并采用基于方差的结构方程软件SmartPLS进行实证检验。扎根理论研究是在经验资料的基础上，自下而上建构实质理论的一种研究方法，研究者带着研究问题直接从调查资料中进行经验总结，通过不断地比较和补充提炼原始概念，发展范畴并发现范畴之间的关联，最终经过整合凝练上升为系统理论，是进行探索性研究的有效方法。而与基于协方差的结构方程模型方法（如 AMOS 和 Lisrel）相比，基于方差的结构方程模型被公认为更适合进行探索性的实证研究，其中，经常被用到的就是采用偏最小二乘法的 Smart-PLS 软件。根据本研究的属性，在定性研究和定量研究两个方面分别采用适用于探索性研究的扎根理论和基于方差的结构方程模型，是本书在研究方法上的创新，对于其他同类研究也具有一定的启示和借鉴意义。

第二章

理论基础与文献综述

在已有文献中,全球价值链、国际代工和自主创新的相关理论为本书提供了理论基础。本章将围绕上述理论对主要文献进行简要回顾和梳理。

第一节 全球价值链及其升级理论

一、全球价值链的含义与类型

在迈克尔·波特(Michael Porter,1985)的价值链理论[1]和克格特(Kogut,1985)的价值增加链理论[2]的基础上,以格里菲(Gereffi)为代表的一批学者提出了全球商品链的概念及相关理论。格里菲(1999)认为,"商品链就是产品设计、生产和营销的所有活动",在全球化时代,企业需要"对分布于全球不同国家或地区的上述活动进行功能整合与协调",由此形成了全球商品链。运用全球商品链这一概念,格里菲对一些全球化中的现象和问题进行了分析,例如,服装的国际贸易及服装全球商品链的变动和业务升级(Gereffi,1999)[3]、全球商品链的类型及治理机制等(Gereffi & Tam,1998)[4],这些研究直接推动了全球价值链概念的产生,

---

[1] [美]迈克尔·波特,陈小悦译:《竞争优势》,华夏出版社2005年版。
[2] Kogut, B., Designing Global Strategies: Comparative and Competitive Value-added Chains. *Sloan Management Review*, Vol. 26, 1985, pp. 15–28.
[3] Gereffi, G., International Trade and Industrial Upgrading in the Apparel Commodity Chain. *Journal of International Economics*, Vol. 48, No. 1, 1999, pp. 37–70.
[4] Gereffi, G., Tam, T., Industrial Upgrading through Organizational Chains: Dynamics of Rent, Learning and Mobility in the Global Economy. The 93rd Annual Meeting of the American Sociological Association, 1998.

成为全球价值链重要的理论基础。

在20世纪90年代，格里菲一直把研究的重点放在商品领域，对于企业在不同价值环节的价值创造和获取问题没有予以充分的注意。从2001年开始，他开始从价值链治理的角度来看待商品与服务贸易，并指出价值链对于发展中国家的企业利用自身优势嵌入全球生产网络体系有着重要的作用，与价值链形成相伴的是企业不断参与到价值链并获得必要的技术能力和服务支持的过程。随着联合国工业发展组织（UNIDO）在《工业发展报告2002/2003：通过创新与学习竞争》[1] 中采用这一概念，全球价值链理论进入了不断演进和完善的阶段。

（一）全球价值链的含义

关于全球价值链的概念，一些学者和组织从不同角度给出了自己的定义。斯特金和李（Sturgeon & Lee，2001）从三个方面进行了界定，即：组织规模（organizational scale）、地域范围（geographic scale）和生产性主体（productive actor）。从组织规模来看，全球价值链的参与者，包含特定产品或服务的生产性活动的全部主体；从地域范围来看，价值链上各个价值环节被配置到不同的国家和地区；从参与的主体看，全球价值链中包含一体化企业、零售商、领导厂商、交钥匙供应商和零部件供应商[2]。

联合国工业发展组织（UNIDO）在《工业发展报告2002/2003：通过创新与学习竞争》中提出："全球价值链是指在全球范围内连接生产、销售、回收处理等过程并实现商品或服务价值的全球性跨企业网络组织，其范围涵盖从原料采购和运输、半成品和成品的生产和分销直至最终消费和回收处理的过程。从组织结构上讲，全球价值链包括所有参与者和生产、销售等活动的组织及其价值利润分配，并且通过自动化的业务流程和供应商、合作伙伴以及客户的链接，支持机构的能力和效率。"

《2003亚洲发展瞭望》（Asian Development Outlook 2003）提出，全球价值链可以被定义为"制造过程的国际化。通过国际化，若干国家参与到特定产品制造过程的不同阶段。由于它可以使生产的不同阶段处于最有效率、成本最低的区位，因而具有重要的经济意义"[3]。

---

[1] UNIDO, Industrial Development Report 2002/2003: Competing through Innovation and Learning, Vienna, 2002.

[2] Sturgeon, T., Lee, Ji-Ren., Modular Production Networks: Value Chain Co-evolution and the Rise of A Shared Supply-base for Electronics Manufacturing. Nelson and Winter Conference, 1998.

[3] Asian Development Bank (ADB), Asian Development Outlook 2003, Metro Manila, 2003.

陶锋（2011）在总结已有文献的基础上提出，全球价值链是指在全球范围内，把一项产品或服务从概念开始，经过研发和生产的不同阶段，交付给最终消费者的一系列价值创造过程。全球价值链一般包括开发设计、生产制造、物流配送、品牌营销和销售服务等各个环节[1]。

综合已有的各种有关全球价值链概念的表述可以看出，全球价值链强调的是在供应链上，诸如原材料供应商、部件制造商、组装制造商、设计者、分销商、物流商、零售商等企业之间的连接，它提供了一张从原材料到最终产成品的"流程图"，同时，也为分析这张流程图中每个节点上的价值创造和价值分配提供了基础（Kadarusman & Nadvi，2013）[2]。这一概念在提出之后，迅速从学术研究领域向实践应用延伸，成为诸如世界银行（WBG）、世界贸易组织（WTO）、国际劳工组织（ILO）等国际组织经常使用的分析范式（Gereffi，2013）[3]。

（二）全球价值链的类型

基于全球价值链中动力机制的不同，延续格里菲（1994）关于全球商品链的分类，全球价值链可以分为两种类型。一种是购买者驱动型，指的是大型零售商、营销商、品牌营销者在建立主要分布于第三世界国家的生产网络中发挥着关键作用。这是一种贸易拉动型的全球价值链，主要存在于劳动密集型的消费品产业，例如，服装、鞋类、玩具、家居用品、消费电子和各种手工制品等。在这类全球价值链中，大型零售商、营销商、品牌营销者提供产品设计和规格说明，通常由发展中国家企业进行产品的生产。另一种是生产者驱动型，指的是大型跨国制造商在协调全球生产网络方面发挥着主导作用。这类价值链通常存在于资本密集和技术密集的行业，例如，汽车、飞机、计算机、半导体和重型设备等，如表2-1所示。

---

[1] 陶锋：《国际知识溢出、吸收能力与创新绩效——中国代工制造业升级的研究》，经济科学出版社2011年版。
[2] Kadarusman, Y., Nadvi, K., Competitiveness and Technological Upgrading in Global Value Chains: Evidence from the Indonesian Electronics and Garment Sectors. *European Planning Studies*, Vol. 21, No. 7, 2013, pp. 1007–1028.
[3] Gereffi, G., A Global Value Chain Perspective on Industrial Policy and Development in Emerging Markets. Duke Journal of Comparative and International Law's 2013 Symposium, 2013.

表 2-1　　　　　　生产者驱动与购买者驱动型价值链比较

项目	购买者驱动型全球价值链	制造者驱动型全球价值链
价值链驱动力	商业资本	产业资本
核心能力	设计、营销	研究与开发
进入障碍	范围经济	规模经济
产业分类	非耐用消费品、部分耐用消费品	耐用消费品、中间品、资本品
典型产业	服装、鞋、玩具	汽车、计算机、飞机
制造企业的所有权	主要是发展中国家的本土企业	跨国公司
主要网络联系	以贸易为基础	以投资为基础
主要的网络结构	水平型	垂直型

资料来源：格里菲（1999b）。

在后续的研究中，格里菲（1999b）提出，相对于购买者驱动型全球价值链，生产者驱动型全球价值链更多的是通过对外直接投资（FDI）形成的，前者类似于"进口替代"策略，而后者则更类似于"出口导向"策略[1]。

在格里菲（1994）二分法的基础上，卡普林斯基和莫里斯（Kaplinsky & Morris，2000）指出，同一产业中的全球价值链在类型上会有差异。例如，在服装产业，盖普（GAP）构建的全球价值链是一种典型的购买者驱动型的，而李维—斯特劳斯（Levi-Strauss）构建的则更具有生产者驱动型的特征。在汽车产业，福特（Ford）构建的全球价值链正在向购买者驱动型转变，而丰田（Toyoto）等企业则依然保持着典型的生产者驱动型价值链。张辉进一步指出（2006），除了购买者驱动和生产者驱动两种类型外，还有许多产业链条处于二者之间，即同时具备了购买者驱动和生产者驱动的特征，他称之为生产者驱动和购买者驱动之外的中间模式[2]。

全球价值链的类型划分对于发展中国家代工企业的能力培育与业务升级具有非常重要的启示作用。不同类型的全球价值链核心能力不同、关键增值环节不同，意味着价值链中的发展中国家企业向高增值环节的跃迁具有不同的方向，同时，在资源积累和能力培育上也应有不同的重点。

---

[1] Gereffi, G., International Trade and Industrial Upgrading in the Apparel Commodity Chain. *Journal of International Economics*, Vol. 48, 1999, pp. 37-70.
[2] 张辉：《全球价值链下地方产业集群转型和升级》，经济科学出版社2006年版。

二、全球价值链治理

治理（governance）是全球价值链领域的一个重要问题。格里菲（1994）最早提出全球价值链治理这一概念，指的是设置价值链在产品、流程及物流等方面的参数[①]。在全球价值链的治理方面，早期的研究主要是围绕从外部对价值链施加约束的问题，采用了经典的三权分立理论，即价值链的治理包括立法治理（legislative governance）、司法治理（judicial governance）和执法治理（executive governance）。立法治理指的是围绕参与者加入价值链的条件制定规则，早期的关注点主要是满足基本的成本要求以及确保供货；随着日本管理模式的普及，关注的核心问题扩展到包括所谓的"QPD"（质量、价格和交货的可靠性）。近年来，立法治理的含义也包括满足诸如ISO9000质量标准、ISO14000环境标准、SA8000劳工标准以及其他与产业有关的标准。司法治理指的是对价值链绩效的审计和对规则的遵守情况，而执法治理指的是对价值链的参与者提供帮助，使其满足前述的规则（例如，帮助供应商达到质量方面的标准）。价值链的治理者既有可能是全球价值链内部的企业，也有可能来自外部，如表2-2所示。

表2-2　　　　价值链的立法治理、司法治理与执法治理

治理类型	价值链内部治理者的行为	价值链外部治理者的行为
立法治理	在准时交货、交货的频率、质量等方面，为供货商设置标准	环境标准 儿童劳工标准
司法治理	监督供应商是否满足所设定标准	非政府组织对劳工标准的监督 专业性组织对满足ISO标准的监督
执法治理	供应链管理方帮助供应商满足所设定的标准 制造商协会帮助成员满足所设定的标准	专业化服务提供商 政府产业政策支持

资料来源：Raphael Kaplinsky，Mike Morris，A Handbook for Value Chain Research. IDRC，2000.

[①] Gereffi，G.，The Organization of Buyer-Driven Global Commodity Chains：How U. S. Retailers Shape Overseas Production Networks. In G. Gereffi and M. Korzeniewicz（eds.）. *Commodity Chains and Global Capitalism*，Westport：Praeger，1994，pp. 95-122.

在斯特金（2002）①、斯特金和李（2001）、汉弗莱和施米茨（Humphey & Schmitz，2000，2002）②③等已有研究的基础上，格里菲、汉弗莱和斯特金（2005）提出了更为完整的价值链治理模式分类④。他们将全球价值链治理模式分为五类：市场型治理、模块型治理、关系型治理、俘获型治理和层级型治理。其中，市场型治理和层级型治理是治理模式这一连续统一集当中的两极，另外三种模式可以被视为是网络型治理。市场型治理下的价值链并不一定是建立在暂时的交易的基础上，而有可能是长期的、反复的交易；在模块型治理下的价值链中，供应商根据顾客的要求进行产品的定制；在关系型治理下的价值链中，供需双方会进行复杂的互动，彼此之间相互依赖，资产专用性高，管理在很大程度上依靠信任、家族、种族等关系；在俘获型治理模式下，小型供应商对大型供应商具有高度的依赖性，他们面临主导企业的监督与控制，存在很高的转换成本；在层级型治理模式下，主导企业实施纵向一体化，治理主要是通过管理控制、从总部向分支机构进行人员调动等实现的。

上述五种治理模式是由三个因素决定的：交易复杂性、信息的可编码性及供应商的能力。一般来说，交易的复杂性越高，对价值链进行协调的难度越大。例如，非标准化的产品、结构完整的产品、在生产上对时间要求高的产品即是如此。如果信息的可编码性强，即信息可以采用清晰的、被广泛接受的形式（编码），交易的复杂性相应的就会降低。此外，供应商能力的高低会影响价值链上主导企业进行监督和控制的必要性。五种价值链治理模式在三个因素上的表现如表2-3所示。

全球价值链治理理论的提出，被认为具有非常重要的积极意义，它使得全球价值链的研究从生产更多地转向其他价值链活动，包括商品和服务的提供以及销售渠道和市场等，同时，更加关注价值链参与者彼此之间的关系。但与此同时，也有学者（Altenburg，2006）指出，格里菲等人对价值链治理模式的五分法固然提供了一个有用的分析框架，但他们忽略了其他一些对于业务外包和价值链治理存在重要影响的因素，例如，市场不确

---

① Sturgeon, T., Modular Production Networks: A New American Model of Industrial Organization. *Industrial and Corporate Change*, Vol. 11, No. 3, 2002, pp. 451–96.

② Humphrey, J., Schmitz, H., Governance and Upgrading: Linking Industrial Cluster and Global Value Chain Research. IDS Working Paper, No. 120, 2000.

③ Humphrey, J., Schmitz, H., How Does Insertion in Global Value Chains Affect Upgrading in Industrial Clusters? *Regional Studies*, Vol. 36, No. 9, 2002, pp. 1017–27.

④ Gereffi, G., Humphrey, J., Sturgeon, T., The Governance of Global Value Chains. *Review of International Political Economy*, February 2005, pp. 78–104.

定性的程度、分散风险的动机、消费者的需求以及制度环境[①]。

表 2-3　　　　　　　价值链治理的关键决定因素

治理类型	交易复杂性	交易信息可编码性	供应商能力	外部协调与权力不对等程度
市场型	低	高	高	低 ↕ 高
模块型	高	高	高	
关系型	高	低	高	
俘获型	高	高	低	
层级型	高	低	低	

资料来源：Gereffi, Humphey and Sturgeon, The governance of globalvalue chains. *Review of International Political Economy*, February 2005, P. 87.

在本书中，全球价值链治理理论至少在以下三个方面具有重要的启示和指导价值：首先，全球价值链中存在着规则的制定及检查监督，这就意味着中国本土代工企业要嵌入全球价值链，需要通过学习和不断的创新活动，满足治理者在价格、成本、交货期等方面的要求；同时，为了帮助供应商达到相应的标准，治理者会通过执法治理对供应商提供指导和帮助，这也意味代工企业存在着通过向治理者、也就是价值链中主导企业学习进而实现创新的机会。其次，治理者作为价值链的主导企业，通常在研发、设计、品牌和营销渠道等方面拥有核心能力，占据着价值链中的高门槛、高收益的环节，而被治理者往往是从事加工装配的发展中国家代工企业，所从事的活动一般都是低门槛、低收益的价值链环节。如果不通过自主创新提升自身能力，被治理者会被长期锁定在低端环节，难以实现盈利能力的提升。最后，中国本土代工企业大都处于俘获型治理模式下，主导企业虽然有可能会对代工企业提供培训和指导，但是为了加强对后者的控制、防止其他企业从对代工企业的指导中获益，主导企业所提供的知识往往具有高的专用性，代工企业藉此在设计、物流、加工技术等方面所开展的创新，具有明显的模仿创新的特征，虽然对于提升代工能力具有一定的积极意义，但却进一步增大了被特定主导企业"俘获"的可能。

[①] Altenburg, T., Governance Patterns in Value Chains and Their Development Impact. *The European Journal of Development Research*, Vol. 18, No. 4, 2006, pp. 498–521.

三、全球价值链中的业务升级

卡普林斯基和莫里斯（2000）指出，企业加入全球价值链后，面临两条不同的发展路径，一条是贫困化增长的低端路径，企业面对激烈的竞争、容易陷入"冲底竞赛"（race to the bottom），另一条是高端路径，企业不断提高自身能力，获得持续的收入增长。选择哪条道路取决于企业的创新能力以及在产品设计和生产流程开发方面的持续改善[①]。

在向高端路径发展时，卡普林斯基和莫里斯（2000）提出，企业可以采取四种可能的业务升级模式，即流程升级、产品升级、功能升级和链条升级。流程升级，指的是企业通过重组生产体系或采用更好的技术，提高投入产出的效率，在内部工艺流程上比竞争对手做得更优。产品升级指的是企业制造人均附加值更高的产品，它涉及到企业在产品市场上地位的改变，能够比竞争对手更快地引进新产品或改进原有产品。功能升级指的是企业进入价值链中的新职能领域，如设计、研发、营销等，它涉及到改变企业在价值链中原有的分工地位，实现企业在价值链中所承担活动的转变，如图2-1所示。链条升级指的是企业进入新的价值链，例如，中国台湾地区的代工企业从半导体收音机的制造转向计算器、电视、电脑显示器和笔记本电脑、手机的制造。

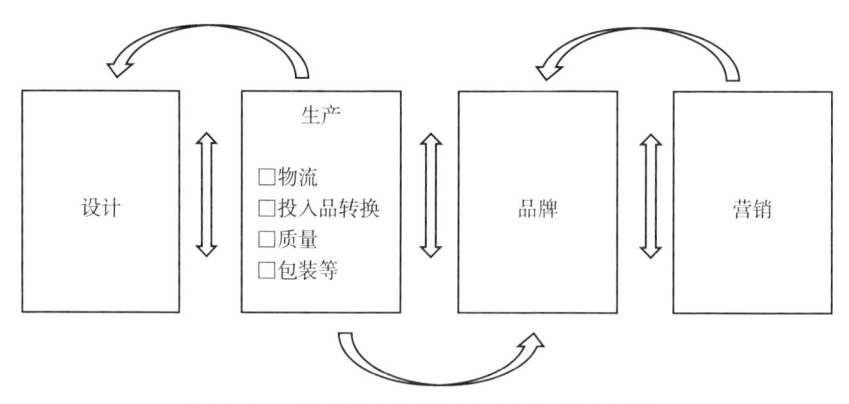

图2-1 功能升级导致企业所承担活动的转变

---

① Kaplinsky, R., Morris, M., A Handbook for Value Chain Research, IDRC, 2000.

关于从低端嵌入全球价值链的发展中国家企业能否顺利实现上述升级过程的问题，存在两种不同的观点。

第一种观点认为，发展中国家企业在全球价值链中可以实现不间断的升级进程。格里菲（1999）发现，在由美国购买者和东亚服装制造商构成的全球服装价值链中，发展中国家的生产者有着较好的升级前景，他们首先是实现了生产领域的升级，继而发展到开展设计、市场营销和品牌运营。卡普林斯基和莫里斯等（2002）也提出，发展中国家企业参与到全球价值链中，存在着从流程升级开始，其后是产品升级、功能升级以及最终的链条升级的发展轨迹[1]。联合国工业发展组织（UNIDO）在《工业发展报告2002/2003：通过创新与学习竞争》的第六章"在全球价值链中提升技术能力"中提到，"跨职能、跨过程、跨国界的全球价值链，不仅提供了一种加速企业和国家发展的方法，也为发展中国家企业提供了借以提升自己能力的通道"；该报告还以东亚为例提出，"东亚的电子和服装合同生产企业沿着能力阶梯不断提升自己，使自己在全球价值链中所处的级别越来越高"[2]。

另一种观点认为，发展中国家参与全球价值链并不存在自动升级的过程。例如，汉弗莱和施米茨（2000，2002）认为：第一，购买者驱动型全球价值链中的代工企业，有可能会实现流程升级和产品升级，因为这种升级会提高发展中国家企业的生产能力，使得全球采购者获得更大的回报；第二，全球采购者几乎不可能会推动发展中国家企业进行激进式或间断式的能力跳跃；第三，如果功能升级会使供应商绕过全球采购者而与发达国家客户直接打交道，全球采购者会强烈反对这种能力升级；第四，当发展中国家企业试图建立自己的品牌或营销渠道时，往往会因为缺乏从事此类活动所必需的大量投资而难以将这些活动持续下去。此外，其他一些研究发现，发展中国家企业在全球价值链中向高增值环节攀升的过程中，很少有成功的例子（Gibbon, 2000; Bair & Gereffi, 2001）[3][4]。

---

[1] Kaplinsky, R., Morris, M., Readman, J., The Globalization of Product Markets and Immiserizing Gowth: Lessons from the South African Furniture Industry. *World Development*, Vol. 30, No. 7, 2000, pp. 1159 – 1177.

[2] UNIDO. *Industrial Development Report* 2002/2003: *Competing Through Innovation and Learning*. Vienna, 2002, pp. 105.

[3] Gibbon, P., Global Commodity Chains and Economic Upgrading in Less Developed Countries. CDR Working Paper, 2000.

[4] Bair, J., Gereffi, G., Local Clusters in Global Chains: the Causes and Consequences of Export Dynamism in Torreon's Blue Jeans Industry. *World Development*, Vol. 29, No. 11, 2001, pp. 1885 – 1903.

黄永明、何伟、聂鸣（2006）认为，发展中国家纺织服装制造商，通过与国际采购商和市场的互动可以逐步提高知识水平和生产能力，推动流程升级和产品升级，但在更进一步的功能升级上则难以获得突破。这是因为功能升级涉及设计和营销环节，而这恰恰是跨国采购商的核心能力，购买商对此会加以抑制；再加上发展中国家企业对跨国采购商订单的依赖，使其自身在实施功能升级上也有很大顾虑。当然，如果发展中国家企业，在某个价值环节积累并具备了较强能力，则有可能摆脱对跨国采购商的依附关系，进入全球价值链的部分重要战略环节，进而推动能力升级[①]。刘志彪、张杰（2007）将全球价值链中企业升级理论与治理理论相结合，指出俘获型治理机制是发展中国家在现有国际贸易格局下不得不接受的既成事实；他们通过理论分析进一步提出，发展中国家企业无法在全球价值链中实现功能升级与链条升级的高端价值链攀升过程[②]。

综合已有文献，卡普林斯基和莫里斯（2001）的四种升级模式提出了全球价值链中，发展中国家企业升级可能的方向，这一划分范式在学术界和政策制定领域已经被广泛接受。不过，如何通过实施自主创新，在自主创新能力提升的基础上实现业务升级，已有研究在这方面进行深入探讨的并不多见。

第二节 国际代工及其升级的相关研究

一、国际代工的含义

20世纪后半期全球经济的一个重要变化趋势，就是生产过程包含的不同工序和区段逐步被拆散，并分布到国内不同区域或不同国家进行（卢锋，2004）。伴随着这一"全球生产非一体化"的趋势，国际代工（international subcontracting）或外包（outsoucring）这一议题逐渐受到重视（瞿宛文，2007）[③]。

[①] 黄永明、何伟、聂鸣：《全球价值链视角下中国纺织服装企业的升级路径选择》，载《中国工业经济》2006年第5期。
[②] 刘志彪、张杰：《全球代工体系下发展中国家俘获型网络的形成、突破与对策——基于GVC与NVC的比较视角》，载《中国工业经济》2007年第5期。
[③] 瞿宛文：《台湾后起者能借自创品牌升级吗？》，载《世界经济文荟》2007年第5期。

代工又可译为"分包""转包",在国外文献中基本上与外包(outsourcing)通用。外包指的是原本实施纵向一体化模式的企业,将自身具有核心竞争优势的技术保留在企业内部,而将非核心技术或非关键技术的生产制造交给从事专业加工生产的企业,从而达到降低成本的目的;而承接外包业务的企业,通常被称为代工企业。不过,对于代工的具体定义尚存在不同的理解。

奎恩(Quinn,1999)认为,代工是战略外包的一种方式,指的是品牌拥有者将非核心的组装制造业务委托给外部供应商,并制定相应的产品规格、质量等标准,而自身则集中于市场营销和产品开发等核心业务[1]。赫希玛蒂(Heshmati,2003)认为,代工是企业之间通过密切联系进行信息交换的一种特定外包形式[2]。邱震忠(1999)拓展了代工的定义,将设计领域纳入代工的内涵中,指出受托厂需具备产品开发及设计能力,认为原厂商与受托厂商在互惠相依的基础上,受托厂商根据彼此所议定的合作范围,提供给原厂商一套完整的解决方案,包括研发、设计开发、生产制造、产品组装、配销、维修等,以增进合作整体的附加价值并达成彼此的营运目标[3]。卢锋(2004)认为,代工是发达国家品牌商,按照一定设计要求向国外制造商下定单,后者依照产品设计要求自行生产,或者把生产过程进一步分解为不同环节,分包给不同企业,产品完成后加贴发包企业品牌出售。通过这类过程实现的产品内分工,又称为"贴牌"生产。在有些场合,由于代工企业对上游工序参与能力增强等原因,可能逐步承担产品设计环节的某些工作,但是,品牌仍被另外企业所掌握,仍具有贴牌生产的特点[4]。

综合已有关于代工的定义,本书认为,"国际代工"是与"国际外包(international outsourcing)"或"离岸外包(offshoring outsourcing)"相对的一个概念,前者是对外包订单承接方而言,而后两者则是站在发包方立场上给出的概念。具体来说,"国际代工"指的是特定跨国公司或国际采购商作为发包方与其他国家和地区的企业谈判协商后签订代工合同,发包

---

[1] Quinn, J. B., Strategic Outsourcing: Leveraging Knowledge Capabilities. *Sloan Management Review*, Vol. 40, 1999, pp. 9 – 21.

[2] Heshmati, A., Productivity Growth, Efficiency and Outsourcing in Manufacturing and Service Industries. *Journal of Economic Survey*, Vol. 17, No. 1, 2003, pp. 79 – 112.

[3] 邱震忠:《我国移动电话制造商代工策略与行为》,元智大学管理研究所硕士论文,1999年。

[4] 卢锋:《产品内分工》,载《经济学》2004年第4期。

方提供一定的技术支持与相关服务,而承接方则按照合同规定的产品设计要求和产品质量标准,生产中间产品或最终产品,之后,贴上外包方的品牌并交付给对方。承接国际外包合同的企业,就是本书所研究的国际代工企业。

二、国际代工的主要模式

国际代工的模式主要有两类,即 OEM(原始设备制造,Original Equipment Manufacture)与 ODM(原始设计制造,Original Design Manufacture)。随着国际分工的虚拟化和复杂化,也有学者认为 DMS(设计制造服务,Design Manufacture Service)、EMS(工程制造服务,Engineering Manufacture Service)等形式也属于代工的范畴(刘景江,2003)[①]。不过,在全球价值链体系中,最普遍的国际代工模式主要是 OEM 和 ODM 两种。

(一)国际代工主要模式划分

OEM 是代工的一种形式,但在中国往往被等同为"代工生产"或"贴牌生产"。OEM 一词始于 20 世纪 50 年代的计算机产业,当时,该产业的主导厂商开始利用代工企业为其进行机器的组装。到 60 年代,美国的半导体公司也采用了这种方式,利用一些地方性的公司为其组装和测试半导体,后来逐渐扩展至自行车、服装、鞋等行业,到 80 年代逐渐成为一些发展中国家最重要的出口模式。波特(1985)认为,"把某个产品组合引进自己的产品然后再转卖给其他企业"即为 OEM 厂商。哈巴迪(Hobody,1995)认为,OEM 是"后进厂商按照跨国公司精准的要求来生产加工产品,之后利用买方品牌销售,供应商和采购商是独立的企业,供应商对流通过程缺乏控制力"[②]。海德和约翰(Heide & John,1990)认为,在 OEM 模式中,委托厂商提供生产厂商所需的产品制造技术与设计等,生产委托厂商所需的零部件或半成品[③]。陶锋(2011)认为,OEM 是一种外包制造的合同安排,即顾客企业根据一定设计标准向代工企业下订单,

---

[①] 刘景江:《业务外包的新发展》,载《经济管理》2003 年第 10 期。
[②] Hobday, M., *Innovation in East Asia: the Challenge to Japan.* Aldershot: Edward Elgar, 1995.
[③] Heide, Jan B., John, G., Alliances in Industrial Purchasing: the Determinants of Joint Action in Buyer – Supplier Relationships. *Journal of Marketing Research*, Vol. 27, February 1990, pp. 24 – 36.

代工企业依照产品设计标准自行组装制造,产品完成后加贴顾客企业品牌进行出售。

ODM 意指代工厂商除了承担制造、生产活动之外,也开展设计工作,如设计笔记型计算机如何组装(瞿宛文,2007),早期主要是在电子产业被采用。随着 20 世纪 80 年代早期中国台湾地区企业 OEM 业务的发展,像宏碁、RJP 等厂商开始对承接的 OEM 产品进行设计和规格制定,之后,韩国电子企业也开始按照跨国买家的总体设计要求进行产品的部分或全部设计。ODM 企业在为跨国公司进行产品设计时,一般采取两种方式,一种是与跨国公司共同进行设计;另一种是独立进行设计,然后向跨国公司提供设计出来的多个样品,供其从中选择。如同 OEM,最终产品生产出来之后,也是贴上跨国公司的品牌进行销售;由于品牌被买主控制,仍然具有贴牌生产的特点(卢锋,2004)。ODM 为代工企业提供了一条既能获得更多增加值、又能避免推出自有品牌风险的途径。在 ODM 产生的早期,代工企业主要是对已有产品进行渐进式改进,而不是基于 R&D(研究开发与设计)进行全新的产品开发。

与 OEM 和 ODM 相联系但又有明显区别的是 OBM(自有品牌制造,Own Brand Manufacture),指的是生产商拥有自己的品牌,在市场上推广销售自己所生产的产品(陈振祥,1997)[1]。由于生产出来的产品采用自己的品牌并自行销售,因此,OBM 不属于代工的范畴。但是,需要指出的是,许多进入 OBM 阶段的企业,在采用自有品牌的同时,也在继续承接跨国公司的订单、开展 OEM 和 ODM 业务。对于这类企业,同样可以称之为是国际代工企业,也是本书研究的对象。

(二)不同国际代工模式在全球价值链中的位置

OEM 主要适用于劳动密集型产品或高科技产品中的组装、装配环节,处于"微笑曲线"的最底端。这种模式对于生产加工能力和产品品质比较重视,是一种技术层次较低、进入障碍较小、相对容易被取代的代工模式。在 OEM 模式中,代工企业的议价能力较弱,委托方一般具有先进的产品设计能力与营销能力,而代工企业则需具备持续的生产成本优势与高效率的运营。

与 OEM 相比,ODM 模式则沿"微笑曲线"进入了产品开发、设计等

---

[1] 陈振祥:《ODM 策略之理论与架构实证》,台湾大学商研所博士论文,1997 年。

高增值环节,凭借高效能的产品开发速度以及具有竞争力的制造能力来满足客户需求。在这种模式下,代工企业除生产加工能力之外还具备产品设计能力,能够自行设计或与委托方共同设计产品,委托方一般专注于运营和维护产品品牌、渠道以及提供销售服务等活动,而将全部或部分产品设计工序外包给生产商,并委托其生产加工。在这种模式中,代工企业不是在非专有技术领域单纯地进行贴牌加工,而更多的是采用以产品设计带动加工制造的策略。

瞿宛文(2007)将全球价值链中的活动划分为研发—生产—营销三个环节,每个环节可以再进一步细分。她将OEM称为初级代工,代工企业只负责基本组装与制造工序。ODM是OEM的渐进式发展,被称为先进代工或高级代工,委托方逐渐增加代工企业所承担的业务领域,包括与生产相关的零部件采购、产品设计、物流等,而发包方所负责的是价值链的两端,即产品创新、品牌经营与渠道。对于那些还从事部分代工业务的OBM企业,则会进入全球价值链的各个环节,涉足研究与发展以及品牌营销,如表2-4所示。

表2-4　　　　　不同代工模式在全球价值链中的位置

模式	含义	创新	开发	设计	组装/制造	物流	品牌/渠道
OEM	初级代工	委托企业			代工企业		委托企业
ODM	先进代工	委托企业	代工企业				委托企业
OBM	自有品牌制造	代工企业			可能外移或外包		代工企业

资料来源:瞿宛文:《台湾后起者能借自创品牌升级吗?》,载《世界经济文荟》2007年第5期。

三、国际代工业务升级

通过代工模式嵌入全球价值链,使代工企业能在缺乏先进的技术开发能力和营销能力的前提下加入全球生产网络,参与国际竞争。不过,在代工模式、特别是OEM模式下,代工企业处于低增值环节,盈利能力弱,且容易受到海外订单波动的影响。2008年爆发的金融危机,对我国沿海地区代工企业所带来的强烈冲击就说明了这一点。因此,沿着全球价值链向高端环节攀升,实现国际代工企业及代工业务的升级,具有非常重要的意义。

对于发展中国家代工企业升级的讨论，在20世纪90年代后半期就在全球价值链研究领域涌现。在对东亚服装价值链的研究中，格里菲（1999）提出，产业升级是一个过程，通过这一过程，一个国家或企业能够进入获利更多、并且/或者技术上更先进的、资本及技能密集型的领域[1]。卡普林斯基和莫里斯（2000）认为，升级就是制造更好的产品、更有效地制造产品或者是从事需要更多技能的活动[2]。

围绕国际代工企业及代工业务升级，国内外很多学者进行了研究。除了本章第一节所提到的流程升级、产品升级、功能升级以及链条升级的理论范式之外，以下升级理论对于本书同样具有十分重要的启示和借鉴价值。

（一）有关国际代工业务升级的理论

1. 微笑曲线理论

宏碁集团创办人施振荣为"再造宏碁"提出了著名的"微笑曲线"（Smiling Curve）理论，如图2-2所示，作为宏碁发展的方向。该曲线是一条说明产业附加值的曲线，横轴为产业价值链的各个环节，纵轴为产业链各个环节的附加值。从图2-2可以直观地看到，中端的制造和装配在产业价值链中的附加价值最低，越往两端，附加价值越高。施振荣认为，可以把微笑曲线看成一条知识经济的附加值曲线，越趋近左右两个顶端，新知识含量越高，含金量也越高，而中端的制造环节关心的是执行效率，经营知识变化比较少，新知识含量相对较低（施振荣，2014）[3]。微笑曲线理论为国际代工企业的升级指明了三个方向：第一，企业可以通过提高技术层次，实现曲线的整体上移，获得附加价值的提升；第二，企业可以向左端的创新研发延伸，提高新知识的含量；第三，企业可以向右端的营销、品牌延伸，通过全球运营，获得最大的经济效益。这一理论是基于宏碁发展的实践提出，本身并没有充分的理论基础，但提出之后在学术界引起了很大的影响，并被许多企业、特别是大型电子代工企业作为业务升级的指导思想。

---

[1] Gereffi, G., International Trade and Industrial Upgrading in the Apparel Commodity Chain. *Journal of International Economics*, Vol. 48, No. 1, 1999, pp. 37–70.
[2] Kaplinsky, R., Morris, M., *A Handbook for Value Chain Research*. IDRC, 2000.
[3] 施振荣：《微笑曲线：缔造永续企业的王道》，复旦大学出版社2014年版。

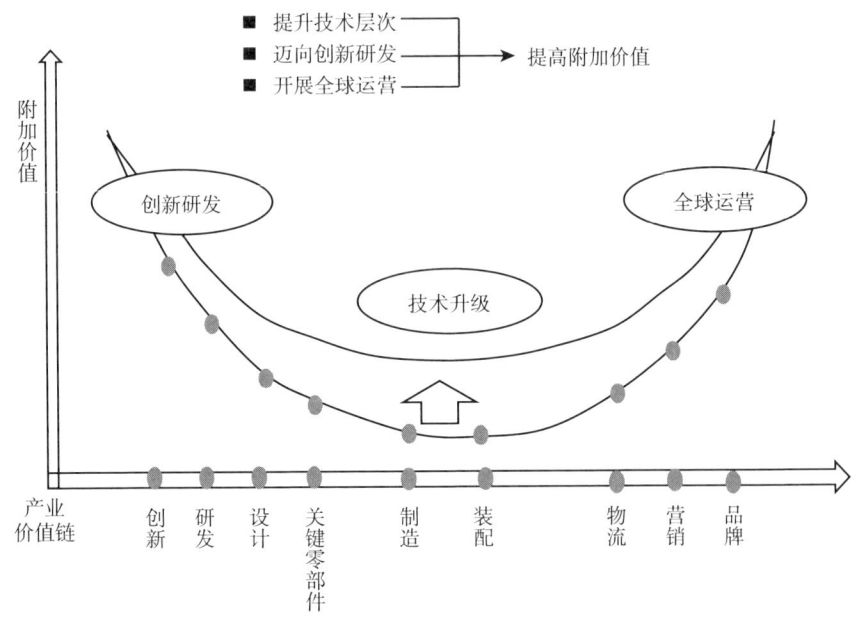

图 2-2 微笑曲线理论

2. 底部升级理论

赫尔曼·西蒙（Hermann Simon）在《隐形冠军：全球最佳500名公司的成功之道》中，提出了隐形冠军（hidden champions）的概念（1996），指的是那些在特定的细分市场中具有绝对的市场占有率，细分生产技术领先，甚至能够确定此类细分产品国际生产标准和规格参数的、社会知名度较低的中小企业[①]。隐形冠军虽然在整个行业中不处于主导地位，但在特定的细分产品（或中间产品）的生产中，在专业化程度、市场份额、技术创新能力等方面都处于领先地位，它们的战略目标是成为专业化市场的领导者，通过专注于提高自身产品的竞争力，获得在市场占有率等方面的竞争优势。例如，通过提高在产品生产中的技术优势，生产出质量最高的中间投入品，而下游生产商如果要提高最终产品的质量就必需采用该公司的产品，从而使隐形冠军在与下游生产商的讨价还价过程中获得更高的话语权。再如，可以通过在成本、规模、生产流程上的竞争优势，设置进入壁垒，获取大部分市场份额，进而提升微笑曲线底部位置，拉伸微

---

① Simon, H., *Hidden Champions: Lessons From 500 of the World's Best Unknown Companies.* Boston (Mass.): Harvard Business School Press, 1996, pp. 110.

笑曲线的弧度。就代工企业来说，如果能够成为隐形冠军，即使停留在生产装配环节，由于在专业化生产上形成了难以替代的核心能力，依然可以获得更高的经济租金，从而实现在全球价值链低端环节的底部升级（孙治宇，2013），如图2-3所示①。

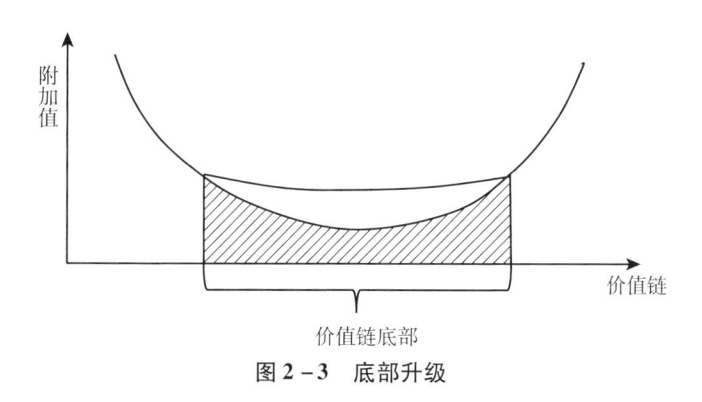

图2-3 底部升级

如果说，微笑曲线理论更强调代工企业从组装、装配环节，向价值链高增值环节跃迁的战略愿景的话，那么底部升级理论则反映了代工企业从事专业代工、把生产装配环节做精、做专并藉此而实现能力升级的发展方向。

3. 从OEM到ODM、OBM升级的理论

阿姆斯登（Amsden，1989）通过对东亚电子产业发展的研究发现，新兴市场的企业实现升级和创新的最佳路径，是由简单的原始设备制造（OEM）到原始设计与制造（ODM），最终实现自主品牌制造（OBM），以自有品牌直接向海内外顾客销售或通过海内外渠道进行销售②。哈巴迪（1995）的研究进一步证实，一些代工企业通过组织学习，沿着价值链实现了从OEM到ODM再到OBM的升级，成为价值链中的主导厂商③。OEM—ODM—OBM这一升级轨迹受到了很多学者的认可，经过格里菲（1999）在服装领域的进一步研究④，成为代工企业业务升级的重要理论范式。

---

① 孙治宇：《全球价值链分工与价值链升级研究》，经济科学出版社2003年版。
② Amsden, A. H., *Asia's Next Giant: South Korea and Late Industrialisation*. New York and Oxford: Oxford University Press, 1989.
③ Hobday, M., *Innovation in East Asia: The Challenge to Japan*. Aldershot: Edward Elgar, 1995.
④ Gereffi, G., International Trade and Industrial Upgrading in the Apparel Commodity Chain. *Journal of International Economics*, Vol. 48, No. 1, 1999, pp. 37-70.

以服装产业为例，一般来说，东亚地区的服装代工企业是从简单装配开始的，企业的焦点只是生产，他们通常根据国际购买者的要求、采用其所提供的材料进行缝制，这被称为"剪—做—缝"（cut—make—trim）。在简单缝制的基础上，服装代工企业可能会演化为 OEM，承担更多的职能，例如，原材料的采购和物流，购买者仍然负责设计和营销。这一模式在服装产业被称为"全套生产"（full package production）。在进入 ODM 阶段之后，除了制造，代工厂商也会承担部分设计工作，这种设计有可能是与购买者合作进行的。在高级阶段，设计和加工完全由供应商负责，购买者只是提供产品的品牌或标牌。当进入 OBM 阶段之后，供应商自行设计、生产和以自有品牌营销产品，不再依赖购买者提供这些职能，如表 2-5 所示。

表 2-5　　　　　从 OEM 到 ODM、OBM 的升级路径

简单装配（OEA）↓	代工企业只从事生产，通常根据国际购买者的要求、采用其所提供的材料进行生产装配
OEM↓	承担了更多的制造职能，例如，原材料的采购和物流
ODM↓	除了生产之外，承担所代工产品的部分或全部设计工作
OBM	自行设计、生产并以自有品牌营销。与原来的购买者形成竞争

资料来源：哈巴迪（1995），格里菲（1999）。

OEM—ODM—OBM 的升级路径为代工企业提供了一幅完美的升级蓝图，但能沿着这条路径实现升级的企业较为鲜见。以东亚地区开展代工业务较早的中国台湾地区为例，瞿宛文（2007）发现，台湾地区的大企业普遍能够从 OEM 升级到 ODM，但升级到 OBM 的为数极少，她认为这与企业的战略抱负、当地的制度安排等因素有关。

4. 双路径升级理论

马修斯和楚（Mathews & Cho，2000）以亚洲半导体产业为对象，分析了在高技术（知识密集）行业，后进入代工企业的立足和发展问题[①]。他们认为，发展中国家代工企业可以沿着两个维度实现升级：技术能力提

---

① Mathews, J. A., Cho, D. S., *Tiger Technology: The Creation of A Semiconductor Industry in East Asia*. Cambridge: Cambridge University Press, 2000.

升和市场能力提升，如图2-4所示。

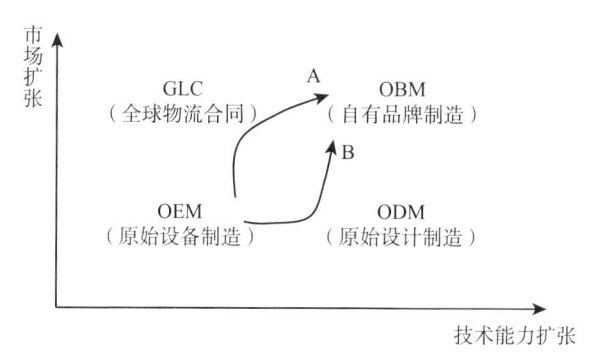

```
市
场        GLC              A
扩      （全球物流合同）    OBM
张                      （自有品牌制造）
                        ↑
                        B
        OEM              ODM
    （原始设备制造）    （原始设计制造）

                              技术能力扩张
```

图2-4　代工企业升级战略

资料来源：Mathews John A. & Dong-Sung Cho, *Tiger Technology: The Creation of a Semiconductor Industry in East Asia*, Cambridge University Press, 2000.

基于这两个维度，代工企业的升级有两条路径。路径A表示OEM厂商努力进入发达国家市场或与发达国家市场的顾客建立联系，随着市场的扩大，代工厂商会把原来承担的许多活动重新配置给第三国（方）的生产厂商。在这种生产模式下，由于投入品来自许多不同的生产商和不同的地点，而采购和组装这些投入要求掌握物流体系，因此，能力的增强主要集中在对物流体系的掌控上。在市场扩张的过程中，企业可能会培育和形成自己的设计能力，进入OBM阶段。

与路径A不同，路径B关注的是通过增强技术能力来实现升级，企业承担的活动从简单的代工扩展到承担部分设计职能。随着设计能力的形成，企业会寻求尚未得到有效满足的市场缝隙（market niche），创造出新的市场机会，并依托自己的品牌进行营销。在此过程中，为了更好满足消费者的需要，企业会强化自己的设计能力，从而形成设计能力与市场能力的持续交互促进。

5. 出口营销五阶段理论

劳伦斯·H·沃尔兹和海蒂·弗农·沃尔兹（Lawrence H. Wortze & Heidi Vernon Wortzel, 1981）基于对五个国家和地区的（韩国、中国香港、中国台湾、泰国和菲律宾）出口企业的研究，提出了出口营销发展的五个阶段[1]。每个阶段的差别表现在出口企业所从事的促销和分销活动的

---

[1] Wortzel, L. H., Wortzel, H. V., Export Marketing Strategies for NIC and LDC-Based Firms. *Columbia Journal of World Business*, Spring 1981, pp. 51-60.

范围以及所承担的生产与设计活动。

在第一个阶段，出口是受"那些寻求能够低成本承担特定生产运营活动的进口商所推动的。进口商承担所有的设计活动，包括外观、包装和产品的内部设计，同时，通过检查产品、有时甚至是工艺，负责质量控制工作。此外，他们还负责安排运输。发展中国家的制造商只是生产能力的销售者，其成功取决于所报的价格"。

在第二个阶段，发展中国家的出口商"形成了部分产品内部的设计能力，同时，也对外观设计和包装具有了某些知识，但仍然需要海外客户的帮助以确定具体的产品规格。此外，出口企业也开始构建销售与营销的组织雏形"。

在第三个阶段，"企业仍然按照顾客的订单制造，但已形成了足够的内部设计能力，他们可以制造高质量的产品，已经无须或很少需要海外客户帮助进行产品的内外部设计。企业可能会拓宽产品种类、丰富产品线或针对现有产品吸引更多的顾客。这个阶段的企业开始能够对销售、客户及价格具有越来越强的掌控力"。

在第四个阶段，"发展中国家制造企业仍将部分生产能力用于代工制造，但开始制造和营销自己的产品。他们最重要的竞争力仍然是价格，尤其是在家用电器和运动鞋等产品上更是如此，产品在海外经常被作为最低端的产品供顾客选择。与第三阶段相比，其产品设计和开发能力进一步增强"。

在第五个阶段，"出口企业与出口市场上的东道国企业在能力上已经没有明显差别，形成了较为完善的营销和销售组织"。

在劳伦斯·H·沃尔兹和海蒂·弗农·沃尔兹针对前述五个国家和地区的企业进行研究时，他们认为这些企业还没达到第五个阶段。但是进入20世纪90年代以后，以韩国三星电子为代表的一些领先企业已经顺利进入了这一阶段。

上述两位学者较早地从发展中国家和地区的视角，对代工企业业务升级进行了研究，他们将升级的过程视为是一个不断提升能力的过程，伴随着能力的提升，企业也会不断地寻求新的市场和新的客户。虽然没有使用OEM、ODM和OBM等名词，但是他们的研究暗含了从OEM到ODM以及OBM升级的思想，并且与中国许多代工企业业务升级的过程是相吻合的。

（二）中国情境下国际代工业务升级的研究

有关中国情境下国际代工业务升级的研究，基本上可以划分为两种理论范式。一种是基于全球价值链的理论体系，另一种则是基于 OEM—ODM—OBM 的演化理论。下面分别对这两种理论范式下的文献作简要回顾。

1. 基于全球价值链理论的研究

黄永明、何伟、聂鸣（2006）认为，中国纺织服装企业在全球价值链上处于低端环节，迫切需要升级。他们基于全球价值链的分析框架，系统分析了嵌入全球价值链的中国纺织服装企业面临的升级障碍和升级路径选择问题，提出了基于技术能力、市场扩张能力以及技术和市场组合的三种升级路径，并结合亚光和雅戈尔集团的升级实践进行了讨论[1]。

刘志彪、张杰（2007）从全球价值链理论框架中的治理理论和升级理论出发，提出俘获型网络治理关系，造成发展中国家的代工企业无法实现向以功能升级与链条升级为标志的高端价值链攀升，而摆脱被俘获关系的出路，在于立足于国内市场空间的国内价值链的培育，并探讨了构建发展中国家国内价值链的内在决定条件以及由国内价值链向全球价值链转变的可行路径。

卓越、张珉（2008）认为，跨国采购商所决定的分工格局以及对升级的控制，将作为打工者的国内纺织服装企业牢牢锁定在低附加值的加工制造环节。摆脱跨国采购商的升级控制，培养自己的高级要素，实现由俘获式全球价值链向均衡式全球价值链的转变，是走出这一困境的关键[2]。

张京红、王生辉（2010）提出，从 OEM 到 OBM 应该是一个渐进式的发展过程，她们将这一过程划分为依次进行的三个阶段，即国内自主品牌制造（DOBM）、区域自主品牌制造（ROBM）和全球自主品牌制造（GOBM）阶段，并提出了每个阶段相应的策略。同时，她们还认为，创建自主品牌与承接代工可以并行，但是在不同的发展阶段，中国企业在全球价值链中的角色及全球价值链治理的模式存在一个演化的过程[3]。

2. 基于 OEM—ODM—OBM 演化理论的研究

夏先良（2003）认为，代工模式存在利润边际微薄、无法控制营销过程、市场风险高以及可能会妨碍推广自主品牌等缺点。中国企业需要坚持

---

[1] 黄永明、何伟、聂鸣：《全球价值链视角下中国纺织服装企业的升级路径选择》，载《中国工业经济》2006 年第 5 期。
[2] 卓越、张敏：《全球价值链中的收益分配与"悲惨增长"——基于中国纺织服装业的分析》，载《中国工业经济》2008 年第 7 期。
[3] 张京红、王生辉：《从代工到创建自主品牌：基于全球价值链理论的阶段性发展模型》，载《经济管理》2010 年第 4 期。

走OEM与OBM业务同时并举的多元化发展模式，通过增强核心能力，谋求向ODM/OBM升级[①]。

陈宏辉、罗兴（2008）通过对316份来自广东省制造型企业调查问卷的实证分析，探讨了制造型企业核心能力与贴牌战略选择之间的关系。他们的研究表明，强大的市场开拓能力和研发能力会显著弱化企业的贴牌倾向，而具有强大生产能力的企业会倾向于选择贴牌，企业的综合能力与贴牌之间没有显著关系，它会通过对其他三种能力的放大作用，来强化企业的战略选择。他们的分析表明，虽然创牌是众多企业发展的终极目标，但贴牌战略是当前我国许多制造型企业基于其核心能力构成状况的理性选择[②]。

杨佳菊（2010）对3家本土OEM企业转型升级的演进路径进行了探索性研究，总结归纳了代工企业转型升级路径的理论模型。模型表明，国际代工企业转型升级的过程，就是代工企业在核心能力不断升级的基础上，扩展其价值链活动范围的过程。与早期企业成长阶段理论相比，该模型不仅对OEM企业转型升级各阶段所面临的主要问题以及转型升级战略进行了具体分析，而且对OEM转型升级过程中的能力演进以及如何构建这种能力进行了归纳总结[③]。

汪建成、毛蕴诗（2007）在实地调研的基础上，对比研究两家背景相似的卫浴五金企业从OEM到ODM、OBM的升级过程，分析两者分别以ODM与OBM为导向的升级路径的差异，归纳总结了两家企业升级的关键成功因素[④]。

毛蕴诗、郑奇志（2012）根据资源基础观与权变理论，提出代工企业可根据自身资源与能力和对环境变化的判断，采取不同的升级路径，并对十条主要升级路径及其相应的微笑曲线的变化进行了着重分析[⑤]。

已有研究所采用的上述两种理论范式虽然在所采用的术语方面有所区别，却有着高度的内在一致性。基于OEM—ODM—OBM的演化理论强调，

[①] 夏先良：《中国企业从OEM升级到OBM的商业模式抉择》，载《财贸经济》2003年第9期。

[②] 陈宏辉、罗兴：《"贴牌"是一种过时的战略选择吗——来自广东省制造型企业的实证分析》，载《中国工业经济》2008年第1期。

[③] 杨佳菊：《代工企业转型升级：演进路径的理论模型——基于3家本土企业的案例研究》，载《管理世界》2010年第6期。

[④] 汪建成、毛蕴诗：《从OEM到ODM、OBM的企业升级路径——基于海鸥卫浴与成霖股份的比较案例研究》，载《中国工业经济》2007年第12期。

[⑤] 毛蕴诗、郑奇志：《基于微笑曲线的企业升级路径选择模型——理论框架的构建与案例研究》，载《中山大学学报》2012年第3期。

从代工到创建自主品牌的过程中,企业在不同阶段的活动形式,而基于全球价值链的理论则强调在这一过程中,企业在不同阶段的活动内容。其中,前者的 OEM、ODM 和 OBM 大致对应着后者的流程升级、产品升级和功能升级。二者之间的联系如表 2-6 所示。

表 2-6　　　中国国际代工企业升级两种理论范式对应关系

	路径	代工		自主品牌创建
基于 OEM-ODM-OBM 的演化理论		OEM →	ODM →	OBM
	活动形式	标准化产品的组装、制造,采用跨国公司/全球购买者的品牌销售	从事产品设计与制造,采用跨国公司/全球购买者的品牌销售	代工企业从事新产品的研发、设计与制造,采用自有品牌向海内外市场销售
	路径	代工		自主品牌创建
基于全球价值链的理论		流程升级 →	产品升级 →	功能升级
	活动内容	对工艺和生产流程进行改造以提高生产效率	承担改进现有产品或设计新产品的职能	进入 GVC 的高价值环节,从事研发和品牌营销

资料来源:张京红、王生辉:《从代工到创建自主品牌:基于全球价值链理论的阶段性发展模型》,载《经济管理》2010 年第 4 期。

已有研究为国际代工企业的业务升级在方向和路径上提供了启示作用,并不同程度地涉及了业务升级在能力和战略等方面的要求。但是,对于代工企业升级的核心问题,即如何通过有效的创新、特别是自主创新推动升级的完成,现有文献并未做充分的探讨,而这正是本书所要着力解决的问题。

第三节　自主创新的相关研究

一、自主创新的含义与特点

关于自主创新,一般认为这是在我国提出并使用的一个组合名词,国外文献中并没有等同的概念。一个较为接近的概念是内生创新（Endogenous Innovation）（Krugman，1995；Anderdassen & Nardini，2005），它被认为是相对于模仿创新、外部引进和裂化（Spin off）的技术创新模式，是系统内自发的行为①。德国曼海姆大学的乌维（Uwe，1995）在分析经济增长时，把内生创新和模仿创新并列提出，其内生创新的含义类似于原始创新。很明显，国外学术界研究的内生创新与我国提出的自主创新概念有相通的地方，但在内涵和外延上并不完全一致。

在国内已有文献中可以找到的最早使用"自主创新"这一表述的是浙江大学的陈劲（1994），他对从技术引进到自主创新的学习模式进行了研究，但并未对自主创新给出明确的定义②。此后，诸多研究人员从不同角度给出了自主创新的含义，表2-7进行了归纳。

表2-7　　　　　　　　国内部分学者对自主创新的界定

傅家骥（1998）	自主创新是企业通过自身的努力或联合攻关探索技术的突破，并在此基础上推动创新的后续环节，完成技术的商品化，获得商业利润，以达到预期目标的一种创新活动
周寄中等（2005）③	自主创新是通过提高科技原始性创新能力、集成创新能力和引进消化吸收能力，从而拥有一批自主知识产权，进而提高国家竞争力的一种创新活动
黄攸立等（2009）④	企业为了掌握核心技术，获得自主知识产权等无形资产，并培育企业自身的可持续创新能力，主动开发利用各层面创新资源进行有效创新的活动
文丰（2010）⑤	企业自主创新是企业以提升自己的创新能力为核心，通过多种方式积极主动地整合全球各种资源，获得对核心技术及其后续发展的主导权，并在此基础上形成自己的技术轨道，研发出拥有自主概念的产品，从而为企业在竞争中带来战略性的优势的创新活动
于建原等（2007）⑥	由企业发起、组织和投资进行，创新所产生的商业利益和知识产权归企业所有的创新即为企业自主创新

---

① Anderdassen, R., Nardini, F., Endogenous Innovation Waves and Economic Growth. *Structural Change and Economic Dynamics*, Vol. 3, 2005, pp. 1–18.
② 陈劲：《从技术引进到自主创新的学习模式》，载《科研管理》1994年第2期。
③ 周寄中、张黎、汤超颖：《关于自主创新战略与知识产权战略之间的联动》，载《管理评论》2005年第11期。
④ 黄攸立、吴犇、叶长荫：《企业自主创新能力的关键因子分析》，载《研究与发展管理》2009年第1期。
⑤ 文丰：《我国企业自主创新的路径研究》，载《科技进步与对策》2007年第24期。
⑥ 于建原、陈锟、李清政：《营销能力对企业自主创新影响研究》，载《中国工业经济》2007年第7期。

续表

梁东黎 (2009)①	（对中国而言的）自主创新是指中国（企业）通过生产性谋利方式获取收益（利润）这样一种特别的生产方式
宋河发等 (2006)②	自主创新是指创新主体通过主动努力获得主导性创新产权，并获得主要创新收益而进行的能形成长期竞争优势的创新活动

从表2-7可以看出，有关自主创新的界定，可以划分为企业和国家两个层面，不管哪个层面，都强调创新活动的自主性，换而言之，自主创新是与单纯的技术引进相对照的一个概念。本书研究的焦点，是企业层面的自主创新。

就企业层面的自主创新而言，已有文献分析了这种创新活动的特点。杨德林、陈春宝（1997）认为企业自主创新具有三个显著的特点：在核心技术上的自主突破、关键技术的领先开发以及新市场的率先开拓③。张建宇认为，考评创新是否属于自主创新，关键在于创新的持久收益者是否是企业自身④。李具恒（2007）认为，自主知识产权是自主创新的核心和关键，只有掌握自主知识产权的创新才是真正意义上的自主创新，没有自主知识产权的创新很难具有自主性；不过，自主创新并不全都能形成自主知识产权，自主知识产权也并不全都由自主创新形成⑤。文丰认为，企业自主创新的特征主要表现为战略性、主动性和主导性三点⑥。张炜、杨选良（2006）认为，自主创新还具有新颖性、价值性、系统性、高风险性和长期性⑦。宋河发等（2006）认为，自主创新最重要的特征在于其自主性，一是努力获取创新产权和主要创新收益的主动性，二是对创新产权获取与创新收益分配进行控制的主导性，两者相互结合，缺一不可。

---

① 梁东黎：《中国工业自主创新能力的度量》，载《经济与管理研究》2009年第12期。
② 宋河发、穆荣平、任中保：《自主创新及创新自主性测度研究》，载《中国软科学》2006年第6期。
③ 杨德林、陈春宝：《模仿创新、自主创新与高技术企业成长》，载《中国软科学》1997年第8期。
④ 张建宇：《企业自主创新内在逻辑和竞争模式》，载《中南财经政法大学学报》2010年第2期。
⑤ 李具恒：《自主创新新解："概念硬核"视角的集成》，载《科学学与科学技术管理》2007年第7期。
⑥ 文丰：《企业自主创新战略性评价体系的构建》，载《南昌大学学报》（人文社会科学版）2010年第6期。
⑦ 张炜、杨选良：《自主创新概念的讨论与界定》，载《科学学研究》2006年第6期。

上述文献从一般意义上指出了自主创新的特点，但是，在现实中，由于企业创新的起点不同、发展历史不同、资源和能力水平不同、战略追求不同、所处行业不同以及外部环境不同，在具体实施自主创新时，也必然会表现出不同的行为特征，而已有的文献在这方面并未加以区分、也未进行深入的探讨。

二、自主创新的模式与路径

（一）自主创新的模式

自主创新的模式，也就是自主创新的活动类型。已有文献或者是从理论演绎出发，或者是基于现实案例，对企业自主创新的模式进行了归纳和总结。

一些文献认为，自主创新包括三个方面的含义：一是加强原始性创新，努力获得更多的科学发现和技术发明；二是加强集成创新，使各种相关技术有机融合，形成具有市场竞争力的产品和产业；三是要在引进国外先进技术的基础上，积极促进消化吸收和再创新（如，陈至立，2005；徐冠华，2006）[1][2]。这一表述，实质上将自主创新划分为原始创新、集成创新和引进、消化吸收与再创新三种模式。

吴晓波、吴东（2010）从技术和战略两个维度对自主创新进行归纳总结，提炼出了全球开放式创新环境下中国大中型企业自主创新的四种主要模式，包括充分激发内源技术的创新、高效利用外源技术的创新、基于全球价值链分工和集成的创新以及基于全球化战略的创新[3]。

温瑞珺（2005）将自主创新分为两类：渐进的自主创新和根本的自主创新。前者指的是通过原有技术的融合或引入来建立新的技术平台，后者指的是通过自己的研究，发明全新的技术，由此开发出全新的或新一代的产品。二者的共同点是，拥有自主知识产权的独特的核心技术以及在此基础上实现新产品的价值[4]。这与周元和王海燕（2006）将自主创新划分为

---

[1] 陈至立：《加强自主创新，促进可持续发展》，载《中国软科学》2005年第9期。
[2] 徐冠华：《关于自主创新的几个重大问题》，载《中国软科学》2006年第4期。
[3] 吴晓波、吴东：《全球制造网络与中国大中型企业的自主创新——现状、瓶颈与出路》，载《科技管理研究》2010年第4期。
[4] 温瑞珺：《企业自主创新能力评价研究》，载《集团经济研究》2005年第9期。

跨越型自主创新和渐进型自主创新的分类方法类似①。王生辉（2007）进一步根据产品部件创新和产品结构创新的不同侧重，将自主创新划分为突破性创新和适应性创新、升级性创新和整合性创新，后三者属于非突破性创新的范畴②。

王敏、银路（2007）提出以提升技术能力、最终实现自主创新为目标的四类自主创新战略。对于具有整体创新技术能力或局部创新有突出优势的企业，创新战略应致力于提高企业的可持续发展和培育企业的国际核心竞争力，技术目标锁定世界前沿技术；对于具有知识资源闲置型技术能力的企业，应采取自主集成创新和合作创新；对于低水平技术能力的企业，应通过辅助工艺改进或产品外观、辅助功能等低技术含量创新，致力于成本的降低；而对于技术能力属于被动跟随型企业，则应采取跟随——模仿创新，或通过模仿战略致力于降低成本的工艺改进③。

秦颖、雷家骕（2007）认为，从创新基点看，企业的自主创新包括基于终端产品的集成创新、基于核心元器件的渐进式追赶以及基于主导设计（技术标准）变迁的技术超越。从实现路径看，自主创新模式可以划分为从概念到技术，实现整合创新、基于生产流程的再造创新、基于技术孵化产业的模式创新。结合深圳企业自主创新的发展，又可划分为两类：一类是华为、中兴、比亚迪、迈瑞、中集等企业"根据市场导向、逐渐由低端产品创新向高端产品创新"的模式，另一类是迅雷、腾讯、微芯生物等企业从高端研发启动、靠创业风险投资支撑的"知识、技术导向型"的模式④。

陈劲、王方瑞（2007）将自主创新划分为四种类型，并对这四种类型在初始创新机会、自主创新决策、主要创新类型和市场选择结果方面进行了比较，如表 2-8 所示⑤。

---

① 周元、王海燕：《关于我国区域自主创新的几点思考》，载《中国软科学》2006 年第 1 期。
② 王生辉：《企业非突破性自主创新模式研究》，载《科学管理研究》2007 年第 6 期。
③ 王敏、银路：《企业技术创新战略选择及其对国家自主创新战略布局的影响——基于技术能力和需求多样性的分析》，载《科学学与科学技术管理》2007 年第 2 期。
④ 秦颖、雷家骕：《企业自主创新研究的案例选择与创新模式比较》，载《经济管理》2009 年第 7 期。
⑤ 陈劲、王方瑞：《中国本土企业自主创新的路径模式探讨》，载《自然辩证法通讯》2007 年第 3 期。

表2-8　　　　　　　　　企业自主创新模式对比

类型	初始创新机会	自主创新决策	主要创新类型	市场选择结果
创造性拓展模式	渐进性机会	拓展主导型	渐进性创新	范式强化
创造性破坏模式	突破性机会	开发主导型	突破性创新	范式变革
拓展性破坏模式	渐进性机会	拓展主导型	渐进性创新	范式重建
突破性强化模式	突破性机会	开发主导型	突破性创新	范式强化

资料来源：陈劲、王方瑞：《中国本土企业自主创新的路径模式探讨》，载《自然辩证法通讯》2007年第3期。

（二）自主创新的实现路径

自主创新的实现路径也就是企业如何实现从模仿创新到自主创新的战略转型。韩国学者金仁秀（1998）系统研究了赶超型经济从模仿到创新的演化过程，认为韩国工业化进程中，企业技术能力的发展可以分为复制模仿、创造性模仿和创新三个阶段。第三个阶段的创新，可以视为自主创新。

国内有关自主创新路径的研究基本上划分为两类，一类是理论上的归纳和演绎。例如，赵晓庆（2010）认为自主创新可以总结为四种基本的战略路径：技术跨越、价值链提升、裂变创新和FDI引导[①]。

吴贵生（2010）从后发国家自主创新的根本目标就是实现对发达国家的追赶甚至超越这一论点出发，提出了中国企业实施自主创新、形成核心技术的七种方法：第一，通过"低端切入"绕开技术壁垒，利用"农村包围城市"绕开市场壁垒，从低端起步；第二，通过"逆向创新"绕开壁垒，在市场的拉动作用下，企业家开始从下游的生产开始，逐渐进入；第三，通过"拆解—集成"创新来降低壁垒；第四，通过成本创新（降低成本的创新）为绕开和降低壁垒提供基础性支持；第五，通过与掌握核心技术的国外企业合作，掌握核心技术来化解壁垒；第六，通过多种途径攻克核心技术，占领竞争高地，强攻壁垒；第七，通过制造与服务融合，开辟制造企业创新的新通道[②]。

柳卸林、游光荣和王春法（2006）指出，在面对国内外不同技术资源的情况下，自主创新路径可分为原始创新、完全利用引进、引进基础上创

---

① 赵晓庆：《自主创新战略路径的国际比较》，载《管理工程学报》2010年增刊。
② 吴贵生：《自主创新战略探讨》，载《管理工程学报》2010年增刊。

新、先自主后借助引进创新和将自主技术与引进技术相集成的创新[①]。

另一类是基于案例研究，对企业自主创新的路径问题进行探讨。例如，汪建成、毛蕴诗、邱楠（2008）采用案例研究方法，通过归纳格兰仕技术能力构建和企业升级的路径，总结出其"技术引进—消化吸收—自主开发"的自主创新路径[②]。

盛亚、蒋瑶（2010）运用扎根理论方法，对吉利汽车通过人才培养、人才引进、R&D 投入和组织学习能力提升、实现企业自主创新的过程进行了研究，归纳出了吉利汽车不同发展阶段从模仿到自主的创新路径[③]。

此外，王乃静（2007）以潍柴动力为例，对其基于技术引进、消化吸收的企业自主创新路径进行了研究[④]。

有关自主创新模式与路径的文献为本书的研究提供了必要的理论支撑。但已有研究也存在明显的不足，主要表现为：第一，有关自主创新模式的划分大都缺乏明晰的标准，且与技术创新理论的范式和语境存在一定程度的隔离，这种情形不利于充分运用技术创新领域已有的丰富理论基础对自主创新问题进行探讨；第二，有关自主创新路径问题的研究往往是从几种不同自主创新模式的演化角度开展的，并未真正深入到企业自主创新内在的机制；第三，已有的研究并未充分关注到全球价值链内国际代工企业在开展自主创新活动时的特殊性，所得到的研究结论对于国际代工企业的指导具有很大的局限性。

三、自主创新能力及其构成

企业自主创新的直接目标，是建立自主创新能力，而自主创新能力可以被视为是一种高级的技术创新能力。如同自主创新，自主创新能力迄今也并未形成被普遍接受的内涵和外延。

王一鸣、王君（2005）提出，自主创新能力是一种综合能力，是有效组合各种技术资源，从而获得自主知识产权和开发新产品的能力[⑤]。

[①] 柳卸林、游光荣、王春法：《自主创新公务员读本》，知识产权出版社 2006 年版。
[②] 汪建成、毛蕴诗、邱楠：《由 OEM 到 ODM 再到 OBM 的自主创新与国际化路径——格兰仕技术能力构建与企业升级案例研究》，载《管理世界》2008 年第 6 期。
[③] 盛亚、蒋瑶：《吉利汽车从模仿到自主的创新路径》，载《科研管理》2010 年第 1 期。
[④] 王乃静：《基于技术引进、消化吸收的企业自主创新路径探析——以潍柴动力股份有限公司自主创新经验为例》，载《中国软科学》2007 年第 4 期。
[⑤] 王一鸣、王君：《关于提高企业自主创新能力的几个问题》，载《中国软科学》2005 年第 7 期。

万君康（2008）认为，企业自主创新能力是企业通过对内外资源的有效整合与运用，实现产业关键技术的突破或创新，培育自有品牌，从而掌握或影响价值分配过程的基本素质，是多种能力复合作用的结果[①]。

黄攸立、吴犇、叶长荫（2009）提出，企业自主创新能力是企业在市场竞争中，通过有效运用企业内外的各种创新资源，建立新的技术平台或改变核心技术，并取得自主知识产权，使企业能不断增强其核心竞争力，从而获得持续竞争优势，在技术创新过程中，所表现出来的各种能力的有机综合。

朱卫东等（2012）认为，企业自主创新能力指企业以自身为主，主动、有效整合企业内外部各种创新资源，获得主导的创新产权并取得主要创新收益、不断提升持续竞争优势的各种能力的综合[②]。

虽然上述概念的表述方式及所强调的侧重点不同，但都认为自主创新能力是各种能力的综合。因此，在有关自主创新能力的构成维度及评价上，已有文献也都采用了多维的指标。

张炜、杨选良（2006）认为，企业自主创新能力可以分为技术能力和支撑能力两类，其中，技术能力包含研究、设计和开发能力、技术引进消化吸收和再创新能力、制造和工程能力。支撑能力由采购能力、市场和服务能力、人力资源开发能力和集成能力构成。

徐大可、陈劲（2006）提出，后来企业自主创新能力由以下三个平行的维度来表征：成功组织开展创新活动并取得创新成果的能力、企业创造新技术知识的能力以及企业独立开展创新活动的能力。

曹洪军、赵翔、黄少坚（2009）认为，创新意识、创新投入能力、创新产出能力、创新活动管理能力、创新方式五个方面是影响企业自主创新能力的主要因素，而27个具体指标构成了企业自主创新能力评价指标体系。其中，企业家的创新欲望、每年R&D投入经费、企业每年创新成果产生的收入、新产品在市场上的成功率、企业融资能力等因素是关键指标。

梁东黎（2009）在对企业的自主创新能力进行综合评价时，采用了四个维度：第一，自主创新活动投入（R&D项目数、人员数、经费）；第二，自主创新活动产出（新产品产值和销售收入、专利的申请量和拥有

[①] 万君康：《自主创新及自主创新能力的辨识》，载《科学学研究》2008年第1期。
[②] 朱卫东、薛豪娜、钟俊杰、严凯旋：《企业自主创新能力的内涵与构成维度解析》，载《科技管理研究》2012年第7期。

量）；第三，技术获取（引进国外技术支出，对技术的消化吸收支出、购买国内技术支出）；第四，自主创新载体（国家认定的技术中心数量）。

马述忠、乔勃（2010）将自主创新能力分解为制造技术创新能力、营销手段创新能力、管理方法创新能力、产品集成创新能力和产业集群创新能力[①]。

朱卫东等（2012）提出企业自主创新能力由四个维度构成，即自主创新原动力、自主创新资源整合能力、自主创新产出能力和自主创新可持续性能力，并构建了一套由4个一级指标和18个二级指标构成的企业自主创新能力构成维度测度指标体系。

从已有文献可以看出，自主创新能力是企业的一种综合能力，也是企业获取创新收益、形成竞争优势的基础，它包含多个维度，需要运用多个指标来进行评价和度量。但有关自主创新能力的研究基本上都是围绕着大企业来进行的。对于规模普遍相对偏小、且业务模式较为独特的国际代工企业来说，其自主创新能力的界定及构成等问题，尚需要进一步的研究和探讨。

[①] 马述忠、乔勃：《基于全球价值链的温州鞋业自主创新能力研究》，载《科学学研究》2010年第4期。

第三章

国际代工企业从模仿创新到自主创新的战略转型：理论分析

模仿创新在推动国际代工企业嵌入全球价值链的同时，由于自身的局限性，也会使代工企业陷入困境。要摆脱在全球价值链中的低端锁定位置，实现业务升级，代工企业需要打破对模仿创新的路径依赖，实现从模仿创新到自主创新的路径转型。

第一节 国际代工企业的模仿创新及其困境

模仿创新是自身技术能力相对薄弱的发展中国家企业嵌入全球价值链、参与国际分工的重要途径，由海外客户和代工企业两方面的需求共同推动。这种创新有其积极意义，但在此基础上所形成的创新能力也具有很大的局限性，进而导致国际代工企业在全球价值链中的困境。

一、模仿创新：国际代工企业嵌入全球价值链的基础

国际代工企业的模仿创新，指的是从事国际代工业务的企业，通过引进生产设备、生产工艺流程并在客户指导下掌握相关操作技能和方法而形成满足客户要求的生产能力，或是通过模仿和复制客户及其他企业产品而掌握成熟的产品设计知识的活动。

从上述对国际代工企业模仿创新的界定，可以看出它有如下两个方面的特征。

第一，国际代工企业的模仿创新是企业层面的创新，而非产业层面的创新。这种创新包括两个方面，一是从生产的过程来看，通过引进新设

备、新工艺、新方法,企业实现了生产运营上的创新;二是从生产的对象来看,利用模仿和复制而获取的设计知识,企业实现了所生产的产品上的创新。但是,这种创新中的"新",只是对于特定国际代工企业而言,从整个产业层面来看,生产设备和生产工艺、方法以及产品设计都已经成熟,因此,这种模仿创新在成果上并不具备独特性和唯一性,其积极意义通常仅限于缩小与国内外企业之间在生产技术和产品上的差距,或至多暂时追赶上国内外同行业的技术水平。从这个意义上来讲,国际代工企业的模仿创新实质上是技术引进,是一种"他技术创新"(谢燮正,1995)[1]。

第二,国际代工企业的模仿创新是客户主导下的创新,而非代工企业自主开展的创新。在代工企业的模仿创新中,生产设备的引进、生产工艺方法的采用、具体的产品设计等活动,通常都是由客户指定或提供的,客户作为模仿创新的源头,一方面决定了代工企业创新的内容,即在哪些方面创新,另一方面也决定了代工企业创新的进程,即在多大程度上创新、如何实施创新。客户在模仿创新中的这种主导地位,在快速提升代工企业生产能力的同时,也导致了代工企业在设备、知识等方面的资产专用性,强化了其对客户的依赖,带来了被"锁定"在与特定客户代工关系中的可能性。

在国际代工企业自身能力与作为客户的跨国公司的要求存在明显差距时,模仿创新对于代工企业快速提高自身技术水平、消除技术短板,进而实现与全球价值链对接具有十分重要的意义。

例如,在针对汽车、消费电器和半导体三个产业在韩国的发展及其竞争力提升的研究中,金麟洙(Linsu Kim,1997)发现,这三个产业的发展模式存在着高度的相似性,即一开始都是通过进口资本品及专利许可获得外国技术,继而广泛搜集和阅读文献中的知识并加以研究,其后派出员工到发达国家考察设备和资源,并邀请外国工程师对韩国员工加以培训。在此基础上,经过长期的学习和研究与开发,这些产业逐渐形成了强大的创新能力和国际竞争力[2]。据此,他提出,发达国家的技术创新遵循着典型的 A – U 模式,即先后经过萌芽阶段、过渡阶段和强化阶段。在这三个阶段中,产品创新和流程创新的侧重点有所不同。但是,韩国企业的创新

---

[1] 谢燮正:《科技进步、自主创新与经济增长》,载《软件工程师》1995 年第 5 期。
[2] Choi, H., On Linsu Kim's Imitation to Innovation: the Dynamics of Korea's Technological Learning. *East Asian Science, Technology and Society: an International Journal*, Vol. 1, 2007, pp. 259 – 261.

呈现逆 A-U 的模式，即它们往往是从技术引进开始的，先通过模仿或复制的方式进入成熟的技术领域，经过技术的引进、吸收和改进之后，开始有一些创造性的模仿，再经过另一阶段的技术引进、吸收和改进之后，才进入产业创新的阶段，如图 3-1 所示。事实上，很多韩国企业在发展之初，都是依靠承接国际代工业务实现了对国际市场的进入，例如，三星电子、乐金电子等。早期的模仿行为，对于这些企业快速形成生产能力及以后的创新能力提升和国际竞争力培育，发挥了非常重要的基础性作用。

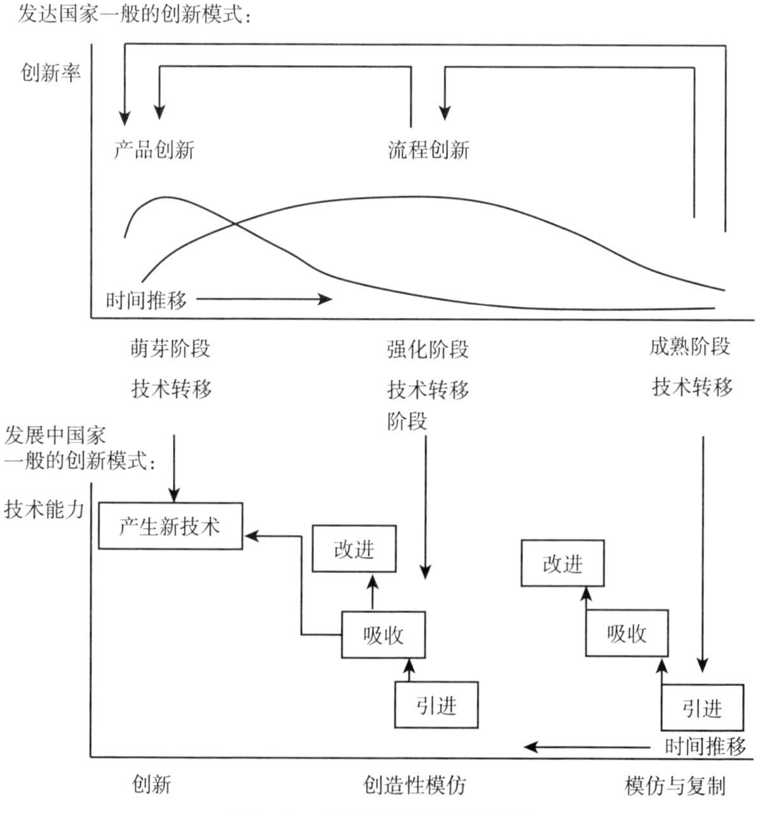

图 3-1 从模仿到创新的路径

资料来源：Kim Linsu, *From imitation to innovation – The Dynamics of Korea's Technological Learning*. Boston: Harvard Business School Press, 1997, P. 89.

在我国，大量国际代工企业在发展之初，也呈现出与韩国企业类似的行为模式，即依靠引进生产设备和模仿先进企业的技术，具备了嵌入全球价值链、开展国际代工业务的初始能力。例如，作为"中国纽扣之都"的浙江永嘉县桥头镇，其纽扣产业历经30多年发展，目前已有纽扣生产企业330余家，形成了以纽扣、拉链为龙头，各类服装辅料及相关配件齐全的产业群。完成纽扣及纽扣相关产业年总产值达40亿元，纽扣产量占全球的65%（UNCTAD，2006）。在20世纪80年代，当桥头镇开始为海外客户进行代工生产时，面对自身生产能力和产品设计方面的不足，当地企业进口了纽扣生产设备，并到意大利现场参观纽扣生产企业的操作和运营，从客户那里获取产品设计和原材料，在很短的时间内就形成了满足国外客户标准要求的生产能力[1]。这实际上是一个模仿创新的过程，这种模仿创新为代工企业在自身技术基础较为薄弱的情况下，嵌入全球价值链、参与国际分工提高了条件和可能。

二、国际代工企业模仿创新的驱动因素

国际代工企业的模仿创新，是跨国公司作为全球价值链的治理者，为确保价值链协调、高效运转而积极推动的结果；同时，也是代工企业作为全球价值链的参与者，为达到价值链的参数标准所做的必然选择。

首先，从作为客户的跨国公司的角度来看，其之所以对价值链进行垂直分解、将生产和组装等非核心活动委托给发展中国家企业，目的是获取低成本、高质量以及能够快速响应市场变化的产品，进而在市场上赢得竞争优势。为了实现这一目标，跨国公司要求代工企业在生产环节的技术水平能够与所在全球价值链的其他活动的水平相匹配，满足其在持续强化的全球竞争环境中的要求（Navas – Alema，2011）[2]。而现实中，发展中国家的企业往往在只具备基本生产能力的情况下就试图承接订单、切入到全球价值链（Humphrey，2004）[3]，其初始能力与跨国公司的上述要求存在一定的差距。因此，跨国公司主观上会积极推动代工企业开展技术创新，并作为知识的供给方，围绕所委托加工和生产的产品提供广泛的技术支持和各种详细的技术说明，对代工企业进行生产流程和产品技术等方面的培训

---

[1] Rasiah, R., Kong, X. X., Vinanchiarachi, J., Moving up in the Global Value Chain in Button Manufacturing in China. *Asia Pacific Business Review*, Vol. 17, No. 2, 2011, pp. 161 – 174.

[2] Navas – Alema, L., The Impact of Operating in Multiple Value Chains for Upgrading: the Case of the Brazilian Furniture and Footwear Industries. *World Development*, Vol. 39, No. 8, 2011, pp. 1386 – 1397.

[3] Humphrey, J., Upgrading in Global Value Chains. Policy Integration Department, World Commission on the Social Dimension of Globalization, Working Paper, No. 28, 2004.

和指导（Dicken，2003）[①]，促使其进行模仿创新。

其次，从代工企业的角度来看，为了达到跨国公司在产品质量、交货时间、加工效率、环境、劳工和社会标准等方面的要求，获得代工订单并与跨国公司开展持续合作，就必须努力提高生产技术水平（Pietrobelli & Rabellotti，2011）[②]。在自身技术基础薄弱、且难以从外部市场获取所需能力的情况下（Ivarsson & Alvstam，2005）[③]，与其存在密切互动关系的跨国公司常常成为最直接、最重要的创新知识来源与组织学习对象。因而，代工企业客观上存在着，在跨国公司具体指导下进行模仿创新的内在动力。一些研究也表明，满足客户的要求是驱动国际代工企业从跨国公司获取知识和开展创新的主要力量（Maingaa et al.，2009）[④]。

三、国际代工企业模仿创新的困境

在客户的指导下，国际代工企业通过模仿创新，一方面提高了在生产流程方面的技术水平，能够满足客户在质量、交货时间等方面的要求；另一方面也了解和掌握了一定的产品知识和设计理念，能够实现新产品的快速投产（王生辉、孙国辉，2009）。上述两个方面的能力对于代工企业与客户建立稳定持久的代工关系、承接更多、更为复杂的订单提供了重要的保障。但是，在这种模仿创新基础上所形成的创新能力具有很大的局限性，主要表现在以下三个方面。

第一，创新能力的复杂性低。复杂性指的是将多种不同能力组合起来的程度（Zander & Kogut，1995）[⑤]。国际代工企业的模仿创新主要集中在操作性较强、易于掌握的生产流程改善和相对简单的产品改进等方面，创新能力的知识含量低、涵盖领域窄。同时，创新的主要途径是接受易于编

[①] Dicken, P., *Global shift: Reshaping the Global Economic Map in the 21st Century*. London and New York: The Guilford Press, 2003.
[②] Pietrobelli, C., R. Rabellotti., Global Value Chains Meet Innovation Systems: Are There Learning Opportunities for Developing Countries? *World Development*, Vol. 39, No. 7, 2011, pp. 1261–1269.
[③] Ivarsson, I., G. Alvstam, Technology Transfer from TNCs to Local Suppliers in Developing Countries: A Study of AB Volvo's Truck and Bus Plants in Brazil, China, India, and Mexico. *World Development*, Vol. 33, No. 8, 2005, pp. 1325–1344.
[④] Maingaa, W., P. Hirschsohnb & W. Shakantu, An Exploratory Review of the Relationship Between Enterprise Training and Technology Upgrading: Evidence from South African Manufacturing Firms. *The International Journal of Human Resource Management*, Vol. 20, No. 9, 2009, pp. 1879–1895.
[⑤] Zander, U., B. Kogut, Knowledge and the Speed of the Transfer and Imitation of Organizational Capabilities: An Empirical Test. *Organization Science*, Vol. 6, No. 1, 1995, pp. 76–92.

码的外显知识,而内隐知识的获取和吸收相对较少,导致创新能力的知识结构单一。

低复杂性的创新能力意味着代工企业的技术创新只是将"代工生产"这一环节做得更好,并不足以使代工企业进入增值更高的价值环节。而更高的代工效率意味着更大的订单需求,由此,导致代工企业对客户更高的依赖程度。

第二,创新能力的专用性强。专用性强主要表现为三个方面:首先,代工企业的生产流程创新能力和产品设计创新能力往往是围绕着加工、组装的特定产品形成的,对于其他品类产品的适用性低,通常不足以帮助代工企业进入其他类别产品的价值链。其次,由于构成创新能力的知识主要来源于作为客户的跨国公司,创新能力的应用高度依赖于特定的代工关系情境,因而具有较强的关系专用性。最后,在帮助代工企业提高技术创新能力的同时,客户往往与代工企业签订明确的排他性知识产权使用协议,禁止代工企业将从客户所获取的知识和能力应用于为其他企业进行代工生产(Alcacer & Oxley, 2014)[1],这种创新能力的契约专用性限制了代工企业的服务对象范围。高专用性的创新能力意味着代工企业在代工关系中面临着被客户进一步"锁定"的可能。特别是在技术创新过程中,代工企业通常也会进行专用性设备的投资,这种投资虽然在一定程度上有利于代工企业的知识获取和使用(王雷、远秋丽,2017)[2],但却进一步增强了代工企业对客户的依赖,放大了后者采取机会主义行为的可能(Williamson,1996)[3]。

第三,创新能力的专有性低。客户为了获得稳定的供应能力、降低采购成本,通常会在同一产品的生产上选择多家供应商同时为其供货,并且会对这些代工企业都予以流程及产品创新方面的指导(Ivarssony & Alvstam, 2011)[4],因而,为同一客户代工的多家企业形成的技术创新能力,也会表现出高度的同质性和相似性。

低专有性的创新能力意味着代工企业在与客户合作时,面临着较高的

---

[1] Alcacer, J., J. Oxley, Learning by Supplying. *Strategic Management Journal*, Vol. 35, 2014, pp. 204 – 223.

[2] 王雷、远秋丽:《代工专用性投资有利于海外知识获取吗》,载《科学学研究》2017年第4期。

[3] Williamson, O. E., *The Mechanisms of Governance*. New York: Oxford University Press, 1996.

[4] Ivarsson, I., G., Alvstam, Upgrading in Global Value – Chains: A Case Study of Technology – Learning among IKEA – Suppliers in China and Southeast Asia. *Journal of Economic Geography*, Vol. 11, 2011, pp. 731 – 752.

可替代性，不仅没有提高其面对客户的讨价还价能力，反而面临着客户采取更多机会主义行为、在交货价格、产品质量及交货时间等方面提出更苛刻要求的可能。

综上所述，客户指导下的国际代工企业模仿创新既不能促使其形成核心能力，也无法构建起同业竞争者，难以具备的技术能力和令其他企业无法模仿的隔绝机制（马海燕、李世祥，2015）[①]，反而导致了代工企业对客户更大程度的依赖，强化了客户对代工企业的"锁定"。从整个价值链的结构来看，代工企业的讨价还价地位并没有增强，而是处于"原地踏步"乃至倒退的状态（Pipkin & Fuentes，2017）[②]。创新所带来的租金主要由客户所攫取，代工企业陷入了所谓的"OEM陷阱"，即代工企业彼此之间的竞争进一步加剧，只能采用低价策略，导致利润率水平不断降低（Yan，2012）[③]。

四、案例：宜家家居代工企业的模仿创新

总部位于瑞典的宜家家居（IKEA）是全球最大的家具和家居零售商，截至2018年8月，在29个国家和地区共开设了355家商场，2017～2018财年的销售总额达到388亿欧元。[④] 在长期的运营中，宜家形成了一条从产品设计到商品销售的全球价值链，在这条典型的"购买者驱动型"全球价值链中，如图3-2所示，宜家控制着产品设计和营销与分销等高增值的部分；在生产制造这一环节，除了极少量是由位于瑞典的工厂承担之外，绝大部分采用OEM模式，委托国际代工企业进行制造和组装。这些国际代工企业主要集中在中国、东南亚和东欧等地区。其中，宜家在中国的采购量占其全部采购量的比重2003年为14%、2008年为21%、2015年达到25%[⑤]。

[①] 马海燕、李世祥：《代工企业和国际品牌客户相互依赖性的实证研究》，载《管理学报》2015年第10期。

[②] Pipkin, S. A., Fuentes, Spurred to Upgrade：A Review of Triggers and Consequences of Industrial Upgrading in the Global Value Chain Literature. *World Development*，Vol. 98，2017，pp. 536 - 554.

[③] Yan, H., Entrepreneurship, Competitive Strategies and Transforming Firms from OEM to OBM in Taiwan. *Journal of Asia - Pacific Business*，Vol. 13，2012，pp. 16 - 36.

[④] https：//highlights. ikea. com/2018/facts-and-figures/home/.

[⑤] Ivarsson, I., Alvstam, C. G., Upgrading in Global Value - Chains：A Case Study of Technology - Learning among IKEA - Suppliers in China and Southeast Asia. *Journal of Economic Geography*，Vol. 11，2011，pp. 31 - 752. https：//www. ikea. com.

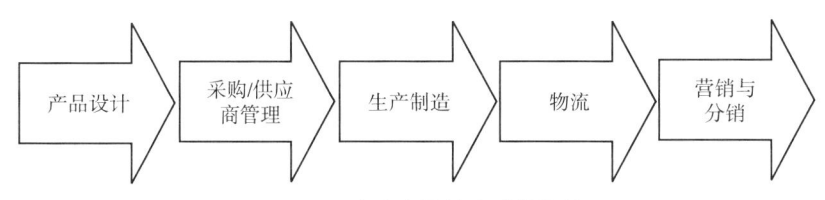

产品设计 → 采购/供应商管理 → 生产制造 → 物流 → 营销与分销

图3-2 宜家家居的全球价值链

通常，来自于发展中国家的代工企业要承接宜家的代工业务，至少需要一年的时间才能达到宜家在产品和生产流程上所设定的标准，之后才能开始常规性的交货。在此期间及以后的经营中，国际代工企业要在宜家的主导下，开展一系列的创新活动，而这些活动都具有典型的模仿创新的特征。

首先，在生产流程上，代工企业在机器设备、工厂布局等方面按照宜家的要求进行模仿创新。许多代工企业在承接宜家的代工业务之初，很难满足宜家在产品质量和性能方面严格的标准。因此，他们只能依靠宜家的帮助和指导，去寻找、选择和采用新的生产设备和生产技术。同时，宜家也会安排代工企业参观自己的工厂和其他代工企业的工厂，帮助他们了解新设备和新技术，从更为熟练的使用者那里学习如何应用。例如，通过参观意大利和瑞典的工厂，一些代工企业学会了如何选择和使用数控技术操作和使用木制品加工机械。为了满足宜家设定的更为严格的环境标准，代工企业也要在宜家的指导下采用相应的生产流程。例如，在橡胶木产品中，宜家采用了比全球通用标准更为严格的标准，在生产过程上设计了不采用化学物质进行加工处理的流程，并要求代工企业采用这样的流程。此外，宜家会定期与供应商就降低成本进行洽谈，为了降低代工企业的成本，宜家会帮助代工企业优化生产布局和生产流程。例如，在代工企业进行投资以扩大产量时，宜家会实施"生产效率计划"（production efficiency programs），对代工企业的整个生产体系进行分析和优化，使其满足宜家的要求并带来成本方面的显著降低。

其次，在所生产的产品上，代工企业生产的新产品基本上都属于模仿创新。这种新产品主要有两种情况，一种是由位于瑞典的宜家设计与产品开发中心提出设计思想或图纸，由设在东道国的贸易服务部交付给指定的代工企业生产出样品，之后送到瑞典的总部进行评估。如果评估通过，再由代工企业进行正式生产，如有必要，宜家会针对新产品的生产技术对代工企业进行培训。另一种情况是将其他代工企业生产的产品转移到新的代工企业，转移的内容包括原有的设计、规格和加工流程。这类所谓的新产品的生产，一般原先是在欧洲生产，为了降低成本而转移到低成本的发展中国家。

在生产流程和产品方面的模仿创新，通常也伴随着宜家与代工企业之间持续的互动。这种互动一般有四种形式：第一，宜家位于东道国的贸易服务部与代工企业之间常规的互动。这种互动通常是采用团队的形式，一般包括商务开发人员、采购人员和技术人员，这些人员会对代工企业进行频繁的现场访问，经常是每周一次或每两周一次。第二，贸易服务部对代工企业提供技术支持。一般是由技术人员、质量和环境管理人员、材料专家、生产专家等具有专业技术能力的人员为代工企业提供必要的技术支持。第三，在必要的时候，会从瑞典的总部派出专业的产品开发人员和技术人员为企业提供技术支持。第四，贸易服务部也与外部的专家有联系（例如，咨询专家、国际化的制造商），在遇到特定问题时，通过外部专家为代工企业提供帮助。

通过模仿创新，宜家的代工企业提高了生产运营能力，能够更快、更有成本效率地更新生产技术，同时，也增强了代工企业的新产品生产能力。一般来说，代工企业是从生产少数产品起步的，如果满足宜家的要求，后续生产的产品类别也会增加。根据产品之间的相似度和复杂度不同，代工企业可能会逐渐增加到生产 5~100 种不同的产品。

但是，在模仿创新的模式之下，国际代工企业获得的只是标准化的生产技术，绝大多数代工企业由于没有正式的研发活动，并没有实现自主创新能力的提升。特别是创新来源高度依赖宜家，创新成果又是在宜家的价值链体系中标准化的技术，导致了国际代工企业对宜家更高程度的资源依赖，弱化了与宜家讨价还价的实力，其结果是虽然生产能力和产量不断增加，但盈利能力并没有得到提升，由模仿创新所带来的收益基本上归宜家所有，很多代工企业处于微利状态，陷入了贫困化增长的境地。近年来，我国发生的所谓"宜家中国代工厂集体倒戈"事件，在很大程度上反映了代工企业在微利甚至无利状态下的无奈选择[①]。

---

① 程行欢：《宜家中国代工厂集体倒戈 称反抗始于利润被压榨》，载《羊城晚报》2013年1月6日。

第二节 国际代工企业的自主创新与业务升级

在客户主导的模仿创新模式下，代工企业可以在流程技术和产品技术方面获得一定的提升，但是，这种提升的结果通常只是增强了企业代工生产的能力。在全球价值链体系中，研发、核心零部件的设计与制造以及营销等高增值活动，依旧牢牢掌握在国际大采购商或制造商的手中。特别是模仿创新所形成的技术能力，很多时候具有很强的客户专用性，这种创新的后果有可能会促使国际代工企业被进一步"锁定"在低增值的组装或装配环节（刘志彪等，2007）[1]。与此同时，随着国内劳动力成本和其他资源要素成本的上升，我国代工企业在承接国际生产外包方面的传统优势逐渐弱化（刘志彪，2005）[2]，面临着来自越南、柬埔寨、孟加拉等国的企业强有力的竞争。面对这种局面，通过自主创新提高技术能力、从价值链的劳动密集型组装环节向其他知识、技术密集型的环节跃迁，已经成为学术界与企业界的共识（王海燕等，2007）[3]。

一些学者注意到了国际代工企业进行自主创新的重要性和现实意义，并对此进行了相关研究。在宏观层面上，佟家栋等（2007）提出，发展中国家要获得技术进步和改善国际分工地位必须开展自主的技术创新[4]；陈清泰（2009）认为，我国企业参与全球分工应立足自主创新[5]。具体到代工模式，王海燕等（2005）提出，中国企业应在"传统贴牌"的基础上，通过"新型贴牌"提高自主创新能力，并逐步形成自有品牌。但是，相对于一般意义上的企业自主创新，国际代工企业的自主创新还没有引起足够的关注，相关的研究无论从广度还是深度上还有待进一步加强。事实上，由于代工模式的特殊性，使得国际代工企业的自主创新在内容、特征和活动上，必然会有不同于其他企业的表现和要求。对这些问题加以探讨和分析，对于推动代工企业的自主创新活动，具有十分重要的现实意义。

---

[1] 刘志彪、张杰：《全球代工体系下发展中国家俘获型网络的形成、突破与对策——基于GVC与NVC的比较视角》，载《中国工业经济》2007年第5期。
[2] 刘志彪：《全球化背景下中国制造业升级的路径与品牌战略》，载《财经问题研究》2005年第5期。
[3] 王海燕、周元：《"新型贴牌"与自主创新》，载《中国软科学》2007年第9期。
[4] 佟家栋、彭支伟：《从"干中学"到"加工中学"——经济全球化背景下的国际分工、技术外溢与自主创新》，载《南开学报》（哲学社会科学版）2007年第6期。
[5] 陈清泰：《参与全球分工应立足自主创新》，载《科学》2008年第4期。

一、国际代工企业自主创新的内涵

国际代工企业的自主创新，指的是代工企业主要依靠自身力量、以"我"为主组织开展创新活动并拥有创新成果的主要知识产权，在此基础上实现创新能力提升和在全球价值链中分工地位改善的活动。这一内涵包括以下几方面的内容。

（一）创新源

在创新源上，国际代工企业的自主创新从几乎完全依靠客户的知识转移，到更多地依靠自身进行创新的过程。

在承接海外客户代工订单的过程中，客户会通过提供技术标准、质量标准、操作规范、产品设计图纸等方式，对代工企业进行外显知识的转移；同时，在必要的时候也会通过现场指导和培训、共同解决生产中出现的问题等途径，向代工企业进行内隐知识的转移（陶锋，2011）[1]。这两类知识转移也成为大多数国际代工企业进行模仿创新的主要来源。国际代工企业依靠这两类知识来源所开展的创新活动，虽然有助于生产效率的提高，但却具有典型的模仿创新的特征，且创新成果具有高度的专用性——即只适用于特定的作为委托厂商的跨国公司，并不会改善代工企业在全球价值链中的地位。而自主创新的一个重要表征，就是创新源从几乎完全依赖客户的外部知识转移，转向更多地进行自主的知识创造，这种知识创造既包括在干中学的过程中领悟到的技术诀窍，但更多的是在加大科技人员和科技经费投入的基础上、通过对生产流程的研究和产品开发技术的研究所获得的知识产出。这些技术诀窍和知识产出往往具有更强的独占性，对于改善国际代工企业在全球分工中的地位也具有更高的价值。

（二）创新活动的开展

在创新活动的开展上，国际代工企业的自主创新是从受海外客户的高度控制，到更多地由自我主导的过程。

在依赖于客户的模仿创新模式下，客户一方面会容忍或支持国际代工企业在生产技术和产品开发方面进行必要的创新，以提高加工制造能

---

[1] 陶锋：《国际知识溢出、吸收能力与创新绩效——中国代工制造业升级的研究》，经济科学出版社2011年版。

力和对客户订单的响应能力；另一方面，又会对国际代工企业创新活动的领域和范围保持高度的警觉和严格的限制，以免对客户核心的业务领域形成威胁（Humphrey，2002）[1]。而在自主创新的模式下，国际代工企业更多的是自主决定创新的方向、领域和范围，对创新活动掌控更大的主导权，只有这样，才有可能摆脱在全球价值链中被"低端锁定"的状态。

（三）创新产出的知识产权

在创新产出的知识产权上，国际代工企业的自主创新是从基本上不具备自主知识产权，到更多地掌握知识产权的过程。

由于创新源高度依赖客户、且在创新活动上缺乏主导权，因而，在模仿创新的模式下，国际代工企业基本上不会获得有自主知识产权的创新成果。在自主创新的模式下，由于创新源内化与创新活动自我主导性双重力量的推动，国际代工企业会更多地掌握创新成果的知识产权，其表现可以是生产流程或产品设计方面的专利，也可以是技术秘密、技术诀窍等。知识产权掌握程度的高低，是衡量国际代工企业自主创新水平的一个重要指标。

（四）创新收益的分配

在创新收益的分配上，国际代工企业的自主创新是从基本上不享有创新收益，到更多地获得创新收益的过程。

由于模仿创新并不会从根本上动摇客户在全球价值链中的地位、削弱客户的价值分配权力，因此，模仿创新在生产效率提高等方面的收益，更多的是被客户所攫取。在自主创新的模式下，一方面，国际代工企业可以凭借专有的技术知识和技术能力，增强在全球价值链既有环节的不可替代性，强化价值分配的地位，从而获得更多的创新收益（俞荣建，2010）[2]；另一方面，代工企业可以在自主创新的基础上，向价值链中增值更高的价值环节跃迁，从技术研发和营销活动中获得更加丰厚的利润。

---

[1] Humphrey, J., Hubert Schmitz., Developing Country Firms in the World Economy: Governance and Upgrading in Global Value Chains. INEF Report Heft 61, 2002.

[2] 俞荣建：《基于全球价值链治理的长三角本土代工企业升级机理研究》，浙江大学出版社2010年版。

二、国际代工企业自主创新的特征

与主要依赖客户作为知识来源、创新过程受客户高度控制的模仿创新相比,国际代工企业的自主创新呈现如下几个突出的特征。

(一) 国际代工企业的自主创新是企业家导向推动下的主动性创新

传统上,由于代工生产具有对企业综合能力要求相对较低、运营模式简单、货款回收风险低等方面的特点(陈柳等,2006)[1],使得很多国际代工企业缺乏通过自主创新进一步提升技术实力的动力,创新活动往往只是停留在为满足客户的要求而进行模仿创新的层面,究其实质,只是一种反应性的被动创新。与之形成对照的是,自主创新是一种积极的主动性创新,其目的并不仅仅是为了满足代工业务的要求,而是以提高技术能力、提升企业竞争力和盈利能力作为创新活动的取向。这种主动创新行为的背后,是企业家导向推动的结果。企业家导向是企业技术进步的助推器,是一种表明企业追求冒险性、先动性和创新性的战略导向(Covin & Slevin,1989)[2],表明了企业先于竞争者进行技术创新、勇于承担风险以及率先追逐新市场机会的战略姿态(Covin,1991)[3]。这种导向和姿态是推动国际代工企业自主创新的主要力量。

(二) 国际代工企业的自主创新是开放性创新

虽然国际代工企业的自主创新是一个逐渐摆脱对于客户的创新依赖的过程,但并不意味着这种创新是封闭的。认为自主创新就是完全依靠自己力量进行创新是一个认识上的误区(郑刚,2012)[4]。相反,国际代工企业的自主创新是一种开放性的创新,这种开放性表现为除了依靠自身力量进行知识创造、获得创新成果外,企业还应该积极吸收利用各种可能的外部知识来源,进行知识的集成与融合。具体来说,这种开放式创新的途径包括以下几类:第一,可以在与客户的互动中,采用各种方式获取跨国公

---

[1] 陈柳、刘志彪:《代工生产、自主品牌与内生激励》,载《财经论丛》2006 年第 5 期。
[2] Covin, J. G., Slevin, D. P., Strategic Management of Small Firms in Hostile and Benign Environments. *Strategic Management Journal*, Vol. 10, 1989, pp. 75–87.
[3] Covin J. G., Slevin, D. P., A Conceptual Model of Entrepreneurship as Firm Behavior. *Entrepreneurship Theory and Practice*, Vol. 16, No. 1, 1991, pp. 7–25.
[4] 郑刚:《浅谈自主创新的若干认识误区》,载《自然辩证法通讯》2012 年第 3 期。

司的非意愿性知识转移（王生辉等，2009），把向客户的被动式学习转化为主动式学习。韩国的三星电子等企业的实践表明，主动向跨国公司学习对于培育国际代工企业的核心竞争力具有非常重要的战略意义（Cyhn，2000）[①]。第二，可以积极与大学、科研机构进行合作创新，通过项目委托、联合建立设计中心、研发实验室等途径，汲取大学和科研机构在技术创新方面的成果。第三，我国东部沿海的很多国际代工企业所在地区已经形成了相关的产业集群，利用产业集群的分工优势和知识流动特征，加强与集群内的其他企业互动，对于国际代工企业的自主创新也会产生积极的推动作用（刘有金，2006）[②]。

（三）国际代工企业的自主创新活动具有层次性

自主创新并不意味着一定要在核心技术上获得突破，特别是对于技术水平参差不齐的国际代工企业来说，自主创新活动应该具有明显的层次性。

首先，从整体代工企业的横截面来看，对于那些技术基础薄弱、技术投入能力不强的国际代工企业，其自主创新可以围绕相应产业的辅助性技术展开，通过外围技术的创新活动，逐步积累技术经验，增强技术实力，在全球价值链中获得讨价还价能力的边际性提高；对于那些已经具备一定技术基础、投入能力相对较强的国际代工企业，则可以针对行业的关键技术和核心技术谋求突破，实现向价值链的高增值环节升级，甚至是创建自主品牌。

其次，从单个国际代工企业纵向发展来看，在不同的发展阶段，自主创新的方向、重点也会有不同层次水平的差异，这种差异恰恰反映了国际代工企业自主创新动态演化的属性。

UNCTAD（2005）曾根据技术复杂的程度，将创新划分为呈金字塔形的四个层次，见图3-3。

第一个层次与生产密切相关，主要目的是为生产创造基本的条件。具体活动包括对工人进行基本的生产和技能方面的培训；努力达到工厂的设计生产能力和效能水平；确定要生产的产品和流程；制定基本的质量管理系统；制定监督、采购和存货管理系统；建立内部和外部后勤系统等。

[①] Cyhn, J. C., Technology Development of Korea's Electronics Industry: Learning from Multinational Enterprises through OEM. *The European Journal of Develop Research*, Vol. 1, 2000, pp. 159 – 187.

[②] 刘友金：《集群式创新与创新能力集成——一个培育中小企业自主创新能力的战略新视角》，载《中国工业经济》2006年第11期。

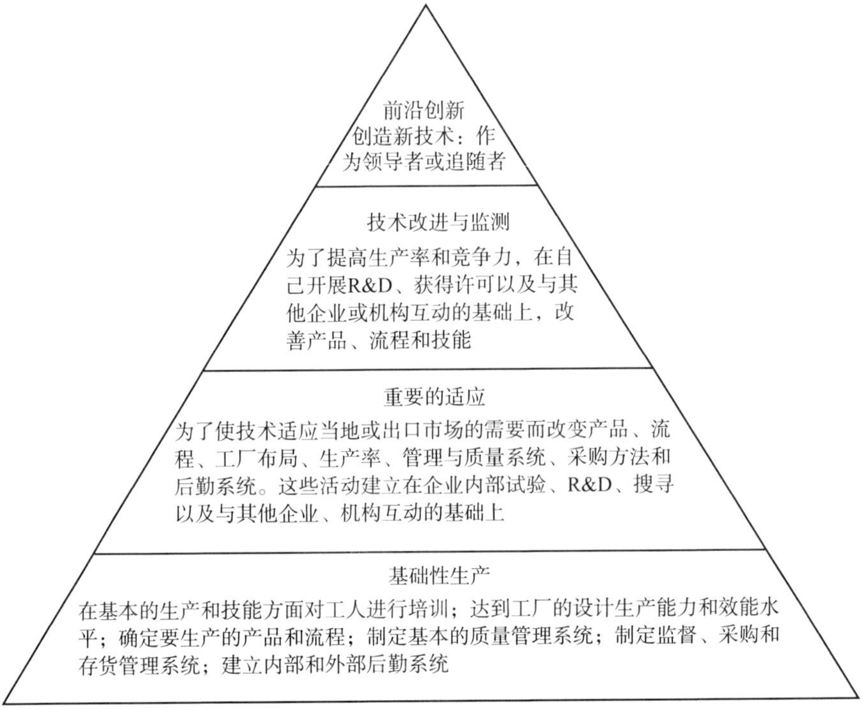

```
                    前沿创新
                   创造新技术：作
                  为领导者或追随者
                
                   技术改进与监测
                为了提高生产率和竞争力，在自
               己开展R&D、获得许可以及与其
              他企业或机构互动的基础上，改
             善产品、流程和技能

                    重要的适应
            为了使技术适应当地或出口市场的需要而改变产品、流
          程、工厂布局、生产率、管理与质量系统、采购方法和
         后勤系统。这些活动建立在企业内部试验、R&D、搜寻
        以及与其他企业、机构互动的基础上

                    基础性生产
       在基本的生产和技能方面对工人进行培训；达到工厂的设计生产能力和效能水
      平；确定要生产的产品和流程；制定基本的质量管理系统；制定监督、采购和
     存货管理系统；建立内部和外部后勤系统
```

图 3-3 根据技术复杂程度所进行的创新活动层次划分

资料来源：UNCTAD（2005）。

第二个层次是对技术进行适应性的调整，主要目的是使技术适应当地或出口市场的需要。具体活动包括对产品、流程、工厂布局、生产率、管理与质量系统、采购方法和后勤系统等进行修正和改良。这些活动需要企业进行内部试验、R&D、外部的知识搜寻以及与其他企业、机构的互动。

第三个层次是技术的改进与监测，主要目的是提高企业的生产率和竞争力。具体活动包括对产品、流程和技能进行改进和提高。这些活动需要企业开展R&D、获得技术许可以及与其他企业或机构进行交流与合作。

第四个层次是进行前沿性的创新，主要目的是设计、开发和测试全新的产品和流程，企业所从事的主要活动是研究与开发。

事实上，自主创新并不一定是推动技术前沿的发展，对从事国际代工的企业来说更是如此。只要创新活动是由国际代工企业自主进行的，创新活动所形成的创新能力是企业所独有的、且能为代工企业增强在价值链中的收益分配权力，上述四个层次的创新活动都可以视为代工企业在不同发展阶段自主创新的内容。

（四）国际代工企业的自主创新具有战略性

这种战略性突出表现在自主创新直接影响到代工企业在全球价值链中的价值分配权力与国际分工地位。如前所述，通过自主创新，国际代工企业可以掌握创新成果的知识产权，并藉此改善自身在全球价值链收益分配中的弱势地位，获得更大的价值分配权力，摆脱"悲惨增长"的境地。同时，随着自主创新能力的增强，国际代工企业可以沿全球价值链实现从流程升级到产品升级再到功能升级的跃迁，由价值链的低端向"微笑曲线"的两端延伸，改变自身在国际分工中只能从事加工装配的角色，从"低端锁定"转换为"高端参与"。

三、国际代工企业自主创新与业务升级

国际代工企业的自主创新将直接带来业务的升级，而这种业务升级也就是本书第三章中所提到的从流程升级到产品升级再到功能升级的跃迁。根据汉弗莱和施米茨（2000b）的观点，流程升级指的是对工艺和生产流程进行改造以提高生产效率；产品升级指的是能够改进现有产品或设计新产品；功能升级指的是进入全球价值链的高价值环节，从事研发和品牌营销。除了上述三种升级之外，还有一种升级，即链条升级，但这种升级是从原有产业进入到其他产业，是建立在前述三种升级基础之上的，而本书所研究的国际代工企业很少有进行跨产业发展的情况，因此，在此不考虑链条升级的情形，而把研究的焦点放在流程升级、产品升级和功能升级上。从业务升级这一导向出发，推动国际代工企业实现业务升级的自主创新活动主要包括五类：流程创新活动、产品创新活动、市场创新活动、外部知识学习活动以及创新投入活动。前四类活动分别会对不同的升级模式产生影响，而第五类活动则为前四类活动的开展提供了资源保障。

（一）流程创新活动

对于大部分从事代工生产的企业来说，加强流程创新活动是在赢得订单的竞争中，获取优势并增强生产环节价值分配权力的必然选择。事实上，流程创新一直是代工企业谋求制造业竞争优先权的核心范畴。斯金纳（Skinner，1969）最早提出，制造职能会对企业的竞争力发挥关键作用。

他认为较短的交货周期、稳定的交货、良好的产品质量和可靠性、生产批量上的柔性、快速和低成本的新产品生产能力是制造类企业竞争的关键（Skinner，1974）[1]。海耶斯和维尔莱特（Hayes & Wheelwright，1984）将这些关键因素称为竞争优先权[2]。从制造业竞争优先权的视角出发，国际代工企业的生产流程创新，就是在外部知识学习和内部工艺开发、生产流程再造的基础上，重点围绕以下几个方面进行创新：第一，降低产品生产成本，包括降低劳动力投入成本、原材料成本和一般管理费用，缩短产品生产周期等（Zhao et al.，2002）[3]；第二，提高产品质量，包括将次品率降到最低、提升所生产产品的稳定性、耐用性等（Phusavat & Kanachan，2007）[4]；第三，增强生产的柔性，包括能够根据跨国公司的要求，及时对生产规模、产品组合的变化和设计上的调整作出反应（Dangayach & Deshmukh，2003）[5]；第四，缩短产品的交付期，包括缩短生产前置时间、加快交货速度等（Spring & Boaden，1997）[6]。通过流程创新，代工企业一方面可以顺利实现流程升级，另一方面也为产品升级创造了条件。

（二）产品创新活动

流程创新是国际代工企业在 OEM 模式下提高竞争力的重要手段，而产品创新活动则会有效推动国际代工企业向高级代工模式、即 ODM 的转型。在产品创新活动中，国际代工企业可以采用两种模式。第一种，在客户委托生产产品的基础上，通过逆向工程和自主研发，对原有产品在功能、特征等方面进行调整和改善，设计出具有一定自主知识产权含量的改进型新产品。这种创新可以是针对产品结构开展的结构创新，也可以是围绕产品构成开展的部件创新（王生辉，2007）。第二种，企业可以加大研发投入和研发活动的力度，形成较为完整的产品设计能力，并在此基础上

---

[1] Skinner, W., Manufacturing – Missing Link in Corporate Strategy. *Harvard Business Review*, May – June 1969, pp. 136 – 145.

[2] Hayes, R. H., Wheelwright, S. C., *Restoring Our Competitive Edge: Competing through Manufacturing*. New York: Wiley, 1984.

[3] Zhao, X., Yeung, J. H. Y., Zhou, Q., Competitive Priorities of Enterprises in Mainland China. *Total Quality Management*, Vol. 13, No. 3, 2002, pp. 285 – 300.

[4] Phusavat, K., Kanchana, R., Competitive Priorities of Manufacturing Firms in Thailand. *Industrial Management and Data Systems*, Vol. 107, No. 7, 2007, pp. 979 – 996.

[5] Dangayach, G. S., Deshmukh, S. G., Evidence of Manufacturing Strategies in Indian Industry: A Survey. *International Journal of Production Economics*, Vol. 83, No. 3, 2003, pp. 279 – 298.

[6] Spring, M., Boaden, R., One More Time, How Do You Win Orders: A Critical Reappraisal of the Hill's Manufacturing Strategy Framework. *International Journal of Operations and Production Management*, Vol. 20, No. 4, 1997, pp. 441 – 467.

设计出全新的产品。通过产品创新活动，国际代工企业一方面可以实现产品升级，另一方面也为实现功能升级、彻底改变在全球价值链中的分工地位奠定了基础。

（三）市场创新活动

从代工生产走向自主品牌，是众多国际代工企业的战略追求，也是从根本上改变代工企业的国际分工地位、创建由中国本土代工企业主导的全球价值链的必然要求。要做到这一点，企业除了要从技术本身加大创新活动的力度，还要着眼于市场，在市场营销上开展自主创新活动，积极培育企业的市场营销能力。作为企业的三大核心技术能力之一（Meyer & Utterback，1993），很多学者的研究都明确地将营销能力归入企业技术创新能力及自主创新能力的范畴（许庆瑞，2000；夏志勇等，2008）[①]。对于国际代工企业来讲，要开展市场运营方面的创新，首先，要加强对国内外市场的调查和研究，准确把握顾客的需求。技术上的研发必须密切配合市场需求，才可能产生满足市场需要的产品；因而，有学者认为，国际代工企业研发除了技术开发活动之外，也必须包括营销层面对市场需求的研究（瞿宛文，2007）。其次，国际代工企业要在从事代工的过程中，利用各种可能的机会和渠道，努力构建自己的海外分销网络。分销网络的形成，对于代工企业摆脱对跨国公司的订单依赖、自主走向国际市场，具有非常重要的战略意义。最后，国际代工企业要通过有效的品牌沟通和传播，努力提升自主品牌的知名度，培育良好的品牌形象，克服不利的原产地形象带来的负面影响，逐步在国际市场上形成有价值的品牌资产。市场运营方面的创新，在进一步推动企业实现产品升级的同时，也是国际代工企业功能升级不可或缺的一项重要活动。

（四）外部知识学习活动

如前所述，国际代工企业的自主创新是开放式的创新，除了在生产运营、产品设计和市场运营等方面主动开展创新活动之外，积极从多种渠道获取外部知识，并使之与企业内部创造的知识相结合，也是自主创新的一项重要内容。特别是在与客户互动的过程中，代工企业除了被动地接受客户转移而来的知识，进行模仿创新之外，还可以主动地接受、吸收客户非

[①] 夏志勇、林聪、何林：《中国大企业自主创新能力的实证测度与分析研究》，载《科学学研究》2008年第6期。

意愿性转移而来的知识，这些知识更多地以内隐知识的形式存在，对于增强代工企业的自主创新能力具有非常重要的意义。恩斯特与金（Ernst & Kim，2002）指出，在全球生产网络中的旗舰企业扩散出来的知识，通过社会化、组合化、内部化和外部化四种机制，成功地被国际代工企业吸收之后，将会有效地增强当地企业的创新能力[1]。外部知识学习的内容涵盖生产流程、产品设计和市场营销等多个领域，会对流程升级、产品升级和功能升级发挥积极的影响。

（五）创新投入活动

上述四类活动的开展，都必须依赖于国际代工企业在创新上的资源投入。没有充足的创新投入，其他创新活动就无法顺利开展，自主创新能力就无法形成，代工企业的业务升级也不可能实现。事实上，一些研究将自主创新投入视为自主创新能力的一个构成维度，如高俊光等（2005）将包括研发经费和研发人员团队在内的创新投入，视为企业自主创新能力评价指标体系的一部分[2]。积极的创新投入活动，一方面为国际代工企业业务升级提供了人员和知识方面的基础，另一方面也为业务升级提供了所需的财务资源保障。

第三节　国际代工企业从模仿创新到自主创新：路径依赖与路径转型

从本章第一、第二节的分析可以看出，模仿创新并不会改变代工企业在全球价值链中的分工地位，要实现流程升级、产品升级乃至功能升级，企业必须进行从模仿创新到自主创新的战略转型。但是，在现实中，一系列因素使得代工企业存在着对模仿创新的路径依赖。面对这种路径依赖，国际代工企业是否存在着路径转型的可能？如果存在，这种转型的总体思路是什么？本节将对这些问题展开分析和探讨。

---

[1] Ernst, D., Kim, L., Global Production Networks, Knowledge Diffusion, and Local Capability Formation. *Research Policy*, Vol. 31, 2002, pp. 1417–1429.

[2] 高俊光、杨武、于渤、徐民成：《深圳高科技企业自主创新能力实证测评》，载《研究与发展管理》2007年第5期。

第三章　国际代工企业从模仿创新到自主创新的战略转型：理论分析

一、国际代工企业模仿创新的路径依赖

路径依赖理论来源于技术经济学和制度经济学，通常用以解释社会生活中技术和制度为何会长期锁定于低效率的状态。不过，在国际代工企业的业务发展和创新活动中，同样也存在着对模仿创新的路径依赖的问题。哈布迪（Hobday，2002）对东南亚五个国家电子产业的研究发现，由于技术能力和营销能力欠缺，这些国家的企业会长期处于 OEM 和 ODM 阶段，而迟迟难以进入 OBM 阶段。于明超等（2006）在研究中国国际代工企业在全球价值链中所面临的升级问题时指出，中国本土企业如果满足于从事简单的劳动密集型产品的生产，无法获取或掌握核心技术，在技术上容易形成路径依赖。刘志彪等（2007）以全球价值链的俘获型治理模式为背景，提出了发展中国家企业能够实现流程升级和某种程度上的产品升级，但是，由于在价值链中处于"被俘获"的地位，难以实现功能升级[①]，其背后的主要原因，是国际代工企业被锁定在模仿创新的轨道上。

众多国际代工企业之所以会囿于模仿创新的模式，是多重因素共同影响、相互作用的结果。

（一）模仿创新是国际代工初始阶段的必然选择

价值链上各个环节在国家和地区之间如何进行空间配置，是由其比较优势决定的（Kogut，1985）。在研发、设计、生产和营销这一国际分工序列中，大量发展中国家企业之所以在国际化的初始阶段以代工模式切入全球价值链中，一个重要的原因在于要素禀赋方面的比较优势，即土地、劳动力等资源禀赋的成本较低。当跨国公司为降低成本而将其价值链体系分解、在海外寻求低成本的制造基地时，初级要素的成本优势为发展中国家企业与跨国公司实现对接提供了天然的可能。而在研发、设计、营销等方面，发展中国家企业则明显处于劣势地位，因此，这种对接采取的形式就是跨国公司承担研发、设计、营销等资金、知识密集的活动，而国际代工企业则承担加工、制造和组装等劳动和其他自然资源密集的活动。同时，在对接之初，由于国际代工企业在工艺流程、质量控制、产品技术标准等方面与作为委托方的跨国公司的要求往往存在一定的差距，客观上需要接

[①] 刘志彪、张杰：《全球代工体系下发展中国家俘获型网络的形成、突破与对策——基于 GVC 与 NVC 的比较视角》，载《中国工业经济》2007 年第 5 期。

受跨国公司的指导、以跨国公司为对象进行模仿创新,以便尽快嵌入全球价值链中。因此,国际分工的格局和进入全球价值链的初始要求,使得模仿创新成为国际代工初始阶段的必然选择。

(二) 俘获型价值链治理机制限制了国际代工企业的创新选择

在全球价值链中,大量的中国本土代工企业处于俘获型治理机制之下。在这种治理机制的作用下,跨国公司会积极推动代工企业在工艺流程和产品改进方面进行模仿创新,使之不断降低成本、提高新产品投入生产的能力,一方面,满足自身获取低成本、差异化产品的要求;另一方面,由于模仿创新的成果在物质形态和知识含量上具有特定跨国公司的专用性,也增强了跨国公司对国际代工企业的锁定。但是,当代工企业试图开展自主创新活动、提升其技术研发能力和营销能力时,由于这些活动会对跨国公司在全球价值链中的主导地位形成挑战,跨国公司就会利用各种手段来阻止和控制这一过程,抑制其自身的研发热情,最终使代工企业丧失掌握核心技术的能力和开拓自有品牌的动力(陈宏辉、罗兴,2008)[1]。或者,通过更为严格的产品质量标准、更高的安全、环保进入壁垒以及快速变化的产品升级换代要求,迫使发展中国家的代工者持续地进行设备"淘汰",使其代工所创造的利润又以购买发达国家高附加值生产设备的形式被"回收",最终使代工企业陷入"代工—微利化—自主创新能力缺失"的循环路径(刘志彪等,2007)。在很多情况下,当国际代工企业试图通过自主创新转向自有品牌的培育和发展时,跨国公司会以防止知识、技术泄露为借口,威胁终止代工关系;而国际代工企业为了维系与跨国公司代工关系的稳定性(苏卉、孟宪忠,2006)[2],不得不放弃自主创新,而停留在模仿创新阶段。

(三) 国际代工企业自身的资源约束固化了模仿创新的模式

首先,从事国际代工业务的企业规模普遍偏小,利润水平低,无力在研发和自主市场开拓方面进行所需的资金和人员投入,只能被动接受跨国公司的技术转移和指导,停留在以模仿为主的创新阶段。其次,从事国际代工生产的企业长期关注生产领域,其积累的技术能力主要集中在工艺流

---

[1] 陈宏辉、罗兴:《"贴牌"是一种过时的战略选择吗——来自广东省制造型企业的实证分析》,载《中国工业经济》2008 年第 1 期。

[2] 苏卉、孟宪忠:《代工关系稳定性的影响因素研究》,载《理论探索》2007 年第 1 期。

程、工序管理等方面，而这些也恰好是跨国公司愿意进行转移的非核心技术。代工企业的能力基础与跨国公司的技术转移意愿相契合，客观上增强了其对模仿创新的依赖。再次，很多代工企业缺乏国际化管理人才和具有国际化视野的企业家。特别是就企业家来看，中国目前不乏从事国际代工的成功商人，但适应现代产业发展的企业家资源往往不足（胡军、陶锋、陈建林，2005）[①]，由此导致的结果是很多代工企业倾向于在模仿创新的基础上赚"快钱"，而对能推动企业长期发展但投入大、风险高的自主创新缺乏足够的主动性和积极性。

二、国际代工企业从模仿创新到自主创新路径转型的可能

由于上述各种因素的作用，从事国际代工生产的企业，会在较长一段时期内被锁定于模仿创新的状态。但是，这种锁定并不是绝对的，在一系列内外因素的共同作用下，这类企业存在着摆脱单一模仿创新而向自主创新转型的可能。

（一）外部环境的变化促进了企业自主创新意识的觉醒

近年来，我国代工企业普遍面临着劳动力成本提升、用工困难等问题，而越南、柬埔寨、印度等国随着融入全球经济的进程不断加快、基础设施不断完善，在劳动力成本方面相对于我国的优势正在显现出来。同时，随着我国国内土地、原材料价格的不断攀升以及人民币汇率变化等因素的共同影响，使得我国在初级资源禀赋上的比较优势正在弱化，一些跨国公司已经或将要把部分生产订单向南亚和东南亚一些国家转移。许多传统的代工企业已经认识到，依靠模仿创新，在价值链低端环节，从事简单代工业务的经营模式已经很难维系下去，企业要生存、要发展，必须从研发、设计、品牌等环节入手，在增强自主创新能力的基础上寻求新的竞争优势来源。

此外，随着我国经济发展进入新常态，政府的经济发展理念从关注增长速度转向速度与效益并重。在节能减排、保护劳动者权益及出口退税等方面一系列政策的制定和出台，使得单纯从事劳动密集型产品出口加工的企业感受到了前所未有的压力，客观上促使代工企业要通过自主创新实现

[①] 胡军、陶锋、陈建林：《珠三角 OEM 企业持续成长的路径选择——基于全球价值链外包体系的视角》，载《中国工业经济》2005 年第 8 期。

业务的转型升级。与此同时，一系列针对企业增强自主创新能力和培育自主品牌的政策的出台，也为企业实施自主创新提供了外在的激励。

（二）内部条件的变化推动了企业向自主创新的转型

在长期的国际代工过程中，许多国际代工企业在生产能力不断提升的同时，也不断加深着对国际市场的了解，同时，也积累起了一定的技术开发能力，这为企业从模仿创新向自主创新的转型奠定了基础。在格兰仕、万向集团、雅戈尔等行业领先企业的示范下，在部分优秀企业家创新精神和冒险精神的推动下，依托于已经初步形成的能力基础，一批国际代工企业已经开始向自主创新的转型，并从单纯的OEM向ODM和OBM升级和发展。

三、国际代工企业从模仿创新到自主创新路径转型的总体思路

国际代工企业从模仿创新向自主创新的路径转型，是在内外部因素的驱动之下，通过开展自主创新活动，培育自主创新能力，进而实现代工业务升级的过程。这一过程的总体思路包括三个方面。

（一）树立从模仿创新到自主创新转型的战略愿景

实施自主创新的前提，是企业必须首先树立起开展自主创新的战略愿景，尽管这种战略愿景与企业既有的资源和能力会有一定的差距，不过，差距的存在会促使企业更加全面地认识到自己的不足，激励其积极提升自己的资源和能力水平。而且，在自主创新的过程中，企业不可避免地会遇到一些困难和挫折，在明确的战略愿景的指引和激励下，企业也会正确认识这些困难和挫折而不至于中途退却。当然，战略愿景的树立通常是建立在两个条件的基础之上：第一，需要有远见卓识的企业家的引领和鼓舞。企业家的创新精神和冒险精神，以及不甘于维持现状、不断地追求发展和变化的行为特征，成为自主创新最主要的动力。第二，代工业务所面临的越来越大的外部压力，客观上也促使代工企业将自主创新作为生存和发展的必然选项。

（二）积极培育自主创新能力

如前所述，国际代工企业的自主创新包括流程创新、产品创新、市场

创新、外部知识学习和创新投入的活动，通过这些活动，不断提升企业在生产运营和产品设计等方面的自主创新能力，是企业从模仿创新到自主创新路径转型的核心。自主创新能力能否形成及水平高低，也是衡量企业自主创新成效的关键指标。

（三）以自主创新为基础实现代工企业业务升级

从模仿创新到自主创新转型的目标，是国际代工企业彻底摆脱被跨国公司锁定的状态，改变在全球价值链中的分工地位，实现从低增值环节向高增值环节的跃迁。这一目标具体可划分为流程升级、产品升级和功能升级三种类型。资源基础不同、发展战略不同的企业，在特定时期，可以选择不同类型的业务升级目标。但无论是实现何种升级目标，都意味着企业具有更强的价值创造能力，也具备了更强的价值分配权力。

第四章

国际代工企业从模仿创新到自主创新的转型路径：基于扎根理论的探索性研究

在第三章理论分析的基础上，本章将基于对 14 家国际代工企业进行访谈所获取的资料，运用扎根理论，探索性地构建国际代工企业从模仿创新到自主创新的转型路径，辨析其向自主创新转型的相关要素和机理。

第一节 研究方法和数据来源

一、研究方法

定性研究与定量研究是管理学研究中经常采用的两种方法。定量研究具有科学、严谨的优点，它通过构建并检验理论假设，在预测变量之间的相关或因果关系上发挥了重要的作用；而定性研究是以后实证主义为主要哲学基础，在自然情境下通过研究者和研究对象之间的系统互动，并且综合运用多角化技术对社会现象或社会问题进行广泛深入探索的一种研究活动（牛美丽，2006）[1]，有利于基于具体情景的社会科学理论的构建（张梦中、霍哲，2001）[2]。研究国际代工企业从模仿创新到自主创新的转型路径，一开始直接采用定量方法存在现实的困难，因为定量研究是通过对

---

[1] 牛美丽：《公共行政学观照下的定性研究方法》，载《中山大学学报》（社会科学版）2006 年第 3 期。

[2] 张梦中、霍哲：《定性研究方法总论》，载《中国行政管理》2001 年第 11 期。

事物可量化部分及其相关关系的测量、计算与分析以便掌握事物的本质，它的前提是具备扎实的理论基础（李志刚、李兴旺，2006）[1]。而在从模仿创新到自主创新转型路径这一问题上，目前还没有成熟的理论模型和研究假设。因此，本书首先采用定性研究方法，通过对有代表性的国际代工企业进行访谈以收集第一手资料，在此基础上建立理论模型，再在后面的章节中对该理论模型进行进一步的发展和定量的实证检验。

在具体的方法上，本章采用扎根理论开展研究。这一方法由社会学家格雷泽（Glaser）和斯特劳斯（Strauss）于1967年提出，是在经验资料的基础上自下而上建构实质理论的一种实证研究方法（陈向明，2000）[2]。采用扎根理论研究，研究者事先并不提出理论假设，而是带着研究问题直接从调查资料中进行经验总结，通过不断地比较和补充提炼原始概念，继而发展范畴并发现范畴之间的关联，最终经过整合凝练上升为系统理论（雷善玉、王焕冉、张淑慧，2014）[3]。在此过程中，数据收集与分析同步进行，并不断对理论进行归纳与修正，直至达到理论饱和，形成一个能够反映现象本质和意义的理论（Glaser & Strauss，1969）[4]。

近年来，扎根理论研究越来越受国际主流管理学界的重视（Uddaby，2006）[5]，在传记研究、现象研究、民族志、案例研究和扎根理论等社会学传统的研究方法中，扎根理论被认为是最适于进行理论建构的方法，被称为"定性革命"的先声，它的创立和发展被认为是定性研究的重大突破，"自此往后，只要是定性研究，几乎都会运用到扎根理论的基本原则或具体操作程序"（冯生尧、谢瑶妮，2001）[6]。

与其他定性研究方法相比，扎根理论具有以下几个特色。

第一，从数据中产生理论。扎根理论方法特别强调从数据中提取理论，认为只有通过对数据的深入分析才能逐步凝练出理论。因而，这一方法高度重视数据的丰富性和多元化，研究对象的各种信息都可以当作数据

---

[1] 李志刚、李兴旺：《蒙牛公司快速成长模式及其影响因素研究——扎根理论研究方法的运用》，载《管理科学》2006年第3期。
[2] 陈向明：《质的研究方法和社会科学研究》，教育科学出版社2000年版。
[3] 雷善玉、王焕冉、张淑慧：《环保企业绿色技术创新的动力机制——基于扎根理论的探索研究》，载《管理案例研究与评论》2014年第4期。
[4] Glaser, B. G., Strauss, A. L., *The Discovery of Grounded Theory: Strategies for Qualitative Research.* New York: Aldine, 1967.
[5] Uddaby, R., From the Editors: What Grounded Theory Is Not. *Academy of Management Journal*, Vol. 49, No. 4, 2006, pp. 633–642.
[6] 冯生尧、谢瑶妮：《扎根理论：一种新颖的质化研究方法》，载《现代教育论丛》2001年第6期。

来分析,从而形成概念、范畴并最终形成理论(Glaser,1998)[1],亦即"一切皆为数据"(Glaser,2001)[2]。

第二,不断比较。不断比较是扎根理论方法的核心,因此这一方法也被称为"不断比较的方法"。不断比较是指在研究过程中,数据资料的搜集和分析是交互进行的,在获得数据后立即进行数据分析和编码,从中产生新的概念和范畴,并与之前已经提取出的概念、范畴或关系进行比较,据此进行新的数据收集和分析工作(贾旭东、谭新辉,2010)[3]。不断比较的过程分为四个步骤:事件与事件、概念与更多事件、概念与概念以及外部比较(例如,轶事、故事和文献)(Glaser,1978)[4]。当出现与已有概念、范畴不同的新概念、范畴时,就要对理论进行修正。这一过程反复进行直至达到理论饱和(王璐、高鹏,2010)[5]。

第三,理论抽样。根据格雷泽的观点,理论抽样是指研究者需要同时收集、编码并分析数据,按照目前建构的理论,决定下一步要收集的数据以及收集的方法,在理论形成的同时,发展理论的数据收集过程(Glaser,1978)[6]。在这一过程中,逐步去掉理论上薄弱的或不相关的资料,将注意力集中在那些理论上扎实的、与建构理论直接相关的资料上(陈向明,2000)[7]。

二、研究流程

在长期的发展中,扎根理论形成了3个既有联系又不完全相同的版本:格雷泽与斯特劳斯最初提出的扎根理论原始版本(original version)、斯特劳斯和科宾(Corbin)的程序化版本(proceduralised version)以及查默兹(Charmaz)的构建型扎根理论(The Constructivist's Approach to Grounded Theory)。虽然学术界在扎根理论的版本选择问题上缺乏共识

---

[1] Glaser, B. G., *Doing Grounded Theory: Issues and Discussions.* Mill Valley (CA): Sociology Press, 1998.
[2] Glaser, B. G., *The Grounded Theory Perspective: Conceptualization Contrasted with Description.* Mill Valley (CA): Sociology Press, 2001.
[3] 贾旭东、谭新辉:《经典扎根理论及其精神对中国管理研究的现实价值》,载《管理学报》2010年第5期。
[4] Glaser, B. G., *Theoretical Sensitivity.* Mill Valley (CA): Sociology Press, 1978.
[5] 王璐、高鹏:《扎根理论及其在管理学研究中的应用问题探讨》,载《外国经济与管理》2010年第12期。
[6] Glaser, B. G., *Theoretical Sensitivity.* Mill Valley (CA): Sociology Press, 1978, P.36.
[7] 陈向明:《质的研究方法和社会科学研究》,教育科学出版社2000年版。

（Wells，1995）[1]，不过，在社会科学研究中，斯特劳斯和科宾的程序化版本使用得最为广泛。本书也采用了这一范式。在具体的流程上，本书借鉴潘迪特（Pandit）的模式[2]，采用如图4-1所示的步骤。

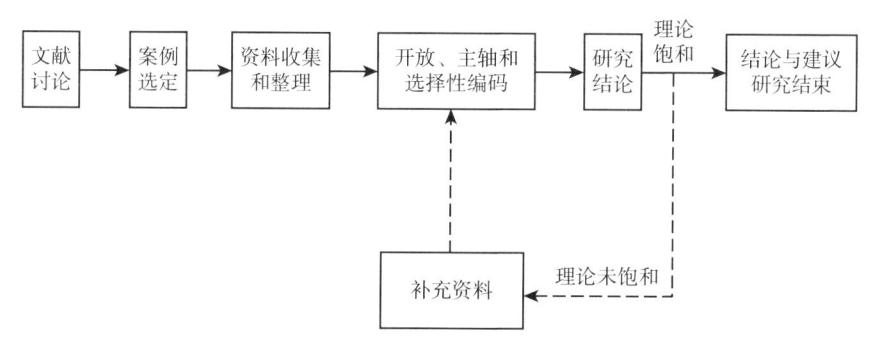

```
文献讨论 → 案例选定 → 资料收集和整理 → 开放、主轴和选择性编码 → 研究结论 —理论饱和→ 结论与建议研究结束
                                    ↑                        │
                                    └──── 补充资料 ←理论未饱和 ┘
```

图4-1 本书采用扎根理论方法进行分析的流程

资料来源：根据 Pandit N. R. The Creation of Theory：A Recent Application of the Grounded Theory Method. *The Qualitative Report*，2（4），1996，pp. 1-13 绘制。

在第二章文献回顾的基础上，本书按照理论饱和（theoretical saturation）的准则[3]，最终选择14家案例企业，通过现场访谈、企业内部文字材料、企业官网及新闻报道等途径，进行资料收集并加以整理。之后，按照斯特劳斯和科宾的程序化分析模式，进行开放性编码、主轴编码和选择性编码，据此构建起国际代工企业从模仿创新到自主创新的转型路径框架模型，并进行理论饱和检验。最后，归纳出研究结论并指出研究上可能会存在的问题。

通过上述较为规范、严谨的研究流程，本书避免了"目前的一些研究仍然单纯采用所谓'思辨'的方法"（谭劲松，2007）的不足[4]，建构的理论模型扎根于经验数据，且能够被追溯检验，克服了一般定性研究缺乏规范方法论支持、得出的结论说服力不强的问题。

---

[1] Wells，K.，The Strategy of Grounded Theory：Possibilities and Problems. *Social Work Research*，Vol. 19，No. 1，1995，pp. 33-37.
[2] 费小冬：《扎根理论研究方法论：要素、研究程序和评判标准》，载《公共行政评论》2008年第3期。
[3] 王建明、王俊豪：《公众低碳消费模式的影响因素模型与政府管制政策——基于扎根理论的一个探索性研究》，载《管理世界》2011年第4期。
[4] 谭劲松：《关于中国管理学科发展的讨论》，载《管理世界》2007年第1期。

三、案例选取与数据获取

（一）案例选取

在样本案例的选取上，本书采用斯特劳斯和科宾（1990）所提出的开放性抽样（Open Sampling）、关系性与差异性抽样（Relational and Variational Sampling）和区别性抽样（Discriminating Sampling）等三种不同的理论性抽样方法（Strauss & Corbin, 1990）[①]。在开始阶段，按照企业规模较大、经营时间较长、自主创新活动内容比较丰富的标准，进行开放性抽样，选择5家能够为研究问题提供最大涵盖度的研究对象，以求尽可能多地发现建构理论所需要的原始概念和相关范畴。在中期，通过对已有访谈资料的整理和分析，进行关系性和差异性抽样，选择5家与前一阶段研究对象在发展历程上比较相似、但在规模和产业等方面有所区别的企业，以求对访谈资料中提炼出来的原始概念和范畴进行进一步的梳理，同时，探求新的原始概念和范畴，并试图厘清概念和范畴之间的关系。在研究的后期，随着访谈资料的积累和归纳分析，进行区别性抽样，选择了4家在业务模式、所属产业上与前10家案例企业有所不同的研究对象，一方面寻求新的概念和范畴，另一方面修订和完善已经初步建立的范畴与范畴之间的关系。

在扎根理论的研究中，关于需要多少案例企业才能建构起理论模型的问题，并没有公认的、统一的标准，而是采用所谓的"理论饱和原则"（Theoretical Saturation），即从明确概念、提炼范畴、建构理论的角度来看，在进一步获取的案例企业信息中没有新的、重要的信息出现时，就可以认为已经达到理论饱和、无须再扩大样本案例规模了。本书在数据的不断比较过程中发现，所选择的14家案例企业满足这一标准。因此，本书共选取14家案例企业，基本情况如表4-1所示。

本书选取的案例企业分别位于山东省潍坊市和青岛市，公司历史最长的可以追溯到1980年，最短的成立于2011年。14家企业分布于9个行业，既有传统的服装加工和箱包等劳动密集型行业，也有资金、技术较为密集的机械、电子和化工等行业。在业务模式上，既有从事专业代工的企

---

① Strauss, A. Corbin, J., *Basic of Qualitative Research: Grounded Theory Procedures and Techniques*. New Bury Park (CA): Sage Publications, 1990, P. 176.

业，也有同时兼营"OEM + ODM""ODM + OBM"及"OEM + ODM + OBM"业务的企业。

表 4-1　　　　　　　　　　案例企业概况

序号	所在地	成立时间	所属行业	业务模式
案例企业 1	山东潍坊	2001	橡胶	OEM + ODM + OBM
案例企业 2	山东潍坊	2011	橡胶	ODM + OBM
案例企业 3	山东潍坊	2002	木制品	OEM
案例企业 4	山东潍坊	1980	食品	OEM + ODM + OBM
案例企业 5	山东潍坊	2009	化工	OEM + ODM + OBM
案例企业 6	山东青岛	1995	家电	OEM + ODM
案例企业 7	山东青岛	1987	家电	OEM + ODM + OBM
案例企业 8	山东青岛	2011	电子	OEM
案例企业 9	山东青岛	1994	机械	OEM + ODM
案例企业 10	山东青岛	2006	机械	OEM + ODM + OBM
案例企业 11	山东青岛	2005	机械	OEM
案例企业 12	山东青岛	2003	服装	OEM
案例企业 13	山东青岛	2003	服装	OEM
案例企业 14	山东青岛	1997	箱包	OEM

（二）数据获取

国际代工企业从模仿创新到自主创新的转型路径是一个复杂而多维的过程，涉及到企业发展的历史脉络及生产经营的多个方面，对本书的数据获取提出了较高的要求。为了尽可能地掌握第一手资料，本书主要采用到企业现场访谈的方式，同时辅之以多种其他手段。

在扎根理论研究中，访谈是非常重要的数据收集方法，通过与被调查者的深入交谈，可以获取丰富的信息（Glaser，1992）[1]。本书的访谈采取半结构化的方式（李怡娜、叶飞，2003）[2]，初始访谈提纲由 8 个问题

---

[1] Glaser B., *Basics of Grounded Theory Analysis*. Mill Valley（CA）：Sociology Press，1992.
[2] 李怡娜、叶飞：《高层管理支持环保创新实践与企业绩效——资源承诺的调节作用》，载《管理评论》2013 年第 1 期。

构成。

1. 请简要介绍贵企业的发展历史及主要业务等方面的情况，并对本企业的领导人做简要描述。

2. 近年来，贵企业在生产工艺创新、生产流程管理等方面做了哪些工作？您如何评价本企业在生产工艺创新、生产流程管理及向客户交货等方面的能力？

3. 近年来，贵企业在产品开发与设计等方面做了哪些工作？您如何评价本企业的产品开发与设计能力？

4. 近年来，贵企业在开拓市场方面做了哪些工作？您如何评价本企业的市场开拓能力？

5. 请简要介绍贵企业现在主要出口客户的情况；您如何评价与主要出口客户的业务关系？主要客户对本企业提供了哪些指导和帮助？与主要客户的关系主要面临哪些问题？

6. 贵企业是否有自己的产品品牌？如果有，请介绍一下品牌的发展情况及销售情况；如果没有，贵企业未来是否有创建品牌的计划？

7. 在开展创新及日常经营中，贵企业现在主要面临哪些外部困难和问题？

8. 在开展创新及日常经营中，贵企业现在主要面临哪些内部困难和问题？

在访谈过程中，通过对已收集资料进行不断的比较与分析，添加了两个访谈话题。

9. 贵企业在技术开发费用和技术人员方面的投入情况如何？

10. 您认为什么是自主创新？您如何评价贵企业的自主创新能力？

在访谈的过程中，访谈者和被访谈者围绕、但不限于访谈提纲，就代工企业从模仿创新向自主创新这一主题，进行深入的沟通和交流。在访谈对象的选择上，为了尽可能获取国际代工企业在自主创新方面全方位的信息，在14家案例企业，分别采用了一对一访谈和一对多访谈两种形式，具体的访谈对象随企业不同，涵盖了董事长、总经理、技术主管、生产主管、营销主管及财务主管等多个职位，每位被访谈对象均在案例企业工作3年以上，且熟悉案例企业的生产经营及自主创新情况。14家企业访谈对象共计25人，每次访谈时间在60~90分钟。

访谈前几天，访谈者会预约受访者，告知对方访谈背景和主题，并将半结构化访谈提纲发给对方，以便其提前思考、进行准备。正式访谈时，研究者先就本研究的目的和意义向受访者进行解释说明，并向受访者承诺不对外透露其商业秘密（如果有所涉及的话），以确保受访者能够打消疑虑、畅所欲言，然后才进入主题进行深度访谈。

在访谈过程中，访谈者围绕访谈提纲所得到的回答会进一步对受访者进行追踪式提问，通过及时互动，有效调整访谈的内容和重点；同时，尽量营造宽松的氛围，避免先入为主的引导和提示，以尽可能深入了解访谈对象的认识、理解和观点。访谈时，除现场进行文字记录之外，征得受访者的同意对访谈进行了录音，并在访谈结束后立即对录音资料进行了整理，完成访谈记录和备忘录。

基于"一切皆为数据"的原则，扎根理论研究要求尽可能地占有丰富、详细的资料，而且资料的形式可以是多种多样的（孟娟，2008）[①]，因此，在面对面访谈之外，本研究还通过现场参观、阅读企业内部资料和宣传册、浏览企业官方网站、搜索企业新闻等方式进一步获取相关信息，并对这些信息进行整理和归纳，形成了对访谈资料的补充和完善，最终汇总为10余万字的数据资料，命名为《国际代工企业从模仿创新到自主创新转型路径资料汇编》（以下简称《汇编》）。从这14家企业中随机选择了10家进行编码分析，剩余4家用于检验理论饱和度。

表4-2对14家案例企业数据获取的途径、手段等进行了归纳和总结。

表4-2　　　　　　　　　数据获取途径和手段

序号	受访者人数	受访者职位	除访谈外，其他数据获取手段
案例企业1	2	生产主管、财务总监	企业宣传材料、企业官网、新闻报道
案例企业2	2	技术主管、财务主管	企业宣传材料、企业官网、新闻报道
案例企业3	1	生产主管	企业宣传材料、企业官网
案例企业4	2	技术主管、财务主管	企业宣传材料、企业官网、新闻报道
案例企业5	3	技术主管、财务主管、办公室主管	企业宣传材料、企业官网、新闻报道
案例企业6	2	生产主管、销售总监	现场参观、企业官网、新闻报道
案例企业7	1	家电事业部总经理	现场参观、企业官网、新闻报道

---

① 孟娟：《心理学扎根理论研究方法》，载《吉首大学学报》（社会科学版）2008年第3期。

续表

序号	受访者人数	受访者职位	除访谈外，其他数据获取手段
案例企业8	2	董事长、技术主管	现场参观
案例企业9	1	销售总监	企业宣传材料、企业官网、新闻报道
案例企业10	1	技术主管	企业官网
案例企业11	3	生产主管、技术主管、办公室主管	企业宣传片、企业官网
案例企业12	2	总经理、生产主管	企业官网
案例企业13	2	总经理、办公室主管	新闻报道
案例企业14	1	总经理	现场参观

第二节 范畴提炼和模型构建

基于所获取的14家国际代工企业访谈资料，本书采用扎根理论方法，对《汇编》进行了归类和分析，在扎根理论中称之为"编码"。编码是指对访谈资料根据多个分类标准进行归纳总结的过程，在这一过程中，研究者将搜集到的资料不断打碎、整理和重组，用简短的词组或词语来概括访谈资料中的语句，以便"识别在文本中出现的范畴和概念，并将这些概念连结成独立存在的、正式的理论"（Ryan & Bernard，2007）[①]。编码过程是思考资料意义的过程，同时也是不断追问问题的过程以及指导后续资料收集、形成理论范畴的过程[②]。本书在采用扎根理论方法对资料进行分析过程中，采用了开放性编码、主轴编码和选择性编码三个阶段，逐步完成了访谈资料的概念化与范畴化、主范畴与副范畴挖掘、核心范畴与模型构建三项任务[③]。在编码过程中，出于访谈中部分企业要求隐去公司名称的考虑，凡涉及公司名称的地方，均用代码表示，即A01表示第一家被访谈企

[①] ［美］杰瑞·瑞安、拉塞尔·伯纳德：《数据分析与分析方法》。引自［美］诺曼·K·邓津、［美］伊冯娜·S·林肯主编，风笑天等译：《定性研究：经验资料收集与分析的方法》，重庆大学出版社2007年版。

[②] 孟娟：《心理学扎根理论研究方法》，载《吉首大学学报》（社会科学版）2008年第3期。

[③] 姚延波、张丹、何蕾：《旅游企业诚信概念及其结构维度——基于扎根理论的探索性研究》，载《南开管理评论》2014年第1期。

业，A02 表示第二家，依此类推。

一、开放性编码

开放性编码又称一级编码，是对原始访谈资料进行逐字逐句的编码、标签、登录，以便将资料概念化，从原始资料中阐释初始概念、发现概念范畴。为了避免编码者个人主观判断、专业背景和个体偏好的影响，尽量使用被访谈人的原话作为标签以从中发掘初始概念，最终一共得到500余条原始语句和150余个初始概念。

由于初始概念的数量非常庞杂且存在一定程度的交叉，需要对其进一步分解、剖析和提炼以便将相关的概念聚集在一起，实现概念的范畴化。进行范畴化时，剔除了重复频次极少的初始概念（频次少于2次），仅仅选择重复频次在3次以上的初始概念。此外，还剔除了个别前后矛盾的初始概念。最终从资料中抽象出15个范畴（分别用C1~C15来表示），这15个范畴及其初始概念如表4-3所示。为了节省篇幅，对每个范畴仅节选3条原始资料语句及相应的初始概念。这15个范畴是：企业家导向、代工业务压力、创新人员投入、创新经费投入、顾客需求调查、营销渠道建设、客户开发培育、流程技术创新、产品技术创新、外部知识学习、流程创新能力、产品创新能力、流程升级、产品升级和功能升级。

表4-3 开放性编码范畴化

范畴	原始资料语句（初始概念）
企业家导向（C1）	A01 在创新方面，我们老板的思路就是与时代并进，鼓励大家创新。（鼓励创新） A03 老板看好了这个美式橱柜，但是门槛比较高，当时有反对的声音，但是老板一直坚持上，在上的过程中，在两到三年的时间，代价付出的比较多，也有很多的质疑的声音，但是他始终坚持，如果他犹豫了，不管是投入了多少钱，也就打水漂了。（坚持不懈） A04 老板偏向于爱冒风险这一类，企业发展飞速的老板一般是比较激进一些的，这也算是老板的特色。（风险偏好）

续表

范畴	原始资料语句（初始概念）
代工业务压力（C2）	A03 做这一行的越来越多，客户也在挑能做的更好的，在质量上的要求也越来越高。（客户质量要求越来越高）
	A04 七八年前工资低，车间主任每月也就2000元左右，现在车间工人4000元/月。劳动力成本在不断上升，的确是有压力。（劳动力成本压力）
	A05 一般就是小客户压价的现象比突出。像刚刚说的大客户一般会定年价，定好了就是定好了。但是，每年在新定价时也会有压价现象，经过几轮商讨确定。（客户压价）
创新人员投入（C3）	A03 现在两个分厂有18个设计人员，这18个人是专门做设计的。（设计人员数量）
	A06 目前三个主体公司中开发人员加工艺提升人员有150人左右。（开发人员数量）
	A07 我们这里专门做产品开发设计的人员中，有30多个研究生。（技术人员构成）
创新经费投入（C4）	A01 在研发上，每年投入的情况不一样，大致占收入2%~3%。（研发投入比重）
	A09 加上设备的话，每年技改的投入达五六百万元。（技改投入）
	A10 像我们的话，生产工艺创新方面的投入在150万元左右。如果算上模具或者是生产安全方面的投入，今年我们的预算大约是270万~280万元。（生产工艺创新投入）
顾客需求调查（C5）	A02 有些客户会给我们提供市场信息，例如，东南亚或中东的客户会给我们提供他们当地市场的一些前沿信息，对我们销售也会有部分帮助。（客户提供市场信息）
	A04 基本上每年都要参加三次以上的国际上与宠物有关的展会，国内也有，比如说上海、广州都有，在展会上我们会了解客户的需求，也进一步了解到宠物的类型。（通过展会了解客户需求）
	A05 例如，英国的一个客户，有一个渠道是直接在网上销售，直接进入亚马逊和ebay，所以客户的好评决定了他的销售。两年前，我们是没有这个渠道的，现在我们可以第一时间接触到关于产品的反馈信息。（通过网络获取反馈信息）

续表

范畴	原始资料语句（初始概念）
营销渠道建设（C6）	A03 家具的主要市场是美国，从今年来看，美国市场处于上升阶段，现在美国市场比较好，前几年不太行的时候在那里建了办事处，找了很多客户。（设立海外办事处）
	A04 我们内销的品牌用路斯，在天猫和京东都开了旗舰店，一天卖3万元的货品没问题。（设立网络渠道）
	A07 公司在非洲的加纳建立了销售公司。（在海外设立销售公司）
客户开发培育（C7）	A05 一个是通过展会开拓市场，再一个是我们会自己在网上寻找市场机会，还有一个是国外的办事处来拓展客户，集团在德国和美国都有办事处，他们对当地比较熟悉一些。（多渠道市场开发）
	A09 在开发新客户方面，以前有阿里巴巴的电子平台，效果不是很理想，现在主要是展会的方式。（利用展会开发市场）
	A10 做市场开发主要是通过比如说展会，或者请潜在的客户过来参观，参观我们的生产线。（邀请潜在客户参观）
流程技术创新（C8）	A06 例如，封洞这道工序，我们之前都是用铆接式的，要用小锤给敲好，有了小微之后他们就自己和设备厂家沟通互动，转化成了用小型的钻机操作，好几十个铆合点，可以一次性的铆合完成。（工艺流程改造）
	A09 在铸造环节，最早是冲天炉烧焦炭，它的坏处是环境污染比较大，而且效率低，合格率也低，占场地大，从2014年10月份开始投资2000万元左右改进了设备。（设备改造）
	A10 我们也有针对原有操作的方式方法的创新，例如，做生产设备的改进，通过实践研究效率的提升，这些都是日常性的工作，天天都在做。（日常工艺革新）
产品技术创新（C9）	A01 在产品结构上我们主要是向扁平化方向进行开发，从斜交胎转换成子午胎，从较窄、较高的轮胎转换成比较胖、比较宽的轮胎。（产品开发理念）
	A02 我们半钢产品是从155覆盖到275、285，基本上衔接起来了，所以半钢的规格型号特别多，而且我们不定期地也会开发新的型号。（开发新型号）
	A04 新产品开发会根据客户的需求，考虑宠物的习性，然后自己去研发一些新产品。（开发新产品）

续表

范畴	原始资料语句（初始概念）
外部知识学习（C10）	A03 客户也会提自己的解决方案，主要目的就是怎么样把产品做得更好，我们的目标是一致的，除了价格不一致，其他都是一致的，觉得客户的方案好，我们就会采用。（采用客户解决方案）
	A06 我们的质量体系遵从9001，但是我们在和国际大客户，包括世界顶级的博世、伊莱克斯、惠而浦这些公司接触时发现，他们对质量有更高的要求，像GE提出了6西格玛，惠而浦也有自己的标准。他们的标准是基于9001，但是他们这些大企业这么多年也会形成一个更严格的体系。所以，我们跟他们对接、为他们做贴牌的过程中，也是向他们的先进的质量控制手段、企业管理手段的学习过程。（向客户学习高标准）
	A08 LG还会给我们技术上的指导，包括企业管理方面，都会做一些交流，我们觉得还是挺有收获。（接受客户指导）
流程创新能力（C11）	A03 客户对产品质量有要求，客户提到什么样的产品质量，我就能做到什么样，而且能比客户要求的略微高一些。（高质量产品生产能力）
	A07 作为生产车间来讲的话，如何有效地将交互过来的信息去转化？怎么样驱动生产？我们是通过智能工厂的建设将其连接起来，例如，通过生产管理系统，把订单转化为生产计划，生产计划又通过，例如，PLC这些控制、视觉系统、无线射频技术都整合起来，最后市场来的订单可以通过我的系统自动驱动生产，生产完之后就要入库，信息就上传到系统中，整个库存管理系统也与整套系统连接起来。后面还涉及给客户的订单发运。最终实现了不管物理层面也好、虚拟层面也好，与客户的互联互通。（先进的生产管理系统）
	A09 我们这一行做得最好的是一个个的央企，但它不是所有的配件都自己做，有一部分是外购，自己做不了的，我们是全部自己做，从毛坯到成品都是自己做的。如果从工艺上来看，我们这个可以排第一。（生产工艺领先）
产品创新能力（C12）	A03 在行业里来说，我们设计产品还是可以。从全国来说，在做这个美式橱柜的企业中排名前几位。（产品设计能力强）
	A06 我们的产品开发水平，在国内同行业应该处于偏上的水平。（产品开发水平高）
	A07 超低温的制冷产品，也不是每个企业都可以做到的，要分几级制冷的，不是靠一套系统就可以降到那么低，需要控制系统，我们在这类产品的设计能力上应该是领先的。（产品设计能力领先）

续表

范畴	原始资料语句（初始概念）
流程升级（C13）	A05 现在我们的生产技术水平肯定是大大提高了，因为最少要达到国家的标准要求，实际上我们要远高于国家标准和一般行业水平。（生产技术水平提高）
	A06 原来人均油烟机产量一天20台，但是由于生产工艺流程的改进和自动化设备的采用，生产效率大大提高，现在变成了人均一天25台。（生产效率提高）
	A07 我们现在新工厂都改成预涂钢板的工艺，钢板涂漆后分切完可以直接用。（采用新工艺）
产品升级（C14）	A02 一般涉及型号改进的基本都是靠自己公司自己来做，我们现在能很快做好这个工作并投产。（快速引入新产品）
	A02 在激烈的市场竞争下，轮胎产业的利润空间越来越小。经过反复论证，我们决定将产品重心调整为技术附加值更高的全钢无内胎载重系列轮胎和高档轿车轮胎。（引入附加值高的产品）
	A07 现在电冰箱、电冰柜中的大多是活塞式的压缩机，用COP值来评价效率，COP值的最高水平达到2，也有一点几的低效压缩机，而我们现在的压缩机一般都达到了1.85以上，这种压缩机的效率非常高、制冷量非常大，输入和输出发挥了最大的效率。（产品技术领先）
功能升级（C15）	A01 公司主导产品有全钢载重子午线轮胎、半钢子午线轿车轮胎，各种农业机械轮胎、汽车斜交轮胎，其中大中型拖拉机和收割机轮胎已成为全国知名品牌。（拥有知名品牌）
	A05 我们现在有综合院士工作站、省卤水资源综合利用工程技术研究中心、阻燃材料工程技术研究中心、无卤阻燃材料技术企业重点实验室等好几个技术平台，已经能够自己独立做研发。（独立研发能力）
	A07 自主品牌主要还是在中东这块销量比较大，尤其是伊拉克、约旦这些市场，我们应该是牢牢占据了市场第一的地位。（自主品牌市场领先）

A ** 表示第**家受访企业回答的原始语句；每段话后括号内的内容表示对该原始语句进行归纳得到的初始概念。

二、主轴编码

开放性编码发掘的范畴、意义和关系仍较为广泛和模糊。为了形成更具综合性、抽象性和概念化的编码，本书在开放性编码的基础上进行了主轴编码，主要是将开放性编码中被分割的资料，通过聚类分析，在不同范畴间建立联系，形成更具概括性的范畴（芦慧等，2013）[①]。主轴编码是由斯特劳斯和科宾在早期扎根理论基础上创设的一种典范模型，通过探究范畴间的内在联系，并辅之以必要的原始资料挖掘、发展出作为"范畴之轴"的主范畴，从而体现出资料中各部分的有机关联（雷善玉、王焕冉、张淑慧，2014）[②]，发现并建立不同范畴间潜在的联结关系。在这一阶段，编码工作主要是从四个方面进行比较：（1）把子范畴与范畴加以比较和关联；（2）将范畴与新资料加以比较；（3）通过描述范畴的特征和维度来扩展其密度和复杂性；（4）通过对资料不同变化的探究来重组范畴概念和关系体系（孟娟，2008）[③]。

通过分析，本书发现各范畴在概念层面上确实存在内在联系，并根据其相互关联和逻辑顺序，再次进行重新归类，共归纳出六个主范畴，分别为自主创新动力、自主创新投入、自主市场开发、自主创新行为、自主创新能力和代工业务升级。各主范畴和所对应的范畴及内涵如表4-4所示。

表4-4　　　　　　　　　主轴编码形成的主范畴

主范畴	对应范畴	范畴内涵
自主创新动力	企业家导向	国际代工企业领导人不甘于现状，凭借敏锐的市场嗅觉和敢冒风险的精神，鼓励创新，积极开拓企业发展的新空间
	代工业务压力	国际代工企业面临着客户在质量、价格等方面更苛刻的要求及转单的风险，同行业竞争激烈；同时，在劳动力成本和供应、土地成本、环境保护、国外市场保护等方面也承受着很大的压力，利润空间不断受到挤压
自主创新投入	创新人员投入	国际代工企业通过组建技术和研发部门，构建研发和技术团队，为自主创新提供人员上的支持
	创新经费投入	国际代工企业通过资金投入，为自主创新提供经费上的支持

[①] 芦慧、陈红、周肖肖、柯江林：《基于扎根理论的工作群体断层——群体绩效关系概念模型的本土化研究》，载《管理工程学报》2013年第3期。
[②] 雷善玉、王焕冉、张淑慧：《环保企业绿色技术创新的动力机制——基于扎根理论的探索研究》，载《管理案例研究与评论》2014年第4期。
[③] 孟娟：《心理学扎根理论研究方法》，载《吉首大学学报》（社会科学版）2008年第3期。

续表

主范畴	对应范畴	范畴内涵
自主市场开发	顾客需求调查	国际代工企业通过与顾客的交流、互动以及市场调查,了解顾客需求的活动
	营销渠道建设	国际代工企业通过选择代理商、在国内外建立贸易公司、利用网络渠道等模式建立营销渠道的活动
	客户开发培育	国际代工企业通过参加国内和国外展会、赞助各种活动及其他途径进行客户培育和开发的活动
自主创新行为	流程技术创新	国际代工企业围绕降低生产成本、提高产品质量和交货速度,在原材料、生产工艺、加工装配等方面开展一系列的技术开发活动
	产品技术创新	国际代工企业在针对客户提出的改进意见对产品设计加以完善、对原有产品进行升级改造以及与客户共同进行或独立进行新产品开发等方面开展的一系列技术开发活动
	外部知识学习	国际代工企业通过客户现场考察和指导、与客户共同进行产品设计和生产过程中的问题解决、接受客户的培训、到客户母国进行考察、学习与接受培训以及与国内高校和科研机构合作等方式,观察、学习和掌握各种知识和技能
自主创新能力	流程创新能力	国际代工企业围绕加强成本控制、提高生产技术水平和生产工艺管理水平、强化质量控制、快速响应客户订单要求等方面进行创新的能力
	产品创新能力	国际代工企业在改进和完善产品设计、独立或者与客户共同进行产品设计方面所具备的能力
代工业务升级	流程升级	国际代工企业在生产效率、产品质量水平、生产管理体系以及向客户交货速度等方面有了明显提升
	产品升级	国际代工企业在新产品的快速投产、生产更加复杂的产品、进行产品设计的改进和完善以及独立或者与客户共同进行产品设计等方面有了明显提升
	功能升级	国际代工企业能够进行新技术的研究与开发、拥有自己独特的技术、建立或不断提升自有品牌

三、选择性编码

在归纳和提炼出主范畴之后,为了进一步明晰范畴与范畴之间的联系,本书进行了选择性编码,即从主范畴中挖掘"核心范畴"(core category),把核心范畴与主范畴及其他范畴联结起来,并以"故事线"(story line）形式描绘整体现象，发展出系统的理论框架。

通过对开放性编码所归纳出来的企业家导向、代工业务压力、创新人员投入、创新经费投入、顾客需求调查、营销渠道建设、客户开发培育、流程技术创新、产品技术创新、外部知识学习、流程创新能力、产品创新能力、流程升级、产品升级、功能升级15个范畴的继续剖析和自主创新动力、自主创新投入、自主市场开发、自主创新行为、自主创新能力及代工业务升级六个主范畴的深入分析，在与原始资料互动比较的基础上，本书提炼出"国际代工企业自主创新转型路径"这一核心范畴，围绕核心范畴的"故事线"可以概括为：国际代工企业自主创新动力推动自主创新投入、自主市场开发和自主创新行为，而自主创新行为又会促进自主创新能力的培育和提升；同时，自主创新投入和自主市场开发也会通过自主创新行为间接对自主创新能力发挥积极作用；随着自主创新能力的提升，国际代工企业将会实现业务升级。主范畴的典型关系结构如表4-5所示。

表4-5　　　　　　　　主范畴的典型关系结构

典型关系结构	关系结构内涵
自主创新动力——→自主创新投入	在自主创新动力的驱动下，国际代工企业会在人员和经费方面进行自主创新的投入
自主创新动力——→自主市场开发	国际代工业务的压力和代工企业的企业家导向会促使国际代工企业进行自主市场开发
自主创新动力——→自主创新行为	代工业务本身的压力和企业家导向，会推动代工企业采取各种类型的自主创新行为
自主创新投入——→自主创新行为	人员和经费方面的投入，对国际代工企业的自主创新行为起到了积极的推动作用
自主市场开发——→自主创新行为	国际代工企业的自主市场开发会对自主创新行为起到引导和推进作用
自主创新行为——→自主创新能力	国际代工企业在外部知识学习及流程创新和产品设计等领域自主创新活动的持续开展，会带来自主创新能力的提升
自主创新能力——→代工业务升级	国际代工企业流程创新能力和产品创新能力的提升，会促使代工业务实现流程升级、产品升级和功能升级

以此"故事线"为基础，本书建构和发展出一个国际代工企业自主创新的理论构架，可称之为"国际代工企业从模仿创新到自主创新的转型路径框架模型"（以下简称转型路径框架模型），如图4-2所示，又可称之

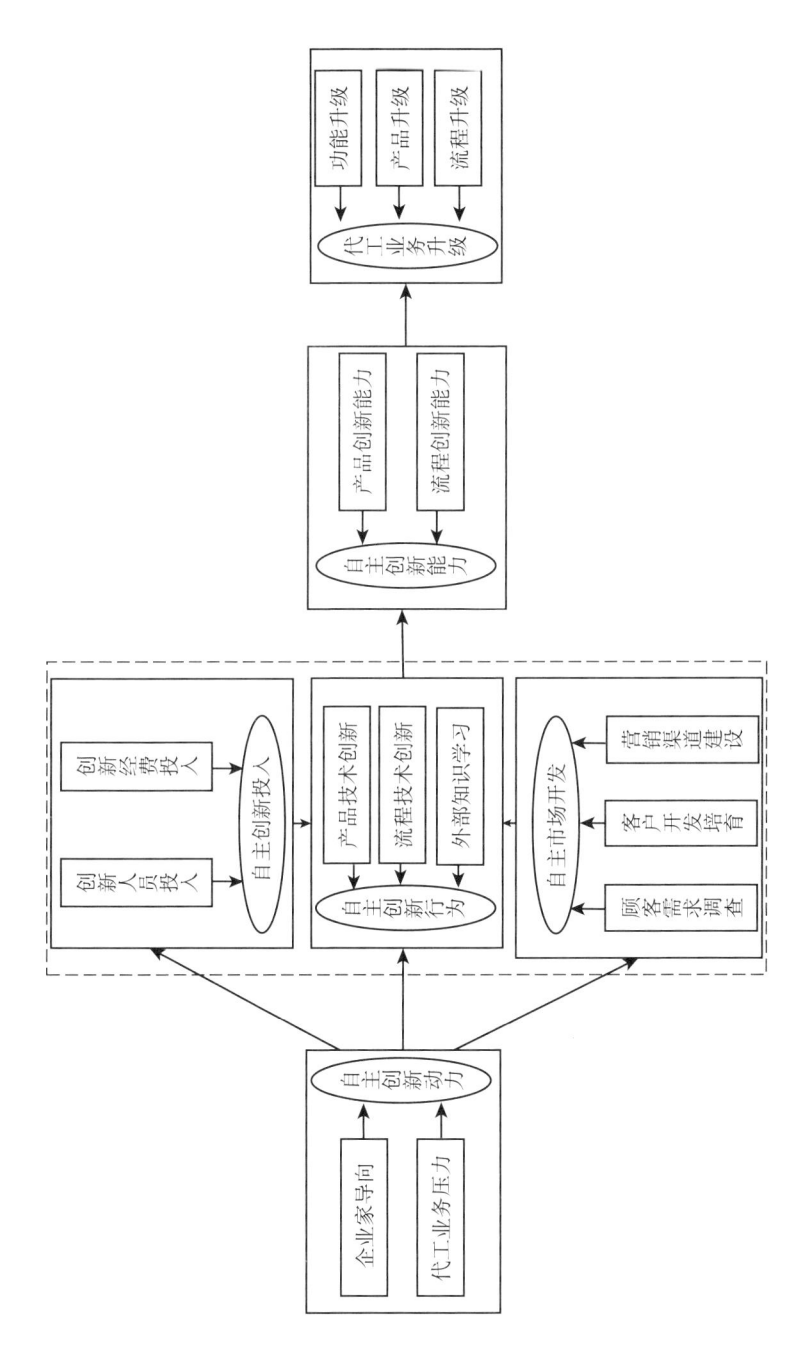

图4-2 国际代工企业从模仿创新到自主创新的转型路径框架模型

为"动力—活动—能力—升级"框架模型。其中，动力指的是国际代工企业自主创新动力，它是向自主创新转型的前置因素；活动涵盖国际代工企业自主创新投入、自主市场开发和自主创新行为，它是向自主创新转型的关键节点；能力指的是自主创新能力，它是向自主创新转型的目标；升级指的是代工业务升级，它是向自主创新转型的战略导向。

四、理论饱和度检验

在判定"扎根理论研究所建构的理论是否饱和"时，一般的标准是"新收集到的数据不能产生新的理论内涵"，说明理论已经饱和（王璐、高鹏，2010）[①]。本书将剩下的4家企业访谈资料作为理论饱和度检验的数据，对其依次做了开放性编码、主轴编码和选择性编码，结果显示，模型中的范畴已经发展的足够充分，对于理论框架中的六个主范畴（自主创新动力、自主创新投入、自主市场开发、自主创新行为、自主创新能力、代工业务升级），均没有发现有新的重要范畴和关系形成。六个主范畴内部也没有发现新的构成因子。由此，可以认为，上述"动力—活动—能力—升级"框架模型在理论上是饱和的。

第三节 模型阐释和研究发现

通过前面的开放性编码、主轴编码以及选择性编码所构建起来的"动力—活动—能力—升级"框架模型，概括和归纳了国际代工企业从模仿创新到自主创新的转型路径。在这一框架当中的六个主范畴在转型路径模型中分别扮演着不同的角色，处于不同的位置，具有不同的作用机制。下面，本节将从自主创新动力及其作用、自主创新投入及其作用、自主市场开发及其作用、自主创新行为及其作用、自主创新能力及其作用五个方面，对本章第二节中构建的框架模型进行阐释，在此基础上概括和归纳研究发现。

---

① 王璐、高鹏：《扎根理论及其在管理学研究中的应用问题探讨》，载《外国经济与管理》2010年第12期。

一、自主创新动力及其作用

自主创新动力是国际代工企业自主创新的推动力量，也是其通过自主创新活动形成自主创新能力、进而实现代工业务升级的起点。动力的构成包括企业家导向和代工业务压力两个维度。企业家导向是国际代工企业自主创新的内在动力，指的是国际代工企业领导人不甘于现状，凭借敏锐的市场嗅觉和敢冒风险的精神，鼓励创新，积极开拓企业发展的新空间、新方向；代工业务压力是外在动力，指的是国际代工企业面临着客户在质量、价格等方面更苛刻的要求及同行业激烈的竞争，同时，在劳动力成本和供应、土地成本、环境保护、国外市场保护等方面也承受着很大的压力，利润空间不断受到挤压。作为前置因素，这两个维度推动着国际代工企业从模仿创新到自主创新的转型。

在转型路径模型中，自主创新动力的作用主要表现为三个方面：推动企业进行自主创新投入、开展自主市场开发以及实施自主创新行为。

当企业有足够的动力开展自主创新时，必然会在自主创新上进行更多的资源投入，为自主创新提供资金和人力上的保障。首先，企业家追求创新的天性会促使其在主观上乐于加大在自主创新上的投入。有受访者表示，"我们老板的业务决策能力比较超前，在业务方面，设立了博士后流动站、实验室、山东省研究中心，在研发、生产安全和环保等方面很注意人才的引进（A05）"；此外，"老板很重视研发，这两年研发投入差不多平均能达到收入的 3.5%～4%，建了一个产品更新的车间，投入比较大，买的设备都在好几十万元，跟一些化工学院交流也付出了很多劳务费（A05）"。其次，面对来自代工业务各方面的压力，国际代工企业客观上也不得不将更多的资源用于创新，以克服劳动力成本上升等因素带来的不利局面。受访者的一些代表性观点如下："劳动力成本上升有压力也有动力。我们 OEM 企业本身的利润空间还是有限的，如果工人工资上涨便会对企业利润有一定影响。虽然我们连续三年工资上涨，从 2016 年 8 月份到现在[①]工资也涨了十个点，但是我们仍然控制住了公司的工资额度没有很大变化，只是有轻微波动，还在我们的承受范围之内。这就依赖于我们持续的技改和在技改上巨大的投入（A06）"；"我们在技改上也会有一个

---

① 指访谈的时间，即 2016 年 11 月。

投入指导线,大约在3%,随着这些年人工成本的提高,我们也在追加一些投入(A07)"。

自主创新动力不仅推动国际代工企业进行各种创新投入,也会推动其开展与市场有关的活动。从企业家导向来看,识别与开发新的市场,是企业家导向的典型特征(Shane,2000)[①],这一点对代工企业也不例外,例如,有受访者表示"老板是个永不满足、永不止步的人,尤其是在我们的主营行业中,一直盯着新兴市场和其他市场的发展趋势,包括产品的发展趋势等,经常组织我们出去考察市场、拜访客户(A06)"。同时,面对国际代工的压力,企业也普遍在做着多方面与市场开拓有关的工作。从调研中的一些代表性观点可以看到这一点:"美国原先占比很大,但可能会逐渐缩小,那边的客户压价压得厉害,现在我们在积极找新的客户,除了中东、俄罗斯,欧洲这边的市场今年刚开始开发(A01)。""代工业务要想不被压价压得太厉害,老是做一个产品肯定不行,和别人做一样的那就更被动了,所以我们会想各种办法,参加展会,或是到天猫看顾客反馈,尽可能了解一些市场信息,然后再看看能不能开发什么新产品(A04)"。

自主创新动力在国际代工企业自主创新中最直接的作用,就是促使企业开展各种自主创新行为。被调研的企业普遍都明显呈现出"从动力到自主创新行为"的路径轨迹。首先,作为自主创新动力维度之一的企业家导向是推动企业开展自主创新行为的重要力量。在访谈中,有的企业反复强调这一点,如:"老板本来就舍得在创新上花钱,今年开始,在这块的投入就大了,只要是能自动化、能实现质量稳定、效益提高的就不计投入,进行大规模的改造(A09)。""老板对公司的发展有着很长远的眼光,在行业里对标国际先进水平。我们的竞争对手不会选那些低层次的对手,同样是油烟机,我们这几年的产品开发也是从中端、中高端、再到高端,沿着这条轨迹去不断提升发展(A06)"。其次,来自国际代工业务的压力也会直接推动代工企业自主创新行为的实施,这也是被受访者普遍的观点,例如,"(我们)当时做欧式家具,从欧式家具转型到美式家具,我经历了这个过程,所以有比较深刻的理解。当时下决心确实很难,因为欧式家具到后来直接不行了,没有订单,而美式家具我们觉得市场前景不错,觉得可以做,就开始围绕这种家具做技术上的开发(A03)。""在要求降低价格时,他们(客户)不是无理由、无条件地做这件事情,会在前期做一

---

① Shane S., Venkataraman, S., The Promise of Entrepreneurship as A Field of Research. *Academy of Management Review*, Vol. 26, No. 1, 2000, pp. 217–226.

个双向的沟通，他们给的价格都是通过自己的评估和预算的。这样，在沟通之外，为了保持一定的利润空间，从产品设计的源头开始，我们就会做一些降低成本的考量，在产品设计上会做一些改动，比如说，原来用人工比较多的地方，人工做的这一些在设计的时候就会进行人员优化。尽量减少制造上面的一些困难，尽量实现自动化的一些东西，根据这些东西相应地把成本降低下来（A08）。""我们这边的工作主要有两个，一个是开发，属于产品的设计创新；还有一部分是工艺，因为现在人工成本这么高，在生产过程中，需要不断地进行工艺提升，例如，可能换一个方法可以从5个人减少至3个人，我们就会换一个方法，工装设备上会做一定调整，做一些技改（A06）。""要消化劳动力成本上升，有两方面工作，一方面尽量提高一点加工费，跟客户争取好一点的价格，但是这个也是非常有限，客户肯定希望他的东西卖得便宜，然后带来更大的销售量，他的生意好一些。这个跟客户也是冲突比较大。另一方面就是减少自己的成本，加强内部的管理。包括损耗、生产时间、工人的效率、研究一些加工工艺方法、这些都可以提高一些生产效率（A13）。"

二、自主创新投入及其作用

自主创新投入是国际代工企业自主创新的资源支撑，包括创新人员投入和创新经费投入两个维度。创新人员投入指的是国际代工企业通过组建技术和研发部门，构建研发和技术团队，为自主创新提供人员上的支持；而创新经费投入指的是国际代工企业通过资金投入，为自主创新提供经费上的支持。自主创新投入大小受自主创新动力强弱的影响，同时，又直接影响和推动国际代工企业自主创新能力水平及自主创新活动的开展。

创新行为需要资金作为支撑，同时也需要人员去具体承担、实施，因此，创新投入必然直接影响到国际代工企业自主创新行为的实施及其效果。受访者一些代表性的语句如下："作为董事长，我始终觉得人才是最重要的，比如说郝经理在生产管理方面比较有经验，把他请过来，再进一步充实一下技术人员的力量，在工艺改进方面可以做的事情就跟以前不一样了（A08）。""加工环节的话，最早以前使用很普通的手动机床，现在是数控车床，效率高了，一个员工可以看四台设备，从毛坯到加工全部一个人可以完成的。不过，以前的卧式车床设备只要五六万元，现在的立式数控车床要花几十万元钱，不做大的投入，这种改造是不可能的

(A09)。"公司成立了研发部门,现在人员增加到了十几个,这十几个人的职责,就是在接到图纸之后,从工艺方面看看是否合适,然后转化,包括铸造模具都要重新设计,这些东西客户是不提供的(A09)"。

三、自主市场开发及其作用

针对市场、用户的需要开展创新,是保证技术创新成功的首要条件,也是技术创新过程的起点和归宿(许庆瑞等,2000)[①]。同样,在国际代工企业从模仿创新向自主创新转型的过程中,针对市场所开展的自主市场开发活动,对于自主创新行为也发挥着诱发、引领和促进的作用。通过调研发现,国际代工企业的自主市场开发主要包括三个方面:客户需求调查,即通过与客户的交流和互动,了解客户需求;营销渠道建设,即通过选择代理商、在国内外建立贸易公司、利用网络渠道等模式构建销售渠道;客户开发培育,即通过参加国内和国外展会、赞助各种活动及利用其他形式进行客户培育和开发。在自主市场开发的过程中,通过各种渠道所获取的市场信息以及新客户所带来的新要求,成为代工企业开展自主创新活动的直接推动力。调研中,一些受访者表达了类似以下的观点,如"随着客户结构的变化,我们有越来越多的用户信息,像德国和英国每个月都有用户的信息直接发到我们这来,这台机器哪一天卖的、出了什么毛病、如何修复等这些用户的信息我们就可以第一时间拿到,这对我们产品设计的改进、品质的提升有很直接的支持(A06)。""我们一直都很重视客户使用情况的反馈,有的客户嫌冰柜的展示面太小了,因为他们做快消品的,商场的位置和展示面是他们最关注的,需要让产品跟更多的人见面。于是,我们就给他们开发了一个透明玻璃的外壳,四面都能进行展示(A07)。""在新产品开发方面,更多时候我们会在市场调研的基础上提出我们在该市场的产品开发方案,同步也会咨询客户的意见和需求,对新品进行立项(A10)"。

四、自主创新行为及其作用

自主创新行为是指国际代工企业围绕生产流程、产品设计、知识获取

---

① 许庆瑞等:《研究、发展与技术创新管理》,高等教育出版社2000年版。

等主动开展的一系列以"我"为主的行为，它是自主创新的核心内容，同时，也是国际代工企业从模仿创新向自主创新转型的关键节点。代工企业的自主创新行为包括流程技术创新、产品技术创新和外部知识学习。流程技术创新是国际代工企业为降低生产成本、提高产品质量和交货速度，在原材料、生产工艺、加工装配等方面开展的一系列的活动；产品技术创新是国际代工企业在针对客户提出的改进意见对产品设计加以完善、对原有产品进行升级改造以及与客户共同进行或独立进行新产品开发等方面开展的一系列技术开发活动；外部知识学习是企业通过客户进行现场考察和指导、与客户共同进行产品设计和生产过程中的问题解决、接受客户的指导和培训、到客户母国进行考察、学习与接受培训以及与国内高校和科研机构合作，观察、学习和掌握各种知识和技能，它一方面体现了国际代工企业自主创新开放性的特征，另一方面也是大多数国际代工企业在技术基础较为薄弱的前提下，快速培育自主创新能力的必然选择。

代工企业自主创新行为是企业家导向和代工业务压力双重驱动的结果，同时，也受代工企业自主创新投入和自主市场开发的推动。在自主创新行为的实施过程中，企业内部产生的知识与外部获取的知识经过内部化、社会化、组合化及外部化等一系列过程（野中郁次郎，1995），使得企业在流程创新和产品创新方面的能力也得以形成或提升。在调研过程中，一些受访者的代表性语句也表明了这一点，如"对于轮胎来讲，我是这样认为的，在生产工艺上做些调整是非常关键的，这为我们进一步开发新产品的能力打下了基础（A02）。""这两年的生产逐步自动化，从原来的人工操作逐步实现一些操作的半自动化，人员数量降低了，实际上生产效率没有降低。使用电脑来替代人工，用电脑操作相对安全了，也使我们有能力做进一步的一些流程上的提升（A05）。""（在生产流程上）我们做的工作是有两方面的，一方面是销售这边要支持工厂订单上的规定，即最小订单量的规模标准要保证。另一方面是我们能不能把几个客户千变万化的需求往一块凑，我们称之为模块化。例如，不同客户产品会有形状等细微差别，我们如果能把模块化做得很好，就能集约化、自动化的生产，产品设计能力也会上一个台阶（A07）。""他们（客户）会做一些自动化方面的改造，然后让我们去参观学习一下，学回来之后，我们的技术水平会上一个台阶（A08）"。

五、自主创新能力及其作用

培育和提升自主创新能力是国际代工企业自主创新活动的目标,同时也是代工企业进行业务升级的前提。自主创新能力体现为企业主要依靠自身力量开发出适应市场需要的新产品,或者是开发出新工艺以提升产品的市场竞争力(马述忠、乔勃,2010)[①],因此,代工企业的自主创新能力主要包括两个方面:流程创新能力与产品创新能力。流程创新能力是国际代工企业在加强成本控制、提高生产技术水平和生产流程管理水平、强化质量控制、快速响应客户生产要求等方面的能力,而产品创新能力则是国际代工企业在改进和完善产品设计、独立或者与客户共同进行产品设计方面的能力。

自主创新能力是自主创新行为的结果,这种能力的形成直接影响到国际代工企业能否沿全球价值链实现从流程到产品进而到功能的升级。在调研中,一些受访者表示:"在成本控制和工艺改进方面的能力增强了,我们就可以做更高端、更复杂一些的产品,这些产品的加工费高,受工人工资上升的影响也小一些(A14)。""这两年的生产逐步自动化,从原来的人工操作逐步实现一些操作的半自动化,人员数量降低了,实际上生产效率没有降低,而自动化水平的提高,也使我们有能力做进一步的一些流程上的提升,生产效率和产品质量都有提高(A05)。""刚开始的时候会做一些贴牌生产,青岛有一些专门做轮胎出口的贸易公司,我们会通过这些贸易公司去做。但是慢慢地我们的技术水平上去了,也有了有自己的品牌,贴牌生产的量就非常少了(A01)。""目前半钢有7个品牌,全钢有1个品牌,今后计划半钢的品牌留下1~2个。公司目前的设想就是以后走品牌化路线。因为企业的技术和规模发展到一定阶段,肯定要走品牌化(A02)。""我们是想在工厂运行上先做好,在工艺和设计上都做好了,有了比别人强的长处,将来返回来又可以做自己的品牌。我们的制造水平在行业里还不敢说数一数二,但总有一天达到这个水平以后,有了口碑再做自己的品牌。其实我们也对自创品牌有一些想法,或者到了一定时间收购一个,因为国外的一些小众的牌子还是具有一定的价值(A06)"。

---

① 马述忠、乔勃:《基于全球价值链的温州鞋业自主创新能力研究》,载《科学学研究》2010年第4期。

六、研究发现与不足

由于自主创新是主要基于中国情境提出的一个概念,而且在国际代工企业从模仿创新到自主创新的转型路径问题上,尚没有较为系统的研究可供借鉴,因此,在这一章中,本书在对 14 家国际代工企业实地调研和访谈的基础上,运用扎根理论方法,探索性地构建了一个代工企业从模仿创新到自主创新的转型路径模型。模型共包括自主创新动力、自主创新投入、自主市场开发、自主创新行为、自主创新能力、代工业务升级六个主范畴,其中,自主创新投入、自主市场开发和自主创新行为是国际代工企业围绕自主创新所开展的活动,因此,整个转型路径可视为是一个"动力—活动—能力—升级"框架模型,在这个框架模型中,由企业家导向和代工业务压力所决定的自主创新动力的大小,决定了自主创新活动水平的高低,后者又直接影响到代工企业自主创新能力的形成,并进而影响到代工企业的业务升级。同时,在自主创新活动内部,自主创新投入和自主市场开发又分别直接影响到代工企业的自主创新行为。

"动力—活动—能力—升级"框架模型初步厘清了国际代工企业从模仿创新向自主创新转型的逻辑脉络和演化范式,为国际代工企业通过自主创新实现业务升级提供了战略上的指引和操作上的方向。从战略上来讲,国际代工企业要实现沿全球价值链的业务升级,必须首先实现自主创新能力的培育和提升;从操作上来讲,自主创新能力的培育和提升,必须从加大自主创新投入、积极开展自主市场开发和自主创新行为入手。

不过,本章的研究也存在不足之处,主要表现为:第一,扎根理论研究所得到的理论模型主要是基于企业访谈,样本容量较小,因此,所建构的理论普适性、相关概念的信度和效度尚未得到统计上的检验。第二,转型路径模型明确给出了各个主范畴之间的关系,但是构成主范畴的各个范畴之间的关系还没有非常清晰地展现出来,而这种关系对于代工企业的自主创新,具有更直接的指导和启示价值。因此,本书接下来的部分将综合已有文献对模型进行进一步的理论开发,并通过问卷调查对理论模型进行实证检验。

第五章

国际代工企业从模仿创新到自主创新的转型路径：理论发展与实证研究设计

第四章的扎根理论研究归纳出了国际代工企业从模仿创新到自主创新转型路径的六个主范畴，基于这六个主范畴彼此之间的关系，构建了转型路径的框架模型。本章将对这一模型在理论上做进一步的深化和发展，提出研究假设，并进行实证研究设计。

第一节 理论发展与研究假设

此处的理论发展，指的是根据已有的相关理论，结合案例企业调研的结果，针对第四章所提出的"动力—活动—能力—升级"框架模型中所涵盖的关系，深入到主范畴内部各维度，对相关维度进行可操作的概念化，探讨并扩展各维度之间的关系，进而提出研究假设。

一、自主创新动力对自主创新活动的影响及研究假设

作为转型路径的前置因素，国际代工企业自主创新的动力包括企业家导向和代工业务压力两个维度，而自主创新活动则是自主创新投入、自主市场开发和自主创新行为的统称。为了简化研究模型、突出研究重点，本章不对自主创新投入与自主市场开发做进一步的维度划分，同时，继续将自主创新行为划分为流程技术创新、产品技术创新和外部知识学习三个维度。下面，本章将分别就企业家导向和代工业务压力与自主创新投入、自

主市场开发、流程技术创新、产品技术创新及外部知识学习等自主创新活动之间的关系进行理论分析并提出研究假设。

(一) 企业家导向与自主创新活动

对企业家导向 (entrepreneurial orientation, OE) 的研究来自康德瓦拉 (Khandwalla, 1977)[1] 和明茨伯格 (Mintzberg, 1979)[2] 及其他学者对战略与绩效之间关系的研究。米勒 (Miller, 1983) 明确提出了企业家导向的概念，将其定义为"致力于产品市场创新、风险承担活动及率先进行先动创新以打击竞争对手"[3]。这一定义提出了企业家导向的三个维度，即创新性 (innovativeness)、先动性 (proactiveness) 和风险承担 (risk taking)。之后，学者对这一概念不断加以补充和完善，并进行了大量实证研究。例如，科文和斯莱文 (Covin & Slevin, 1989) 认为企业家导向是企业具有冒险性、先动性和创新性的一种战略导向；他们在1991年进一步提出，作为一种重要的战略导向，企业家导向表明企业先于竞争者进行技术创新、勇于承担风险以及率先追逐新市场机会的战略姿态，对于企业竞争优势同样有重要影响[4]。纳曼和斯莱文 (Naman & Slevin, 1993) 将企业家导向定义为：企业创新、启动变革及快速响应市场变化的能力[5]。

早期的研究往往将企业家导向与企业家行为 (entrepreneurial activity) 混淆起来，后来的一些学者认为企业家导向，反映的是倾向、而不是实际的企业家行为 (例如 Dess et al., 2003; Lmpkin & Dess, 1996; Wiklund & Shepherd, 2003; Zahra, 1991)，因此，企业家导向是"企业致力于企业家行为的意愿" (Wiklund, 1998)[6] 和"作为企业家决策与行为基础的政

---

[1] Khandwalla, P. N., *The Design of Organizations*. New York: Harcourt Brace Jovanovich, Inc., 1977.

[2] Mintzberg, H., *The Structuring of Organizations: A Synthesis of the Research*. Englewood Cliffs, N. J: Prentice - Hall, 1979.

[3] Miller, D., The Correlates of Entrepreneurship in Three Types of Firms. *Management Science*, Vol. 29, No. 7, 1983, pp. 770 – 791.

[4] Covin, J. G., Slevin, D. P., Strategic Management of Small Firms in Hostile and Benign Environments. *Strategic Management Journal*, Vol. 10, No. 1, 1989, pp. 75 – 87.

[5] Naman J. L., Slevin D. P., Entrepreneurship and the Concept of Fit: A Model and Empirical Tests. *Strategic Management Journal*, Vol. 14, 1993, pp. 137 – 53.

[6] Wiklund J., Shepherd D., Entrepreneurial Orientation and Small Business Performance: A Configurational Approach. *Journal of Business Venture*, Vol. 20, 2005, pp. 71 – 91.

策及惯例"（Rauch et al.，2009）[①]。戴斯、拉姆普金和麦克法林（Dess，Lumpkin & McFarlin，2005）进一步对企业家精神和企业家导向进行了区分，认为企业家精神是企业家导向的来源，而企业家导向有助于激发企业家精神[②]。

关于企业家导向的维度，已有研究普遍接受的是从米勒（1983）的界定中所归纳出来的三个层面。莫里斯和刘易斯（Morris & Lewis，1995）对这三个维度进行了详细的阐述，他们将创新性界定为企业家寻求创意和不寻常的问题解决方法，这种解决方法可以是在产品和服务中采用新技术、新方法；风险承担，是企业家面对不确定性机会时勇于投入重要资源的意愿；而先动性，则是企业家精神的实现。之后，拉姆普金和戴斯（1996）在对企业家导向相关文献进行梳理的基础上，提出了企业家导向的五维度划分方法：第一，自治性，指的是个人或团队接受新创意或使命，并最终独立将其完成；第二，创新性，指的是企业对新创意、新思想、新体验及创意流程的投入及支持倾向，最终将会导致新产品、新服务或新技术流程的产生；第三，风险承担，指的是企业投入高风险计划的倾向；第四，先动性，指的是企业对未来的问题、需求或变化的预期行为；第五，竞争积极性，指的是企业挑战竞争对手的倾向[③]。

有关企业家导向定义和维度的文献表明，企业家导向越强，企业越愿意承担风险、进行创新活动的资源投入越多，同时，企业围绕新产品、新技术寻求问题解决方案的意愿也就越强。例如，艾维劳尼蒂斯和萨拉瓦（Avlonitis & Salavou，2007）通过对149家中小型制造企业的实证研究发现，企业家导向对中小企业的产品创新性会产生"重要贡献"[④]。博索、卡多甘和斯托瑞（Boso，Cadogan & Story，2012）通过对164家加纳企业的研究发现，企业家导向对出口企业的产品创新存在积极的影响。[⑤] 李和

[①] Rauch, A., Wiklund, J., Lumpkin, G. T. Frese, M., Entrepreneurial Orientation and Business Performance: An Assessment of Past Research and Suggestions for the Future. *Entrepreneurship: Theory & Practice*, Vol. 33, No. 3, 2009, pp. 761–787.

[②] Dess, G. G., Lumpkin, G. T., McFarlin, D., The Role of Entrepreneurial Orientation in Stimulating Effective Corporate Entrepreneurship. *Academy of Management Executive*, Vol. 19, No. 1, 2005, pp. 147–157.

[③] Lumpkin, G. T., Dess, G. G., Clarifying the Entrepreneurial Orientation Construct and Linking It to Performance. *Academy of Management Review*, Vol. 21, No. 1, 1996, pp. 135–172.

[④] Avlonitisa, G. J., Salavou, H. E., Entrepreneurial Orientation of SMEs, Product Innovativeness, and Performance. *Journal of Business Research*, Vol. 60, No. 5, 2007, pp. 566–575.

[⑤] Boso, N., Cadogan, J. W., Story, V. M., Entrepreneurial Orientation and Market Orientation as Drivers of Product Innovation Success: A Study of Exporters from A Developing Economy. *International Small Business Journal*, No. 31, 2012, pp. 57–81.

────第五章 国际代工企业从模仿创新到自主创新的转型路径：理论发展与实证研究设计

苏柯柯（Lee & Sukoco，2007）的研究也表明了企业家导向会促进企业的产品创新与流程创新[①]。

此外，拉姆普金和戴斯（1996）提出，企业家导向包括企业进入新市场的程序、实务与决策活动，企业家导向的先动性和创新性有助于获得更多关于潜在顾客需求和新兴市场的信息。莎妮（Shane，2000）进一步提出，对新市场的识别和开发是企业家导向的典型特征[②]。

在针对国际代工企业所进行的调研中也可以看到，强烈的企业家导向会推动企业积极在自主创新上投入大量的研发人员和研发费用，促使企业积极获取市场信息、建立营销渠道和努力开发新的市场，同时，这类企业也会有更多和更为活跃的流程技术创新和产品技术创新。

基于以上分析，提出以下假设。

H1：企业家导向正向影响国际代工企业自主创新投入。

H2：企业家导向正向影响国际代工企业自主市场开发。

H3：企业家导向正向影响国际代工企业自主创新行为。

H3A：企业家导向正向影响国际代工企业流程技术创新。

H3B：企业家导向正向影响国际代工企业产品技术创新。

腾（Teng，2007）指出，在面临企业内部知识资源短缺时，企业家导向能够促使企业通过学习型联盟从伙伴企业那里获取知识资源以弥补内部知识资源的短缺[③]。杨曦东（2009）通过对179家企业调研数据的分析发现，企业家导向对技术知识和市场知识的获取具有显著的促进作用[④]。弋亚群等（2010）分析了企业家导向、组织学习和技术创新之间的关系，认为企业家导向能够促进企业的探索式学习和利用式学习，进而影响到企业的技术创新[⑤]。本书假设，在国际代工企业向自主创新转型的过程中，企业家导向会促进外部知识获取行为。具体假设如下。

[①] Lee, L. T., Sukoco, B. M., The Effects of Entrepreneurial Orientation and Knowledge Management Capability on Organizational Effectiveness in Taiwan: the Moderating Role of Social Capital. *International Journal of Management*, Vol. 24, No. 3, 2007, pp. 549–573.

[②] Shane, S., Prior Knowledge and the Discovery of Entrepreneurial Opportunities. *Organization Science*, Vol. 11, No. 4, 2000, pp. 448–469.

[③] Teng, B. S., Corporate Entrepreneurship Activities through Strategic Alliances: A Resource-Based Approach toward Competitive Advantage. *Journal of Management Studies*, Vol. 44, No. 1, 2007, pp. 119–140.

[④] 杨曦东：《企业家导向、外部知识获取与产品创新的关系研究》，载《科学学与科学技术管理》2009年第5期。

[⑤] 弋亚群、邹明、谭国华：《企业家导向、组织学习与技术创新的关系研究》，载《软科学》2010年第8期。

H3C：企业家导向正向影响国际代工企业的外部知识学习。

（二）代工业务压力与自主创新活动

国际代工企业的代工业务压力主要来自两个方面：一是企业所面临的外部环境压力，二是直接来自客户在价格、质量、交货期等方面的要求。外部环境压力主要来自环境的动荡性（turbulence）。在康德瓦拉（1977）看来，动荡的环境就是动态的、不可预测的、延展的及变动的环境[①]，巴布洛格鲁（Baburoglu，1988）认为动荡的环境就是与组织存在紧密联系的、发生巨大变化的环境[②]。在环境动荡性的表现上，沃尔博达（Volberda，1998）将其划分为动态性（dynamism）、复杂性（complexity）和难以预测性（predictability）三个维度，其中，动态性指的是环境中各因素变化频率的高低和程度的强弱，复杂性指的是影响因素的多少及相关性程度的强弱，难以预测性指的是环境中各因素可能的变化方向的多样性。[③] 谭和李斯切特（Tan & Litschert，1994）、谭和谭（Tan & Tan，2005）把环境的不确定性分为动态性、复杂性、敌对性（威胁性）三个维度；动态性指消费者行为、竞争者行为以及产业技术状况等的变动情况；复杂性指环境变化的多样性；敌对性指竞争激烈程度[④]。詹森和范·登·波什（Jansen & Van Den Bosch）及沃尔博达（2006）将环境分为动态性和竞争性[⑤]，动态性指的是环境变化的速度和不稳定的程度，不仅强调变化本身，而且强调变化的不可预测性，体现为技术、顾客偏好、产品需求或投入品供给的变化；竞争性指的是外部环境中竞争的激烈程度（Matusik & Hill，1998）[⑥]，表现为竞争者的数量和竞争领域的数量。环境的动荡性会使企

[①] Khandwalla, P. N., *The Design of Organizations*. New York: Harcourt Brace Jovanovich, Inc., 1977, pp. 333.

[②] Baburoǧlu, O. N., The Vortical Environment: the Fifth in the Emery – Trist Levels of Organizational Environments. *Human Relations*, Vol. 41, No. 3. 1988, pp. 181 – 210.

[③] Volberda, H. W., *Building the Flexible Firm*. Oxford: Oxford University Press, 1998.

[④] Tan, J., Litschert, R. J., Environment – Strategy Relationship and Its Performance Implications: An Empirical Study of Chinese Electronics Industry. *Strategic Management Journal*, Vol. 15, 1994, pp. 1 – 20.

[⑤] Jansen, J. J. P., Van Den Bosch, Frans, A. J. Volberda, H. W., Exploratory Innovation, Exploitative Innovation, and Performance Effects of Organizational Antecedents and Environmental Moderators. *Management Science*, Vol. 52, No. 11, 2006, pp. 1661 – 1674.

[⑥] Matusik, S. F., Hill, C. W. L., The Utilization of Contingent Work, Knowledge Creation, and Competitive Advantage. *Academy of Management Review*, Vol. 23, No. 4, 1998, pp. 680 – 697.

业现有的产品过时，要求进行新产品的开发（Jansen et al. 2005）[1]，而竞争性则会降低企业的边际利润水平（Zahra，1996）[2]，带来提高效率、降低成本的压力（Matusik & Hill，1998），促使企业进行生产工艺的革新。

在动荡的环境中，创新被视为企业生存的关键（Tushman & Anderson，1986；Wind & Mahajan，1997；Hamel，1998；Pich，Loch & Meyer，2002；Paladino，2008）。在具体的创新活动上，既包括创造与现有产品和服务显著不同的产品和流程，也包括对现有产品和服务进行小幅度的改善或仅仅只是进行简单的调整（Dewar & Dutton，1986；Tidd et al.，2001）[3]，后者通常更符合大部分国际代工企业的现状。同时，环境动荡性常常表现为客户偏好/需求、价格/成本结构以及竞争者的变化，这也对企业的市场开发工作提出了要求（Mullins & Sutherland，1998）[4]。而创新和市场开发不可避免地会涉及创新资源的投入，要求企业做出更大的资源承诺。

客户在产品价格、质量、交货期等方面的要求，为国际代工企业带来了直接的压力。面对来自客户的压力，代工企业一方面会通过阅读书面材料、接受客户培训和指导、参观考察等方式，获取外部的外显知识和内隐知识（王生辉、孙国辉，2009）[5]，另一方面也会主动围绕生产流程和产品设计进行各种创新活动，并加大对创新的资源投入，调研中一些企业在这些方面所做的大量工作也表明了这一点。为了更好地满足客户需要，同时，避免对单一客户的过分依赖，国际代工企业也会积极开展市场信息获取、营销渠道建设及新客户开发等方面的工作。其中，积极开拓国内市场、通过构建国内价值链而摆脱俘获型全球价值链中被锁定的状态（张杰、刘志彪，2007），正在成为越来越多本土代工企业的选择。

基于以上分析，提出以下假设。

H4：代工业务压力正向影响国际代工企业自主创新行为。

---

[1] Jansen, J. J. P., Van Den Bosch, Frans, A. J., H. W. Volberda, Managing Potential and Realized Absorptive Capacity: How Do Organizational Antecedents Matter? *Academy of Management Journal*, Vol. 48, No. 6, 2005, pp. 999–1015.

[2] Zahra, S. A., Goverance, Ownership and Corporate Entrepreneurship: the Moderating Impact of Industry Technological Opportunities. *The Academy of Management Journal*, Vol. 39, No. 6, 1996, pp. 1713–1735.

[3] Tidd, J., Innovation Management in Context: Environment, Organization and Performance. *International Journal of Management Review*s, Vol. 3, No. 3, 200, pp. 169–183.

[4] Mullins, J. W., Sutherland, D. J., New Product Development in Rapidly Changing Markets: An Exploratory Study. *Journal of Product Innovation Management*, Vol. 15, No. 3, 1998, pp. 224–236.

[5] 王生辉、孙国辉：《全球价值链体系中的代工企业组织学习与产业升级》，载《经济管理》2009年第8期。

H4A：代工业务压力正向影响国际代工企业流程技术创新。
H4B：代工业务压力正向影响国际代工企业产品技术创新。
H4C：代工业务压力正向影响国际代工企业的外部知识学习。
H5：代工业务压力正向影响国际代工企业自主创新投入。
H6：代工业务压力正向影响国际代工企业自主市场开发。

二、自主创新活动的内部关系及研究假设

如前所述，自主创新活动包括自主创新投入、自主市场开发和自主创新行为三项活动，自主创新行为又包括流程技术创新、产品技术创新和外部知识学习三个维度。各项自主创新活动，内部也存在着相互之间的关系。以下就这些关系进行理论分析并提出研究假设。

（一）自主创新投入与自主创新行为之间的关系

自主创新投入是企业为开展自主创新而进行各种生产要素的投入，包括人力、资金、设备等。其中，资金是企业为开展技术创新所投入的经费，人员指的是企业的技术研发人员，而设备的购入和使用通常也必须以资金和人员作为基础。自主创新是一种高投入的活动，需要调动企业大量的资源，包括财力、物力、人力等（曹洪军，2009）[1]。没有资源投入，创新就只能停留在设想阶段，无法转化为新产品、新流程。

很多研究发现，研发方面的投入有助于产生创新，同时，也会推动企业识别、吸收和利用外部知识。有关美国企业（Arora & Gambardella，1994）[2]、德国企业（Fritsch & Lukas，2001）[3]、芬兰企业（Veugelers，1997）[4] 和法国企业（Paul et al., 2000；Negassi，2004）[5] 的实证研究对此进行了检验。还有大量研究分析了创新投入与创新绩效之间的关系。海

---

[1] 曹洪军、赵翔、黄少坚：《企业自主创新能力评价体系研究》，载《中国工业经济》2009年第9期。

[2] Arora, A., Gambardella, A., The Changing Technology of Technological Change: General and Abstract Knowledge and The Division of Innovative Labour. *Research Policy*, Vol. 23, No. 5, 1994, pp. 523–532.

[3] Fritsch, M., Lukas R., Co-operation in Regional Innovation Systems. *Regional Studies*, Vol. 35, No. 4, 2001, pp. 297–307.

[4] Veugelers, R., Internal R&D Expenditures and External Technology Sourcing. *Research Policy*, Vol. 26, No. 3, 1997, pp. 303–316.

[5] Negassi, S., R&D Cooperation and Innovation: A Microeconometric Study on French Firms. *Research Policy*, Vol. 33, No. 3, 2004, pp. 365–384.

默特（Hemmert，2004）研究了医药和半导体行业企业技术创新投入和产出绩效之间的关系，发现创新投入对产出绩效有显著影响[1]。国内一些学者，如陈劲和陈钰芬（2006）、胡义东与仲伟俊（2011）以及陶永明（2014）等也对此问题进行了研究。

已有研究中鲜有关于创新投入对于企业技术创新行为影响的文献，不过，本研究在实地调研中发现，虽然被调研企业中只有少数几家企业具有严格意义上的研发经费投入和研发人员投入，但所有企业都围绕着生产流程和产品设计的改进和创新进行了经费和人员方面的投入，而且，代工企业在经费和人员方面的投入越多，围绕着生产流程和产品开发所进行的自主创新就越活跃、内容也越丰富。同时，研发经费和研发人员方面的投入，还可以增强企业在面对外部知识时的吸收能力，促使企业更加积极地开展外部知识的学习。科恩和列文赛尔（Cohen & Levinthal，1989）在分析企业研发投入的作用时提出，研发投入对技术创新的作用表现在两个方面，一方面直接促进了技术进步，另一方面增强了企业对外来技术的吸收和学习。

基于以上分析，提出以下假设。

H7：自主创新投入正向影响国际代工企业自主创新行为。

H7A：自主创新投入正向影响国际代工企业流程技术创新。

H7B：自主创新投入正向影响国际代工企业产品技术创新。

H7C：自主创新投入正向影响国际代工企业外部知识学习。

（二）自主市场开发与自主创新行为之间的关系

国际代工企业的自主市场开发是在企业家导向和代工业务的推动之下，围绕市场所开展的一系列营销活动。很多研究表明，营销与技术创新密不可分，前者对后者发挥着支持和推动作用。范·德·帕尼等（Van Der Panne et al.，2003）利用文本分析方法，对已有文献中关于创新成败的因素进行了归纳和梳理，提炼出四类影响因素，其中一类就是市场相关因素，亦即营销活动[2]。卡兰通等（Calantone et al.，1993）提出，为了

---

[1] Hemmert, M., The Influence of Institutional Factors on the Technology Acquisition Performance of High – Tech Firms: Survey Results from Germany and Japan. *Research Policy*, Vol. 33, No. 6 – 7, 2004, pp. 1019 – 1039.

[2] Van Der Panne, G., Cees Van Beers, Kleinknecht, A., Success and Failure of Innovation: A Literature Review. *International Journal of Innovation Management*, Vol. 7, No. 3, 2003, pp. 309 – 38.

成功地进行新产品的开发，企业必须具备足够的营销资源和技能[1]。巴拉钱德拉和福瑞尔（Balachandra & Friar，1997）研究了营销职能对产品创新的支持，发现营销部门在新产品创意产生和产品设计等环节，可以对创新活动提供支持[2]。卡兰通（1998）从创新关键环节的角度分析了营销的作用，发现营销活动与技术活动在各个环节相互补充[3]。博索姆（Bosom，2012）在分析影响产品创新的因素时发现，市场导向性行为与出口产品创新的成功正相关。

在国内的文献中，郭国庆等（2000）指出，市场营销对技术创新的影响表现为明确创新目标、强化创新沟通及参与创新过程等方面[4]。于建荣等（2007）将企业的自主创新分为自主创新欲望、自主创新预期和自主创新绩效三个相互关联的行为逻辑过程，提出营销能力对企业自主创新过程存在正向显著影响。张建宇（2010）提出了市场需求推动下的自主创新的逻辑，其分析的起点在于市场需求，落脚点在于将市场所需的技术内化为企业可以实现的技术[5]。

已有市场营销活动对技术创新发挥支持作用的研究，基本上都是围绕着产品技术创新而展开的，在本研究的调研过程中，除了发现这方面的证据之外，还发现与市场开发相关的活动，对流程技术创新也起到了积极的推动作用。具体来说，通过获取最终用户有关产品使用的信息，代工企业可以对产品流程进行改进，以进一步提高产品质量；随着新客户的开发或新的营销渠道的建立，代工企业有可能需要通过流程方面的创新，更好地满足新客户或新渠道对产品价格及产品质量提出的新要求。

基于以上分析，提出以下假设。

H8：自主市场开发正向影响国际代工企业自主创新行为。

H8A：自主市场开发正向影响国际代工企业流程技术创新。

H8B：自主市场开发正向影响国际代工企业产品技术创新。

---

[1] Calantone, R. J., Benedetto, C. A. Di., Organisational, Technical and Marketing Antecedents for Successful New Product Development. *R&D Management*, Vol. 23, No. 4, 1993, pp. 337–351.

[2] Balachandra, R., Friar, J. H., Factors for Success in R&D Projects and New Product. *IEEE Transactions on Engineering Management*, Vol. 44, No. 3, 1997, pp. 276–287.

[3] Calantone, R. J., Benedetto, C. A. Di., An Integrative Model of the NewProduct Development Process: An Empirical Validation. *Journal of Product Innovation Management*, Vol. 5, No. 3, 1988, pp. 201–215.

[4] 郭国庆、刘洁、王军生：《试论以市场为导向推进技术创新》，载《中国科技论坛》2000年第1期。

[5] 张建宇：《企业自主创新内在逻辑和竞争模式》，载《中南财经政法大学学报》2010年第2期。

此外，虽然在第四章的扎根理论研究中没有发现直接的证据，但是从逻辑上来看，通过自主市场开发所发现和开拓的市场机会，客观上也需要企业进一步加大自主创新投入，以便国际代工企业更好地开展流程技术创新和产品技术创新，从而充分地利用这些市场机会。基于此，提出以下补充假设。

H9：自主市场开发正向影响国际代工企业自主创新投入。

三、自主创新活动对自主创新能力的影响及研究假设

（一）流程技术创新与自主创新能力的关系

流程技术创新是国际代工企业围绕改善生产以及交付产品和服务的方法所开展的一系列活动。与产品创新相比，流程创新在已有研究中受到的关注相对较少。凯普等（Keupp et al.，2012）对342篇有关创新管理的论文进行了分析，发现只有11篇明确包含了流程创新。[1] 流程创新的结果是质量改善、成本和时间节约、生产率提高、产出增加（Baer & Frese，2003；He & Wong，2004；Klomp & Van Leeuwen，2001；Pisano，Bohmer & Edmondson，2001）。在流程创新的实施上，瑞奇斯坦和萨尔特（Reichstein & Salter，2006）[2] 认为，流程创新就是采用新的资本品以及干中学和用中学（Hollander，1965；Cabral & Leiblein，2001）[3][4]。经济合作与发展组织（OECD，2005）认为，流程创新是"采用新的或显著改善生产和交付的方法。这包括在技巧、设备和/或软件方面的显著改进"[5]。还有学者认为，从技术角度上来看，流程创新意味着采用新的生产设备（Salter，1960）[6]、加工机械、工业机器人或IT设备（Edquist，2001；Heidenreich，

---

[1] Keupp, M. M., Palmié, M., Gassmann, O., The Strategic Management of Innovation: A Systematic Review and Paths for Future Research. *International Journal of Management Reviews*, Vol. 14, No. 4, 2012, pp. 367 – 90.

[2] Reichstein, T., Salter, A., Investigating the Sources of Process Innovation among UK Manufacturing Firms. *Industrial and Corporate Change*, Vol. 15, No. 4, 2006, pp. 653 – 82.

[3] Hollander, S., *The Sources of Increased Efficiency: A Study of DuPont Rayon Plants*. Cambridge: The MIT Press Books, 1965.

[4] Cabral, R., Leiblein M. J., Adoption of A Process Innovation with Learning by Doing: Evidence from the Semiconductor Industry. *The Journal of Industrial Economics*, Vol. 49, 2001, pp. 269 – 280.

[5] OECD, *Oslo Manual: Guidelines for Collecting and Interpreting Innovation Data*. Paris: OECD, 2005, P. 49.

[6] Salter, W., *Productivity and Technical Change*. Cambridge: Cambridge University Press, 1960.

2009；OECD，2005）①② 或内嵌技术的资本品（Rouvinen，2002）③，通常是采用购买先进设备或计算机硬件和软件的形式（OECD，2005）。

根据知识基础论的观点（Kogut & Zander，1996）④，企业开展流程技术创新的过程，无论是技巧的发现、设备的引用还是其他改善生产和交付的方法，实际上都是知识和经验的积累。特别是内隐知识的积累，会形成企业在生产制造上进行创新的能力（Nonaka & Takeuchi，1995），即流程创新能力。与具体的流程创新活动相比，流程创新能力是一种动态能力，这种能力的形成，通常并不是来源于研发投入，而是在经常、反复的流程创新活动中形成的。因此，国际代工企业所开展的流程技术创新活动，将有利于其流程创新能力的形成和提升。

基于以上分析，在此提出如下假设。

H10：流程技术创新正向影响国际代工企业流程创新能力。

（二）产品技术创新与自主创新能力的关系

产品技术创新，指的是国际代工企业在企业家导向和代工业务压力的驱动下，结合自主市场开发的要求，在经费和人员投入的基础上，对原有产品进行进一步的开发和改造，或设计和开发新产品的活动。产品技术创新表现为代工企业的产品创新。在产品创新的类型上，温德和马哈詹（Wind & Mahajan，1997）将其划分为渐进性创新（incremental innovation）和突破性创新（radical innovation）两种类型，前者指的是技术变化较小、产品简单改善或现有产品线的延伸，后者指的是对产品技术进行新颖的、独特的和艺术性的创造⑤。与之类似，林晓言和王红梅（2005）认为产品创新有两种，一种是在产品用途及其应用原理上有显著变化的产品创新，另一种是在技术原理没有重大变化、基于市场需要而对现有产品所作的功能上的扩展和技术上的改进。事实上，无论是哪种创新，其背后都是产品

---

① Edquist, C., Hommen, L., McKelvey, M. D. I., Process Versus Product Innovation. In D. Archibugi and B. A. Lundvall (Eds.), *Innovation and Employment*, Brussels: Edward Elgar Pub, 2001.

② Heidenreich, M., Innovation Patterns and Location of European Low and Medium - Technology Industries. *Research Policy*, Vol. 38, 2009, pp. 483 - 494.

③ Rouvinen, P., Characteristics of Product and Process Innovators: Some Evidence from the Finish Innovation Survey. *Applied Economics Letters*, Vol. 9, 2002, pp. 575 - 580.

④ Kogut B., Zander U., What Firms Do? Coordination, Identify, and Learning. *Organization Science*, Vol. 7, 1996, pp. 502 - 518.

⑤ Wind, Y., Mahajan, V., Issues and Opportunities in New Product Development: An Introduction to the Special Issue. *Journal of Marketing Research*, Vol. 34, No. 1, 1997, pp. 1 - 12.

所蕴含的技术和知识与原有产品相比存在不同,只是,这种不同在程度上存在差异。正如莫吉尔(Mokyr,2000)所指出的那样,新产品之所以在质量、性能和新颖度上有所改进,是因为其蕴含着新的知识和新的技术[①]。

知识和技术的创新是产品技术创新的根本原因,只有知识和技术进行了创新,产品创新才能够不断推进。可以说,产品技术创新就是一个在已有知识和技术的基础上,创造和产生新的产品知识和技术的过程,而新知识、新技术的产生又会进一步丰富企业既有的知识和技术存量,意味着企业有更强的能力去开发更多新的产品知识和技术,这也正是知识生产自我累积性和路径依赖性的体现。

基于以上分析,在此提出以下假设。

H11:产品技术创新正向影响国际代工企业的产品创新能力。

(三) 外部知识学习与自主创新能力的关系

企业外部关系网络是创新能力发展的重要方面(Lall,1993)[②],外部的多种途径有助于企业获取技术能力(Romijn,1997)[③],而盖默尔托夫特(Gammeltoft,2004)则明确提出技术能力形成可通过企业内部、公共领域、其他企业、外部制度设施和国际来源五种途径[④]。通过外部途径获取创新能力的实质,是企业通过对外部知识的学习,丰富和充实自身的知识存量。在代工业务发展的过程中,企业一方面面临着来自本地的各类组织,如竞争者、供应商、高校及科研机构等的知识溢出,另一方面也面临着全球价值链中代工客户的知识转移。其中,代工客户的知识转移比当地的知识溢出更有利于创新绩效的提升(陶锋,2011)[⑤]。国际代工关系实质上是一种分销与供应型的国际战略联盟,这种战略联盟为代工企业获取外部知识、进行组织学习提供了平台(Grant,1996;Hamel,1991;

[①] Mokyr, J., Evolution and Technological Change: A New Metaphor for Economic History. In R. Fox (Eds.), *Technological Change*, London: Harwood Publishers, 1996, pp. 266 – 272.
Mokyr, J., *Evolution Phenomena in Technological Change*, *Technological Innovation as An Evolution Process*. Cambridge: Cambridge University Press, 2000, pp. 3 – 12.

[②] Lall, S., Promoting Technology Development: the Role of Technology Transfer and Indigenous Effort. *Third World Quarterly*, Vol. 14, No. 1, 1993, pp. 95 – 108.

[③] Romijn, H., Albaladejo, M., Determinants of Innovation Capability in Small Electronics and Software Firms in Southeast England. *Research Policy*, Vol. 31, 2002, pp. 1053 – 1067.

[④] Gammeltoft, P., Development of Firm – Level Technological Capabilities: the Case of the Indonesian Electronics Industry. *Journal of the Asia Pacific Economy*, Vol. 9, No. 1, 2004, pp. 49 – 69.

[⑤] 陶锋:《国际知识溢出、吸收能力与创新绩效——中国代工制造业升级的研究》,经济科学出版社2011年版。

Khanna et al.，1998；Kogut，1998）。由于在代工生产的过程中，客户客观上需要向代工企业转移必要的生产、技术和管理等方面的知识，指导后者积极从事组织学习，以便达到其在产品质量、价格及交货及时性等方面的要求；而代工企业面对自身能力薄弱的现实，也有必要获取跨国公司在生产工艺、质量控制、物流管理、产品设计及其他方面的知识转移，这既是承接代工合同的必然要求，也是进一步提升能力、实现产业升级的基础（Ernst & Kim，2002）[1]。

在具体的外部知识学习行为上，根据代工企业所获取的外部知识类型及所涉及的知识领域，这种学习对于自主创新能力的提升也会产生不同的影响。从所获取的外部知识的类型来看，根据波兰尼（Polyany）的观点，知识可以分为外显知识和内隐知识两种类型，客户向代工企业转移的知识也可以据此划分为两类：一类是向代工企业转移可以编码的外显知识，另一类是向代工企业溢出难以编码而只能通过观察、模仿和实践而掌握的内隐知识；从所涉及的知识领域来看，根据厄特拜克（Utterback）和阿伯纳西（Arbanarch）有关技术创新的经典理论，可以划分为两类：有关产品生产的工艺、方法、过程等的流程技术知识和有关产品性能、结构、特征等的产品技术知识。综合上述两个维度，代工企业外部知识学习，对自主创新能力的影响表现为以下四种情形。

第一，客户向代工企业直接转移有关生产流程的成文知识，包括提供设备使用指南、加工规范说明、质量控制手册等。代工企业的技术和操作人员阅读、吸收这些转移而来的知识，并将其转化为自己的操作、运营技能。同时，代工企业也有可能将这些知识，与企业内部原有的操作流程、操作方法等相结合，编写出适合于本土环境和企业具体情况的、新的操作标准和管理规则，提高生产加工能力。

第二，基于内隐知识溢出的流程技术创新。客户对代工企业进行有关生产流程的内隐知识的溢出，包括派人员到代工企业与当地员工一起工作，共同解决生产中遇到的操作问题；邀请代工企业的员工到客户位于母国或其他地区的工厂进行培训、实习等。代工企业的员工在接受客户指导、培训的过程中，通过交流、观察和模仿，领悟和体会到客户在生产方面的有关诀窍，并用于解决自身的生产和技术问题，获得生产技能的提升。

---

[1] Ernst, D., Kim, L., Global Production Networks, Knowledge Diffusion, and Local Capability Formation. *Research Policy*, Vol. 31, 2002, pp. 1417 – 1429.

第三，基于外显知识转移的产品技术创新。客户向代工企业提供所委托生产产品的外显知识，包括设计图纸、技术规格说明、样品等。代工企业通过这些图纸和说明的学习，或者通过对样品或关键零部件的分析和研究，一方面可以实现产品的快速投产，另一方面也会对产品的结构、技术特点等有进一步的了解，形成一定的模仿设计能力。随着设计能力的提高，代工企业也可能会根据生产中遇到的问题，提出可能的产品修改意见。

第四，基于内隐知识溢出的产品技术创新。客户对代工企业进行有关产品技术的内隐知识的溢出，包括邀请代工企业参观客户的设计部门、与代工企业就原有产品的改进举行"技术交流会""业务伙伴会议"（俞荣建，2010）[1]、邀请代工企业参与到新产品的开发过程中等。代工企业在这一过程中，可以领悟和体会客户有关产品设计的思路、理念和方法，进一步提升在产品设计方面的技能。

综上所述，通过面向客户的外部知识学习，代工企业可以在流程创新和产品创新方面实现能力的提升。由此提出以下假设。

H12：外部知识学习正向影响国际代工企业自主创新能力。
H12A：外部知识学习正向影响国际代工企业流程创新能力。
H12B：外部知识学习正向影响国际代工企业产品创新能力。

四、自主创新能力对代工业务升级的影响及研究假设

在全球价值链中实现流程升级、产品升级和功能升级，是国际代工企业摆脱被低端锁定的状态、进入价值链高增值环节的必然要求。而能否实现这种业务升级，取决于代工企业的自主创新能力水平。

（一）流程创新能力与代工业务升级的关系

流程创新能力是国际代工企业围绕加强成本控制、提高生产技术水平和生产工艺管理水平、强化质量控制、快速响应客户订单要求等方面，而在生产流程上实施创新的能力。流程创新能力在形态上表现为先进的技术设备、生产线、工艺操作方法和生产管理体系等，从知识的角度来看，实际上是有关生产流程的经验和知识的集合。流程创新能力的增强，在理论

---

[1] 俞荣建：《基于全球价值链治理的长三角本土代工企业升级机理研究》，浙江大学出版社2010年版。

上有助于代工企业生产系统的重新组织或引入更优的技术提高投入产出的效率（Kaplinsky & Morris，2001；Giuliani et al.，2005），从而在产品价格、产品质量、交货速度等方面获得一定的竞争优势。

此外，从产品升级的角度来看，产品升级意味着代工企业能够快速实现新产品的投产，或能够生产更加复杂的产品，或能够进行产品设计的改进和完善，这也对企业的流程创新能力提出了更高的要求。一般来说，产品领域的创新会对企业在生产技术和快速交货方面提出新的要求（Miller & Friesen 1983；Lumpkin & Dess，2001），进而要求企业在生产流程方面进行相应的改进和创新。博耐和图什曼（Benner & Tushman，2002，2003）[①][②]、里恩和雷利（Lynn & Reilly，2003）[③] 的研究也都发现，流程创新对产品创新起到了重要的支撑作用。赫维斯－奥利沃等（Hervas - Olive et al.，2014）在对中小企业流程创新战略的研究上也发现了这方面的证据[④]。

同时，虽然功能升级的重点是产品研发和品牌营销等活动，但这些活动的开展，通常也需要先进的生产流程作为支撑，因此，流程创新能力也会对功能升级发挥积极作用。

基于上述分析，在此提出以下假设。

H13 流程创新能力正向影响国际代工企业的业务升级。

H13A：流程创新能力正向影响国际代工企业的流程升级。

H13B：流程创新能力正向影响国际代工企业的产品升级。

H13C：流程创新能力正向影响国际代工企业的功能升级。

（二）产品创新能力与代工业务升级的关系

产品创新能力是国际代工企业在改进和完善产品设计、独立或者与客户共同进行产品设计方面所具备的能力。显然，产品创新能力越强，代工企业越有可能开发出在技术上更复杂、单位附加值更高的产品，同时，也

---

① Benner, M., Tushman, M., Process Management and Technological Innovation: A Longitudinal Study of the Photography and Paint Industries. *Administrative Science Quarterly*, Vol. 47, 2002, pp. 676 – 707.

② Benner, M., Tushman, M., Exploitation, Exploration, and Process Management: the Productivity Dilemma Revisited. *Academy of Management Review*, Vol. 28, 2003, pp. 238 – 256.

③ Lynn, G., Reilly, R., *Blockbusters: The Five Keys to Developing Great New Products*. Canada: Harper Collins, 2003.

④ Hervas – Oliver, J. J., Sempere – Ripoll, F., Boronat – Moll, C., Process Innovation Strategy in SMEs, Organizational Innovation and Performance: A Misleading Debate? *Small Business Economics*, Vol. 43, No. 4, 2014, pp. 873 – 886.

越有能力快速吸收、消化客户所下订单中有关新产品的图纸、指南、说明等，实现新产品的迅速投产；在有需要的时候，也能够更有效地围绕原有产品进行相应的改进和完善。而在迅速引进新产品或改进型产品的过程中，也必然会对企业自身的生产流程提出新的、更高的要求，进而推动代工企业的流程升级。

此外，产品创新能力的形成和提高，意味着代工企业在全球价值链中所承担的活动领域可能会发生变化，它们可能不再局限于生产加工环节，而是可以凭借在产品设计、研发等方面的能力，进入到增值率更高的环节，即产品设计环节，进而为创建自主品牌、开展全方位的营销奠定基础。缺乏自主创新能力、特别是缺乏核心技术，是中国企业品牌创建和发展的主要障碍（孙国辉、王生辉，2009）[1]，而产品创新能力的增强，意味着代工企业在自主创新能力上实现了跃迁，使得自主品牌的培育成为可能。

基于以上分析，提出以下研究假设。

H14：产品创新能力正向影响国际代工企业的业务升级。

H14A：产品创新能力正向影响国际代工企业的流程升级。

H14B：产品创新能力正向影响国际代工企业的产品升级。

H14C：产品创新能力正向影响国际代工企业的功能升级。

除了前面各因素之间的关系外，从理论层面上来看，作为自主创新活动一项重要内容的自主市场开发，其所包括的客户需求调查、营销渠道建设及客户开发培育等工作，也为代工企业实现功能升级提供了可能。换而言之，当代工企业具备了卓越的产品创新能力，如再辅之以熟练的营销运营技能，它们就有可能会放弃现有的低价值增值活动，聚焦于产品设计和品牌运营这类增值更高的活动（Giuliani et al., 2005）[2]，而营销运营技能不可能来自客户有意识的指导和培训，只能来自于代工企业自主进行的市场开发活动。基于此，虽然第四章的扎根理论研究中没有发现直接的证据，但本书仍然提出以下补充假设。

H15：自主市场开发正向影响国际代工企业的功能升级。

---

[1] 孙国辉、王生辉：《对加快发展中国企业国际知名品牌问题的思考》，载《中南大学学报》（社会科学版）2009年第1期。

[2] Giuliani, E, Pietrobelli, C., Rabelliotti, R., Upgrading in Global Value Chains: Lessons from Latin American Clusters. *World Development*, Vol. 33, No. 4, 2005, pp. 549–73.

五、研究模型

基于第四章扎根理论分析所得到的框架模型，本节对模型中几个主范畴所包括的维度之间的关系，从理论层面做了进一步的发展和探索，由此，形成了可用于实证检验的研究模型，并提出了相应的研究假设。

具体的研究模型如图5-1所示。模型中蕴含的理论脉络概述如下：首先，作为自主创新活动前置变量的代工业务压力和企业家导向，分别对自主创新投入、自主市场开发以及自主创新行为所包括的流程技术创新、产品技术创新和外部知识学习存在正向的影响。其次，在自主创新活动内部，自主创新投入正向影响自主创新行为的三个维度，而自主市场开发则正向影响自主创新行为中的流程技术创新和产品技术创新，同时对自主创新投入有引致作用。再其次，在自主创新行为对自主创新能力的影响上，外部知识学习正向影响流程创新能力和产品创新能力，而流程技术创新和产品技术创新各自分别正向影响流程创新能力和产品创新能力。最后，在自主创新能力对业务升级的影响上，流程创新能力和产品创新能力分别正向影响流程升级、产品升级和功能升级。此外，考虑到功能升级意味着代工企业有可能进入自主品牌运营领域，而自主市场开发则为自主品牌的运营提供了市场信息和营销技能等方面的基础，因此，从理论上来讲，自主市场开发对功能升级也存在正向影响。

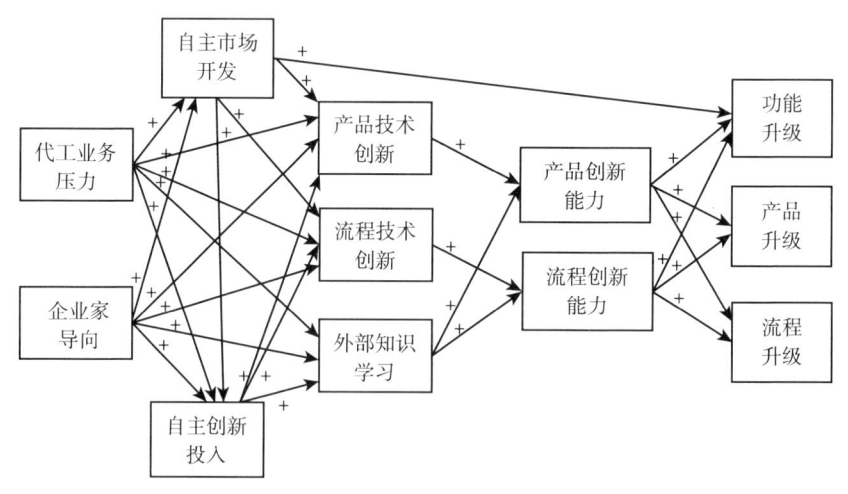

图5-1 本书提出的理论模型

基于上述理论分析所得出的 15 个假设及子假设如表 5-1 所示。

表 5-1　　　　　　　　　　　研究假设

序号	假设内容	序号	假设内容
H1	企业家导向正向影响国际代工企业自主创新投入	H8A	自主市场开发正向影响国际代工企业流程技术创新
H2	企业家导向正向影响国际代工企业自主市场开发	H8B	自主市场开发正向影响国际代工企业产品技术创新
H3	企业家导向正向影响国际代工企业自主创新行为	H9	自主市场开发正向影响国际代工企业自主创新投入
H3A	企业家导向正向影响国际代工企业流程技术创新	H10	流程技术创新正向影响国际代工企业流程创新能力
H3B	企业家导向正向影响国际代工企业产品技术创新	H11	产品技术创新正向影响国际代工企业的产品创新能力
H3C	企业家导向正向影响国际代工企业的外部知识学习	H12	外部知识学习正向影响国际代工企业自主创新能力
H4	代工业务压力正向影响国际代工企业自主创新行为	H12A	外部知识学习正向影响国际代工企业流程创新能力
H4A	代工业务压力正向影响国际代工企业流程技术创新	H12B	外部知识学习正向影响国际代工企业产品创新能力
H4B	代工业务压力正向影响国际代工企业产品技术创新	H13	流程创新能力正向影响国际代工企业的业务升级
H4C	代工业务压力正向影响国际代工企业的外部知识学习	H13A	流程创新能力正向影响国际代工企业的流程升级
H5	代工业务压力正向影响国际代工企业自主创新投入	H13B	流程创新能力正向影响国际代工企业的产品升级
H6	代工业务压力正向影响国际代工企业自主市场开发	H13C	流程创新能力正向影响国际代工企业的功能升级
H7	自主创新投入正向影响国际代工企业自主创新行为	H14	产品创新能力正向影响国际代工企业的业务升级
H7A	自主创新投入正向影响国际代工企业流程技术创新	H14A	产品创新能力正向影响国际代工企业的流程升级
H7B	自主创新投入正向影响国际代工企业产品技术创新	H14B	产品创新能力正向影响国际代工企业的产品升级
H7C	自主创新投入正向影响国际代工企业外部知识学习	H14C	产品创新能力正向影响国际代工企业的功能升级
H8	自主市场开发正向影响国际代工企业自主创新行为	H15	自主市场开发正向影响国际代工企业的功能升级

第二节 问卷设计与变量测量

本章第一节所提出的理论模型与研究假设是否能够得以验证，尚需采用问卷调查的方法收集数据，做进一步的实证检验。

一、问卷设计的原则与过程

调查问卷法是通过文字形式，以严格设计的测量项目或问题向被调查对象收集研究资料和数据的一种方法。研究目的和理论依据不同，问卷项目的总体安排、内容以及量表的构成也有差异（王重鸣，1990）[①]，但遵循的原则基本上是一致的，既要客观、不带倾向性、体现研究目的，又能够方便和鼓励被调查者作答等。通过合理的问卷设计，可以获取较高的信度和效度。

问卷设计不当，可能会导致被调查者的回答与实际不符或产生偏差，例如，被调查者不能理解问题题项、不知如何作答；被调查者不愿回答；被调查者无法回忆起所提问题的答案信息；被调查者不清楚问题的答案等。为了避免这些问题，问卷设计应该尽可能简明，以方便被调查者回答并有吸引力。另外，问卷必须将所需的信息表述成被调查者能够并且愿意回答的一组具体问题，要能够促使、激励和鼓励被调查者在访谈中投入、合作并完成调查（马尔霍特拉，2009）[②]。

在问卷的设计上，本书按照前面所提到的原则，采取了以下几个步骤：首先，在大量文献阅读的基础上，收集被广泛引用的、与本书实证研究相关的成熟量表，并根据概念分析模型和具体的调研对象，对已有量表中的题项进行选取、调整，同时，结合实地访谈中所获取的信息提炼题项，在此基础上确定量表，编制初步的调查问卷。其次，与从事战略管理、跨国公司管理的两位教授以及一位从事国际营销研究的知名学者进行多次沟通和交流，对问卷的长度、题项的措辞及归类等进行了修订，增删了部分题项，形成问卷的第二稿。最后，利用问卷的第二稿，针对七家企

[①] 王重鸣：《心理学研究方法》，人民教育出版社1990年版。
[②] [美] 纳雷希·K·马尔霍特拉，涂平译：《市场营销研究：应用导向》（第5版），电子工业出版社2009年版。

业进行了问卷试访，先让受访者填写问卷，之后与受访者进行沟通，请受访者说明对各题项的题意认知及回答依据，了解其在填写过程中的疑虑，征求其对完善问卷的建议，据此对个别题项的表述进行了调整，形成问卷的最终稿。

最终问卷除了用于了解问卷填写者及其所在企业和代工业务发展状态的基本信息外，用于测度代工业务压力、企业家导向、自主创新投入、自主市场开发、流程技术创新、产品技术创新、外部知识学习、流程创新能力、产品创新能力、流程升级、产品升级、功能升级等变量的题项，在测度上采用李克特量表，从"1"~"7"依次表示"非常不同意""不同意""不太同意""一般""比较同意""同意""非常同意"。对于各变量的操作性定义及测量题项的选择，下面将进行详细说明。

二、变量的测量

（一）自主创新动力的测量

自主创新动力作为国际代工企业从模仿创新向自主创新转型的前置因素，包括代工业务压力和企业家导向两个变量。

1. 代工业务压力的测量。代工业务压力是代工企业感知到的环境动荡性和来自客户的要求而使企业所承受的压力。在环境动荡性上，比较常用的测度是从动态性（dynamism）、复杂性（complexity）和难以预测性（predictability）三个维度（Volberda，1998）进行测量。也有一些研究从客户（customers）、竞争者（competitors）和技术（technologies）三个方面加以测度（Danneels & Sethi，2011）。本书借鉴后一种测度的思路，主要从客户角度测度国际代工企业感受到的业务压力。具体的测量指标主要参照艾图亚海-基玛和李（Atuahene - Gima & Li，2004）[1]以及杰沃斯基和克里（Jaworski & Kohli，1993）[2]的研究，同时根据代工企业实地访谈的结果，对来自客户压力的题项进行了补充，最终用4个题项构建起测量代工业务压力的量表，具体题项如表5-2所示。

---

[1] Atuahene - Gima, K., Li, H., Strategic Decision Comprehensiveness and New Product Development Outcomes in New Technology Ventures. *Academy of Management Journal*, Vol. 47, No. 4, 2004, pp. 583 - 597.

[2] Jaworski, B. J., Kohli, A. K., Market Orientation: Antecedents and Consequences. *Journal of Marketing*, Vol. 57, No. 3, 1993, pp. 53 - 70.

表5-2　　　　　　　　　代工业务压力的测量题项

题项	测度依据
本企业的客户经常要求更高的产品质量	参考艾图亚海-基玛和李（2004）、杰沃斯基和克里（1993）的研究，并综合实地调研中的发现
本企业的客户经常要求更低的价格	
本企业的客户经常对交货期提出更高的要求	
本企业主要客户转单的风险较高	

2. 企业家导向的测量。按照米勒（1983）的观点，企业家导向是高层经理倾向承担相关风险、偏好通过创新来取得企业优势及采取先动行动的程度。企业家导向反映了企业在实现目标的同时，对于创新、先动性、风险导向、自主性及竞争积极性进行投入的倾向[1]。在已有研究中，有关企业家导向的测量已经比较成熟，研究中采用比较多的是科文和斯莱文（1989）开发的9个题项量表，米勒之后对该量表进行了改变，发展成13个题项。此外，沃斯和蒙安（Voss & Moonnan（2005）所开发的量表也受到了普遍的关注[2]。本书以上述已有量表为基础，结合代工企业的实际，对已有量表中的题项进行了删减和表述上的调整，采用4个题项对企业家导向进行测量。具体题项如表5-3所示。

表5-3　　　　　　　　　企业家导向的测量题项

题项	测度依据
本企业的领导者具有很强的创新意识，不墨守陈规	参考科文和斯莱文（1989）、沃斯和蒙安（2005）的研究，并综合实地调研中的发现
本企业的领导者具有很强的学习和探索精神	
本企业的领导者在面对风险时，会持积极大胆的态度，敢于冒风险	
本企业的领导者具有很好的洞察力和决断力	

---

[1] Dess, G. G., G. Lumpkin, T. Covin L. G., Entrepreneurial Strategy Making and Film Performance Tests of Contingency and Configurational Models. *Strategic Management Journal*, Vol. 18, 1997, pp. 677-695.

[2] Voss Z. G., Moorman C., An Empirical Examination of the Complex Relationships between Entrepreneurial Orientation and Stakeholder Support. *European Journal of Marketing*, Vol. 39, 2005, pp. 1132-1150.

（二）自主创新活动的测量

根据本章第一节的理论模型，自主创新活动作为国际代工企业从模仿创新向自主创新转型的核心内容，包括自主创新投入、自主市场开发、流程技术创新、产品技术创新和外部知识学习五个变量。

1. 自主创新投入的测量。自主创新投入指的是国际代工企业在开展自主创新活动时所进行的资源投入。根据资源基础论的观点，企业的资源可以划分为有形资产和无形资产（Wemerfelt，1984；Barney，1991）。其中的有形资产包括经济资产和物质资产，无形资产作为创新资源投入时，以人才作为投入的主要手段（Edvinsson & Malone，1997；Brooking，1998）。国内外在有关创新和研发投入的测度上，基本上体现了资源基础论的这一思想。但是，国外的研究比较侧重研发（R&D），而且涉及研发投入时，经常只采用 R&D 支出（R&D expense）这一指标。也有学者采用了创新投资（innovation investment）这一变量，并用物质资本投入和研发经费投入来进行测量（Bobillo et al.，2006）[①]。我国国家统计局对于企业科技活动的投入评估主要建立在设备等固定资产的投入、科技活动人员数量以及科技活动经费的投入之上。与之类似，陶永明（2013）采用的是设备投入、人员投入和资金投入三个指标[②]。李武威（2012）则认为，研发类的投入和非研发类的投入构成了企业的技术创新资源投入[③]，就研发类的投入而言，他认为有两个指标可以衡量，一是研发经费的投入情况，二是企业中科技相关人员的投入。由于大部分国际代工企业目前还没有系统的研发活动，自主创新活动主要是围绕生产流程创新和产品技术创新展开的，因此，综合已拥有的测量指标，结合代工企业自主创新活动的实际，在此，采用两个综合性的指标，如表5-4所示。

[①] Bobillo, A. M., Rodriguez Sanz, J. A. R., Gaite F. T., Innovation Investment, Competitiveness, and Performance in Industrial Firms. *Thunderbird International Business Review*, Vol. 48, No. 6, 2006, pp. 867–890.

[②] 陶永明：《企业技术创新投入对技术创新绩效影响研究——基于吸收能力视角》，东北财经大学博士论文，2013年。

[③] 李武威：《外资研发对我国本土企业创新绩效影响的实证研究——基于我国东、中、西部不同区域的异质性分析》，载《情报杂志》2012年第10期。

表5-4　　　　　　　　　自主创新投入的测量题项

题项	测度依据
在过去的几年中，本企业在工艺流程（或标准）的创新上投入了很多人力、物力和财力	参考鲍比罗等（2006）和陶永明（2013）等学者的研究，综合实地调研中的发现，并结合本书的具体目的
在过去的几年中，本企业在产品设计方面投入了很多人力、物力和财力	

2. 自主市场开发的测量。自主市场开发是国际代工企业围绕市场开拓所进行的一系列活动，是企业市场导向（market orientation）的体现。按照市场导向的行为观，市场导向是一系列跨部门、跨组织的程序与活动，通过持续对顾客需求进行评估以创造和满足顾客需求（Deshpande, Farley & Webster, 1993）[1]。以克里、杰沃斯基（1990）开发的量表为基础，克里、杰沃斯基和库玛（Kumar）(1993) 开发出了 MARKOR 量表用于对市场导向行为观的测量[2]。这个量表由 20 个题项组成，其中，有关市场信息产生的题项 6 个，市场信息传播的题项 5 个，对市场信息做出反应的题项 9 个。通过对该量表的题项进行归纳和提炼，同时，考虑到国际代工企业自主市场开发的实际及长期的发展目标，在此，用 4 个题项测量代工企业的自主市场开发活动，如表 5-5 所示。

表5-5　　　　　　　　　自主市场开发的测量题项

题项	测度依据
在过去的几年中，本企业开展了针对客户或最终用户的市场调查与分析工作	参考克里、杰沃斯基和库玛（1993）的研究，并综合实地调研中的发现及国际代工企实际情况
在过去的几年中，本企业围绕如何把产品销售给客户或最终用户做了一些工作	
在过去的几年中，本企业在如何把产品销售给客户或最终用户方面进行了大量投入	
在过去的几年中，围绕建立品牌或提高已有品牌的价值，本企业做了一些工作	

---

[1] Deshpandé, R., Farley, J. U., Webster, F. E., Corporate Culture, Customer Orientation, and Innovativeness in Japanese Firms: A Quadrad Analysis. *Journal of Marketing*, Vol. 57, No. 1, 1993, pp. 23-37.

[2] Kohli, A. K., Jaworski, B. J., Kumar, A., MARKOR: A Measure of Market Orientation. *Journal of Marketing Research*, Vol. 30, 1993, pp. 467-477.

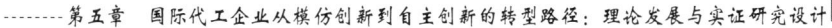

3. 流程技术创新的测量。流程技术创新是国际代工企业围绕生产及交付流程所进行的工艺技术创新活动，是与产品创新相对应的一种创新形式，指的是在生产（服务）过程技术变革基础上的技术创新，既包括在技术较大变化基础上采用全新工艺的创新，也包括对原有工艺改进所形成的创新。与产品创新相比，流程技术创新活动受到的关注较少，对这一变量进行测度的研究也为数不多。国外一些研究工艺创新的文献，基本上是用工艺创新的研发支出进行测度。不过，在有关制造业竞争优先权（Competitive Priority Theory of Manufacturing）的研究领域，围绕竞争优先权的构成，近年来产生了很多研究成果，这些成果为流程技术创新或工艺创新活动的测度提供了启示。竞争优先权是企业凭借生产系统获取竞争优势（Lee & Larry, 1996）[1]，反映了企业在市场上赢得订单的标准（杨洋等，2011）[2]。关于竞争优先权的测量，罗伯特和斯蒂文（Robert & Steven, 1984）描述了4种核心的竞争优先权：成本、质量、柔性和交付[3]。凯马斯苏南和雅姆帕克（Khaemasunun & Yampaka, 2010）提出，制造业的竞争优先权包括5个维度、10项活动[4]。在此，本书主要借鉴鲁塞尔和米勒（Russell & Millar, 2014）的研究中所提出的竞争优先权的测度指标[5]，并考虑到在调研过程中所获得的代工企业流程技术创新的信息，用两个指标测量这一变量，如表5-6所示。

表5-6　　　　　　　　流程技术创新的测量题项

题项	测度依据
在过去的几年中，本企业开展了工艺流程（或标准）的调整或改善工作	参考鲁塞尔和米勒（2014）的研究，并综合实地调研中的发现
在过去的几年中，本企业围绕降低生产成本、提高产品质量和交货速度做了大量工作	

---

[1] Krajewski, L. G., Ritzman, L. P., *Operations Management: Strategy and Analysis*. New Jersey: Addison Wesley, 1996.

[2] 杨洋、田也壮、杨厦：《面向制造业务国际化的竞争优先权转移研究》，载《管理评论》2011年第9期。

[3] Haves, R. H., Wheelwright, S. C., *Restoring Our Competitive Edge: Competing through Manufacturing*. New York: John Wiley, 1984.

[4] Khaemasunun, P., Yampaka, P., The Manufacturing Strategies and Firm's Performance in the Auto Part Industry. *ABAC Journal*, Vol. 30, No. 3, 2010, pp. 45–55.

[5] Russell, S. N., Millar, H. H., Competitive Priorities of Manufacturing Firms in the Caribbean. *Journal of Business and Management*, Vol. 16, No. 10, 2014, pp. 72–82.

4. 产品技术创新的测量。产品技术创新指的是国际代工企业围绕原有产品改进或新产品开发而进行的技术创新活动。与流程技术创新相比，有关产品技术创新的研究非常丰富，也出现了一些得到广泛应用的量表。例如，包括技术新颖程度和顾客行为改变程度两个因子的突破性产品创新量表（Veryzer，1998）[1]、包括技术创新程度和市场创新程度两个因子的渐进性产品创新量表（Zhou，Yim & Tse，2005）[2]。此外，钱迪与泰利斯（Chandy & Tellis，2000）[3]、李、苏和刘（Li，Su & liu，2010）[4] 等学者所采用的量表也有一定的启发作用。本研究主要借鉴沃瑞泽（Veryzer，1998）以及周、严和谢（Zhou，Yim & Tse，2005）的研究，同时结合代工企业的实际情况，用3个题项测量了产品技术创新这一变量，如表5-7所示。

表5-7　　　　　　　　产品技术创新的测量题项

题项	测度依据
在过去的几年中，本企业开展了产品设计方面的工作	参考沃瑞泽（1998）以及周、严和谢（2005）的研究，主要根据调研中获取的信息
在过去的几年中，本企业经常对客户的产品设计提出改进的建议	
在过去的几年中，本企业很重视产品设计方面的活动	

5. 外部知识学习的测量。在国际代工的业务框架中，代工企业的外部知识学习主要指的是对客户转移而来的知识进行消化、吸收和再创造的过程。鉴于国际代工企业与客户之间是一种买供间关系，在测量题项的采用上，本书借鉴了麦斯奎塔、阿南德和布鲁什（Mesquita, Anand & Brush

---

[1] Veryzer, R. W., Discontinuous Innovation and the New Product Development Process. *Journal of Product Innovation Management*, Vol. 15, No. 4, 1998, pp. 304-321.

[2] Zhou, Z., Yim, C. K., Tse, D. K., The Effects of Strategic Orientations on Technology and Market-Based Breakthrough Innovations. *Journal of Marketing*, Vol. 69, No. 2, 2005, pp. 42-60.

[3] Chandy, R. K., Tellis, G. J., The Incumbent's Curse? Incumbency, Size, and Radical Product Innovation. *Journal of Marketing*, Vol. 64, No. 3, 2000, pp. 1-17.

[4] Li, Y., Su, Z. F., Liu, Y., Can Strategic Flexibility Help Firms Profit from Product Innovation? *Technovation*, Vol. 30, No. 5-6, 2010, pp. 300-309.

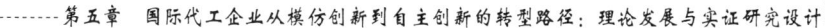

(2008)[1]、考特布、马丁和多摩多（Kotabe，Martin & Domoto，2003）[2] 及俞荣建（2010）有关代工模式下知识转移与学习的研究，结合调研中所获取的信息，用3个题项测量了代工企业的外部知识学习，如表5-8所示。

表5-8　　　　　　　　外部知识学习的测量题项

题项	测度依据
在过去的几年里，客户经常向本企业提供一些指导和培训	参考麦斯奎塔、阿南德和布拉什（2008）、考特布、马丁和多摩多（2003）及俞荣建（2010）的研究，并综合实地调研中的发现
在过去的几年里，本企业经常能够从客户那里学到各种知识和技能	
在过去的几年里，客户提供了很多关于产品设计、制造和工艺方面的信息	

（三）自主创新能力的测量

自主创新能力培育是国际代工企业从模仿创新向自主创新转型的战略目标，它包括流程创新能力和产品创新能力两个变量。

1. 流程创新能力的测量。流程创新能力是国际代工企业为了满足客户在产品成本、质量、交货期等方面的要求，在生产流程方面开展创新的能力，亦可称之为工艺创新能力。在我国，季学军（2006）以施工企业为研究对象，将工艺创新能力分解为资源投入、决策、R&D、组织管理等维度，各维度又细分为若干个子维度[3]。毕克新等（2002）从工艺创新投入产出能力和工艺创新信息化能力两个层面提出相应的一级指标和二级指标[4]。本书从国际代工企业的业务特征及对流程创新的要求出发，借鉴鲁塞尔和米勒（2014）的研究，用5个题项对这一概念进行了测量，如表5-9所示。

---

[1] Mesquita, Luiz F., Anand, J., Brush, T. H., Comparing the Resource - Based and Relational Views: Knowledge Transfer and Spillover in Vertical Alliances. *Strategic Management Journal*, Vol. 29, No. 29, 2008, pp. 913 - 941.

[2] Kotabe, M., Martin, X., Domoto, H., Gaining from Vertical Partnerships: Knowledge Transfer, Relationship Duration, and Supplier Performance Improvement in The U. S. and Japanese Automotive Industries. *Strategic Management Journal*, Vol. 24, No. 4, 2003, pp. 293 - 316.

[3] 季学军：《施工企业工艺创新及实践》，东南大学博士论文，2006年。

[4] 毕克新、丁晓辉：《制造业中小企业工艺创新能力测度指标体系的构建》，载《数量经济技术经济研究》2002年第12期。

表5-9　　　　　　　　流程创新能力的测量题项

题项	测度依据
本企业具有较强的成本控制能力	参考鲁塞尔和米勒（2014）的研究，并综合实地调研中的发现
本企业具有较强的生产技术水平	
本企业具有较强的生产流程管理能力	
本企业具有较强的质量控制能力	
本企业能够快速响应客户在生产上的要求	

2. 产品创新能力的测量。产品创新能力是国际代工企业在改进和完善产品设计、独立或者与客户共同进行产品设计方面所具备的知识和才能。在对产品创新能力的测量上，本书主要借鉴了严（Yam，2004）[①]、苏布拉麦尼艾姆和温卡特拉曼（Subramaniam & Venkatraman，2001）[②] 的量表，并对部分题项根据实际调研中所获取的信息进行了调整，最后形成了4个题项，如表5-10所示。

表5-10　　　　　　　　产品创新能力的测量题项

题项	测度依据
本企业具有较强的开发设计新产品的能力	参考严（2004）、苏布拉麦尼艾姆和温卡特拉曼（2001）的研究，并综合实地调研中的发现
本企业具有独立或者与客户共同开发设计新产品的能力	
本企业的新产品开发设计能力优于同行业其他企业	
本企业具有新产品开发设计方面的知识	

（四）代工业务升级的测量

作为国际代工企业从模仿创新向自主创新转型的战略导向，代工业务升级包括流程升级、产品升级和功能升级三个变量。

1. 流程升级。流程升级是国际代工企业通过生产系统的重新组织或

[①] Yam., R. C. M, An Audit of Technological Innovation Capabilities in Chinese Firms: Some Empirical Findings in Beijing China. *Research Policy*, Vol. 33, 2004, pp. 1123 – 1140.

[②] Subramaniam, M., Venkatraman, N., Determinants of Transnational New Product Development Capability: Testing the Influence of Transferring and Deploying Tacit Overseas Knowledge. *Strategic Management Journal*, Vol. 22, 2001, pp. 359 – 378.

者更卓越流程技术的引入来改变输入输出的效率,即生产流程的重组;或者导致更高效率、能产生竞争优势的新技术的引入(Kaplinsky & Morris, 2001)。对于流程升级的测量,参照符正平、彭伟(2011)[1] 以及姜劲(2013)[2] 的研究,综合卡普林斯基和莫里斯有关流程升级的解释,采用4个题项进行测量,如表5－11所示。

表5－11　　　　　　　　　流程升级的测量题项

题项	测度依据
与前几年相比,本企业生产效率有明显提升	参考符正平、彭伟(2011)和姜劲(2013)的研究和卡普林斯基和莫里斯(2001)的观点,并综合实地调研中的发现
与前几年相比,本企业产品质量有明显提升	
与前几年相比,本企业生产管理体系更完善	
与前几年相比,本企业向客户交货的速度更快	

2. 产品升级。产品升级是国际代工企业能够快速实现新产品的投产,或能够生产更加复杂的产品,或能够进行产品设计的改进和完善。产品升级与单位产品价值增加有关,目的是能够更好地满足消费者的需求(Humphrey & Schmitz, 2002)。对于产品升级的测量,参照与流程升级类似的研究和理论,同时结合调研中所获得信息加以调整,采用4个题项,如表5－12所示。

表5－12　　　　　　　　　产品升级的测量题项

题项	测度依据
本企业现在能够进行产品设计的改进和完善	参考符正平、彭伟(2011)和姜劲(2013)的研究及卡普林斯基和莫里斯(2001)的观点,并综合实地调研中的发现
本企业现在能够独立或者与客户共同进行产品设计	
本企业现在能够生产更加复杂的产品	
本企业现在新产品投产的速度更快	

3. 功能升级。功能升级是国际代工企业沿全球价值链向上游的研发

---

[1] 符正平、彭伟:《集群企业升级影响因素的实证研究——基于社会网络的视角》,载《广东社会科学》2011年第5期。

[2] 姜劲:《基于外部社会资本、组织学习的代工企业升级研究》,华南理工大学博士论文,2013年。

和/或下游的品牌延伸，从以产品组装制造为主转向以研发和/或营销为主。功能升级的实现意味着代工企业开始掌握了自己独特的、难以被替代的技术，能够建立自有品牌或强化已有品牌的市场地位。对功能升级的测量，根据卡普林斯基和莫里斯（2001）对功能升级的解释并借鉴姜劲（2013）的研究，采用3个题项，如表5-13所示。

表5-13　　　　　　　　功能升级的测量题项

题项	测度依据
本企业现在能够进行新技术的研究与开发	参考姜劲（2013）的研究及卡普林斯基和莫里斯（2001）的观点，并综合实地调研中的发现
本企业现在拥有自己独特的技术	
本企业现在能够建立或强化自有品牌	

第三节　问卷发放、回收及数据处理

一、问卷的发放与回收

本书问卷调查的对象，限定为在中国大陆境内从事国际代工业务的制造类企业，即接受海外客户订单、按照客户提出的要求进行产品的加工、生产、组装，产品完工之后交付客户在海外销售或使用的企业。其中，既有专业从事国际代工的企业，也有一部分是兼营国际代工业务的企业。

调查问卷的发放分为两个阶段。第一阶段，主要通过与山东、北京两地的商务部门、税务部门合作，采取就本地加工贸易企业自主创新和转型升级情况进行专题调研的形式，共回收问卷93份，剔除无效问卷29份，用于数据分析的实际有效问卷64份，回收问卷的有效率为68.8%。由于第一阶段回收问卷的数量相对较小，为了进一步增加样本数量，第二阶段，主要委托某专业调查公司开展问卷调查，同时借助与从事国际代工业务的企业有直接关系的金融机构进行问卷发放，共回收问卷142份，剔除无效问卷39份，用于数据分析的实际有效问卷103份，回收问卷的有效率为72.5%。合计的回收问卷为235份，剔除无效问卷68份，实际有效问卷167份，总体有效率为71.1%。产生无效问卷的原因，主要为填写内容不完整、填写态度随意（大量勾选某一选项，如大量勾选选项"1"

"7"等）。

总体来看，所回收的问卷主要来自山东省青岛市、山东省潍坊市、北京市、广东省深圳市、江苏省江阴市五个地区，基本上覆盖了我国加工贸易及代工企业比较集中的环渤海、珠三角和长三角地区。在被调查企业的产业构成上，既包括了纺织、服装、箱包这类传统的购买者驱动型全球价值链产业，又包括了电子、机械、化工等具有明显生产者驱动型全球价值链特征的产业。在具体的被调查对象上，既有规模较大、实力较强、经营状况良好、已经成功实现功能升级的自主创新能力很强的企业，也有规模小、实力弱、经营情况不佳、还在为流程升级努力的自主创新能力薄弱的企业。当然，更多被调查对象居于这二者之间，从而使得样本企业的构成具有较好的代表性（有关样本的具体构成情况，详见第六章的描述性统计分析）。

具体的问卷填写人员包括四类。在167份有效问卷中，填写者为高层管理者的有42份，所占比重为25.1%；填写者为中层管理者的有55份，所占比重为32.9%；填写者为基层管理者的有33份，所占比重为19.8%；填写者为其他人员的有37份，所占比重为22.2%，如表5-14所示。其他填写者主要以企业的技术人员、营销人员和财务人员为主。

表5-14　　　　　　　　　　问卷填写人的职位分布

职位	频次	百分比	有效百分比	累计百分比
高层管理者	42	25.1	25.1	25.1
中层管理者	55	32.9	32.9	58.1
基层管理者	33	19.8	19.8	77.8
其他	37	22.2	22.2	100.0
合计	167	100.0	100.0	

二、数据处理

（一）数据处理方法

根据研究目的和假设检验的需要，数据分析主要使用SPSS21.0与SmartPLS 3统计软件进行。

作为管理学研究中最常用到的统计软件之一，SPSS 软件在本书中主要用于问卷调查中，企业基本情况的描述性统计分析和问卷的结构效度检验（探索性因子分析）。

SmartPLS 3 主要用于进行结构方程模型处理。结构方程模型（Structural Equation Modeling，SEM）在本质上是一种运用多重统计分析方法，对理论模型进行检验的统计方法（陈晓萍、徐淑英、樊景立，2008）[①]，一般由测量模型（由观测变量与潜变量之间的关系构成）和结构模型（由潜变量之间的关系构成）组成（吴明隆、涂金堂，2012）[②]。结构方程模型的优点是可以剔除随机测量误差（即允许变量含有测量误差）和同时对多维变量进行测量等（陈晓萍、徐淑英、樊景立，2008），因此，在管理学研究中得到了广泛应用。

进行结构方程模型估计的方法有两大类。一类是以协方差为基础的结构方程模型（CB-SEM），在社会学和管理学中使用较为普遍。这种方法在本质上是一种验证式的模型分析，通过比较假设模型所隐含的协方差矩阵与实际搜集数据导出的协方差矩阵之间的差异，验证假设的潜变量之间的关系以及潜变量与外显变量之间的一致性程度，常用的软件有 Amos、LISREL 和 EQS 等。另一类是以方差为基础的结构方程（VB-SEM），采用偏最小二乘法（PLS）寻求使内生变量得到最大程度解释的各个参数，有时又被称为"基于组分的 SEM""基于成分的 SEM"或"基于方差的 SEM"，常用的软件有 SmartPLS、PLS-Graph 和 VisualPLS 等。

与以协方差为基础的结构方程模型相比，采用 PLS 进行估计有自身明显的优势，主要包括：第一，能够将多个自变量和多个因变量囊括在模型中；第二，能够处理自变量之间的多重共线性；第三，在面对干扰数据和缺失数据的时候，具有强健性；第四，能够直接利用交叉乘积项建立潜在自变量。不过，PLS 方法也有自身的不足，主要体现为：第一，难以解释潜在自变量的负载；第二，由于估计的分布属性未知，除非利用自举法，否则无法评价显著性。综合其优势和不足，辛塞勒、林格勒和辛克威克斯（Hinseler, Ringle & Sinkovics, 2009：282）认为，"采用 PLS 结构方程模型适合于理论开发的早期，目的是对探索性的模型进行检验和验证"。

本书在前文中通过扎根理论构建了国际代工企业从模仿创新到自主创新的转型路径模型，并通过理论上的分析进一步梳理出了从驱动力到代工

[①] 陈晓萍、徐淑英、樊景立：《组织与管理研究的实证方法》，北京大学出版社 2008 年版。
[②] 吴明隆、涂金堂：《SPSS 与统计应用分析》，东北财经大学出版社 2012 年版。

企业业务升级的各要素之间的关系，整个研究具有明显的探索性研究的特征。同时，使用协方差结构方程模型对样本数量有较高的要求，例如，布姆斯玛（Boomsma，1987：4）提出，"使用极大似然法估计结构方程模型时，最少的样本数200"，而本书实际搜集到的有效样本数量167，与布姆斯玛提出的标准有一定的差距。此外，采用协方差矩阵要求样本符合多元正态分布，而实际研究中数据偏离多元正态分布的情形并不鲜见。有鉴于此，本书采用 SmartPLS 3 进行结构方程模型的处理。与协方差结构方程模型常用的 AMOS 软件相比，二者各有所长，如表 5-15 所示，但总体来看，SmartPLS 3 更符合本书研究的需要。

表 5-15　　　　　　　SmartPLS 与 AMOs 的比较

项目	AMO	SmartPLS
目标	参数估计导向	预测导向
运算方法	以协方差为基础	以方差为基础
推论	参数估计优化	预测能力最大化
模型复杂度	小或中度复杂，通常不超过100个外显变量	可以很复杂
样本需求	最小要求为100以上，建议300~500个样本	最小要求为30~100个样本
数据分布	符合多元正态分布	不要求符合多元正态分布
显著性检验	所有估计参数均有	采用 Jacknife 或 Bootstrapping 方法
参数估计值	标准化及非标准化	标准化估计值
理论需求	充分的理论基础，支持验证式研究	探索及解释性研究，无需充分的理论基础

虽然 PLS-SEM 中没有普遍适用的拟合指标，但是 SmartPLS 3 提供了部分与模型拟合（模型质量）有关的指标。本书在后面将选择适合于评估拟合情况的若干指标，对外部模型（测量模型）和内部模型（结构模型）的拟合情况分别进行分析。

（二）共同方法偏差处理

共同方法偏差（common method biases）指的是因为同样的数据来源或评分者、同样的测量环境、项目语境以及项目本身特征所造成的预测变量与效标变量之间人为的共变,是一种系统误差(周浩、龙立荣,2004)[①]。共同方法偏差的来源包括同一数据来源或评价者、题项的特征、题项的内容以及测量的语境等(Podsakoff et al.,2003)[②]。由于共同方法偏差会对研究结果产生严重的混淆并对结论有潜在的误导,因此对这一问题进行控制非常重要。

对共同方法偏差进行控制的方法分为程序控制和统计控制。程序控制是研究者在研究设计与测量过程中所采取的控制措施,例如,对预测变量与效标变量用不同的来源加以测量,对测量进行时间上、空间上、心理上以及方法上的分离等。统计控制指的是在进行数据分析时采用统计方法对共同方法偏差进行检验和控制,如哈曼(Harman)单因子分析、偏相关法、潜在误差变量控制法、多质多法等。

本书在共同方法偏差的处理上首先采用了程序控制的方法,主要是对问卷进行精心设计,将各自变量和因变量相应题项进行反复推敲和修改,尽量避免彼此之间存在语言上的关联性和语境上的联系。此外,通过确保被调查者的匿名性,降低了由于社会期许性所带来的偏差的可能。

但是,由于本书进行问卷调查的难度很大,要采取更为严格的程序控制手段,例如,从不同来源对预测变量和效标变量进行测度,或者要对测量在时间上进行分离,都会遇到成本和时间上极大的障碍。因此,除了问卷设计上的控制措施之外,本书还采用了统计控制的方法,具体是运用哈曼单因子分析法,将问卷中测量构念的所有题项进行探索性因子分析。检验结果显示,单个因子解释的最大变异量是29.58%,表明所有题项背后不存在一个共同因子,不存在严重的共同方法偏差问题。

---

① 周浩、龙立荣:《共同方法偏差的统计检验与控制方法》,载《心理科学进展》2004年第12期。

② Podsakoff, P. M., MacKenzie, S. B., Lee, J. Y., Podsakoff, N. P., Common Method Biases in Behavioral Research: A Critical Review of the Literature and Recommended Remedies. *Journal of Applied Psychology*, Vol. 88, No. 5, 2003, pp. 879–903.

第六章

国际代工企业从模仿创新到自主创新的转型路径：数据分析与假设检验

第一节 样本的描述性统计

本节以问卷调查中的167个有效样本为基础，对样本企业在成立年数、所在地区、产权性质、企业规模、所属产业、开展产品开发与设计的情况及是否拥有自主品牌等做出简要的分析与描述。

一、样本企业的成立年数

在总共167家样本企业中，成立年数在0~5年（含5年）有25家，所占比重为15%；成立年数在5~10年（含10年）的有37家，所占比重为22.2%；成立年数在10~15年（含15年）有58家，所占比重为34.7%；成立年数在15年以上的有47家，所占比重为28.1%，如表6-1所示。总体来看，样本中成立时间在10年以上的企业所占比重（62.8%）明显高于成立时间在10年以内的企业所占比重（37.2%），表明样本中大多数的国际代工企业具有比较长的经营历史。

表6-1　　　　　　　　样本企业成立年数分布

成立年数	频次	百分比	有效百分比	累计百分比
0~5年（含5年）	25	15.0	15.0	15.0

续表

成立年数	频次	百分比	有效百分比	累计百分比
5~10年（含10年）	37	22.2	22.2	37.1
10~15年（含15年）	58	34.7	34.7	71.9
15年以上	47	28.1	28.1	100.0
合计	167	100.0	100.0	

二、样本企业的地区分布

本书的样本企业涵盖北京、山东青岛、山东潍坊、江苏无锡和广东深圳五个地区。其中，北京的样本企业有37家，所占比重为22.2%；山东青岛的样本企业有76家，所占比重为46.5%；山东潍坊的样本企业有16家，所占比重为9.5%；江苏无锡的样本企业有27家，所占比重为16.2%；广东深圳的样本企业有11家，所占比重为6.6%，如表6-2所示。总体来看，样本企业所在地区涵盖了我国国际代工企业高度聚集的环渤海地区、长三角地区和珠三角地区，但环渤海地区的样本企业所占比重最大。

表6-2　　　　　　　　样本企业的地区分布

所在地区	频次	百分比	有效百分比	累计百分比
北京	37	22.2	22.2	22.2
山东青岛	76	45.5	45.5	67.7
山东潍坊	16	9.5	9.5	77.2
江苏无锡	27	16.2	16.2	93.4
广东深圳	11	6.6	6.6	100.0
合计	167	100.0	100.0	

三、样本企业的产权性质分布

在167家样本企业中，国有及国有控股企业共有12家，所占比重为7.2%；集体企业10家，所占比重为6%；民营企业有75家，所占比重为44.9%；其他性质企业70家，所占比重为41.9%，如表6-3所示。总体来看，民营企业所占比重最多，基本反映了民营企业在国际代工企业当中占据半壁江山的格局。

表6-3　　　　　　　　样本企业产权性质分布

产权性质	频次	百分比	有效百分比	累计百分比
国有及国有控股企业	12	7.2	7.2	7.2
集体企业	10	6.0	6.0	13.2
民营企业	75	44.9	44.9	58.1
其他企业	70	41.9	41.9	100.0
合计	167	100.0	100.0	

四、样本企业的规模分布

在问卷中，样本企业的规模表现为员工的数量。167家样本企业当中，员工数量在100人以下（含100）的有39家，所占比重为23.4%；员工数量在100~500人（含500）的有65家，所占比重为38.9%；员工数量在500~1000人（含1000）的有38家，所占比重为22.7%；员工数量在1000人以上的有25家，所占比重为15%，如表6-4所示。总体来看，从事国际代工的样本企业规模普遍偏小，1000人（含1000）以下的企业所占比重达到85%。

表6-4　　　　　　　　样本企业规模分布

员工人数	频次	百分比	有效百分比	累计百分比
100人以下（含100）	39	23.4	23.4	23.4
100~500人（含500）	65	38.9	38.9	62.3
500~1000人（含1000）	38	22.7	22.7	85.0
1000人以上	25	15.0	15.0	100.0
合计	167	100.0	100.0	

五、样本企业的产业分布

167家样本企业涉及多个不同的产业。其中，通信设备、计算机、家电及其他电子设备等产业的企业有30家,所占比重为18%;电气设备、机械、仪器仪表、化工及橡胶等产业的企业有45家,所占比重为26.9%;纺织、服装、鞋、帽、皮革制品及箱包等产业的企业有32家,所占比重为19.2%;工艺品、木制品、五金及体育用品等产业的企业有30家,所占比重为18%,如表6-5所示。前两大类产业具有较为明显的生产者驱动型全球价值链的特征,而后两大类则更趋向于购买者驱动型。此外,在选择"其他"产业的企业中,有5家企业具体说明了属于食品(3家)和宠物食品(2家),而食品和宠物食品行业也具备典型的购买者驱动的特征。总体来看,除具体产业不明的25家企业之外,生产驱动型全球价值链中的样本企业所占比重(52.8%),略高于购买者驱动型全球价值链中的企业所占比重(47.2%)。

表6-5　　　　　　　　　样本企业产业分布

产业	频次	百分比	有效百分比	累计百分比
通信设备、计算机、家电及其他电子设备	30	18.0	18.0	18.0
电气设备、机械、仪器仪表、化工及橡胶	45	26.9	26.9	44.9
纺织、服装、鞋、帽、皮革制品及箱包	32	19.1	19.1	64.0
工艺品、木制品、五金及体育用品	30	18.0	18.0	82.0
其他	30	18.0	18.0	100.0
合计	167	100.0	100.0	

六、样本企业开展产品开发与设计情况的分布

本书的样本企业中,共有77家企业承担了为客户开发与设计产品的职能,所占比重为46.1%;仅从事生产活动、产品开发设计由客户承担的有90家,所占比重为53.9%,如表6-6所示。总体来看,开展产品开发与设计的企业所占比重接近一半,表明相当多的样本企业在全球价值链中的职能并不仅仅局限于生产组装环节,已经具备了一定的产品开发设计能力。但是,考虑到其中一些样本企业在历史上一直是自行进行产品的开发与设计并以自有品牌销售,后来才转向开展国际代工业务,因此,承担为客户开发与设计产品职能的企业所占比重,并不能准确反映代工企业业务

升级的全貌。

表 6-6　　　　　　样本企业开展产品开发与设计情况分布

产业	频次	百分比	有效百分比	累计百分比
为客户开发与设计产品	77	46.1	46.1	46.1
产品的开发设计由客户所提供	90	53.9	53.9	100.0
合计	167	100.0	100.0	

七、样本企业拥有自主品牌情况的分布

在167家样本企业当中，拥有自主品牌、开展与客户类似产品的品牌营销的共有65家，所占比重为38.9%；只做专业代工、不做自有品牌营销的有102家，所占比重为61.1%，如表6-7所示。这一分布情况表明，相当一部分从事国际代工的样本企业具备了一定的品牌营销能力，同时兼营代工业务与自主品牌业务。不过，在这些企业当中，有少数在创建之初就采用自主品牌营销，在进入到国际代工业务领域之后，自主品牌营销活动一直在继续，因此，拥有自主品牌的样本企业所占比重，并不能准确说明代工企业功能升级的情况。

表 6-7　　　　　　样本企业拥有自主品牌情况分布

产业	频次	百分比	有效百分比	累计百分比
做与客户类似产品的品牌营销	65	38.9	38.9	38.9
只做专业代工、不做自有品牌营销	102	61.1	61.1	100.0
合计	167	100.0	100.0	

第二节　变量的效度与信度检验

在问卷的效度与信度检验上，本书首先利用SPSS21.0对量表进行探索性因子分析，以检验量表的结构效度，排除因子负载较小或"骑墙"的题项，之后再运用SmartPLS 3软件进行进一步的效度与信度检验。

一、探索性因子分析

(一) 自主创新动力的因子分析

对问卷中与自主创新动力相关的题项进行 KMO 和 Bartlett 球体检验，结果如表 6-8 所示。其中，KMO 值为 0.764，Bartlett 球体检验的显著性为 0.000，表明样本数据适合进行因子分析。

表 6-8　自主创新动力题项的 KMO 和 Bartlett 检验

取样足够度的 Kaiser – Meyer – Olkin 度量		0.764
Bartlett 的球形度检验	近似卡方	337.333
	df	21
	Sig.	0.000

运用主成分分析法，经最大方差法正交旋转后，得到两因子结构，累计解释的总方差比例为 66.756%。各因子的载荷如表 6-9 所示。

表 6-9　自主创新动力因子分析的旋转成分矩阵

题项	因子1	因子2
ENT1：本企业的领导者具有很强的创新意识，不墨守成规	0.866	0.096
ENT2：本企业的领导者具有很强的学习和探索精神	0.866	0.207
ENT3：本企业的领导者在面对风险时，会持积极大胆的态度，敢于冒风险	0.690	0.105
ENT4：本企业的领导者具有很好的洞察力和决断力	0.837	0.169
POC1：本企业的客户经常要求更高的产品质量	0.366	0.696
POC2：本企业的客户经常要求更低的价格	0.232	0.691
POC3：本企业的客户经常对交货期提出更高的要求	0.379	0.682
POC4：本企业主要客户转单的风险较高	0.460	0.508

因子分析的结果与理论构想基本吻合。表 6-9 中的因子 1 为企业家

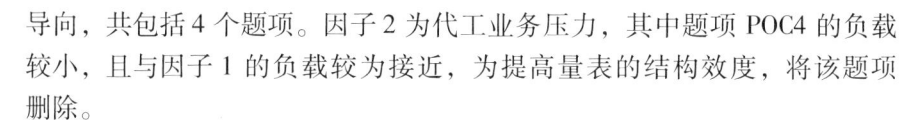

导向，共包括4个题项。因子2为代工业务压力，其中题项POC4的负载较小，且与因子1的负载较为接近，为提高量表的结构效度，将该题项删除。

（二）自主创新活动的因子分析

对问卷中与自主创新活动相关的题项进行KMO和Bartlett球体检验，结果如表6-10所示。KMO值为0.929，Bartlett球体检验的显著性为0.000，表明样本数据适合进行因子分析。

表6-10　　　　自主创新活动题项的 KMO 和 Bartlett 检验

取样足够度的 Kaiser – Meyer – Olkin 度量		0.929
Bartlett 的球形度检验	近似卡方	2175.835
	df	91
	Sig.	0.000

运用主成分分析法，经最大方差法正交旋转后，得到五因子结构，累计解释的总方差比例为86.883%。各因子的载荷如表6-11所示。

表6-11　　　　自主创新活动因子分析的旋转成分矩阵

题项	因子3	因子4	因子5	因子6	因子7
IOM1：在过去的几年中，本企业开展了针对客户或最终用户的市场调查与分析工作	0.767	0.309	0.325	0.200	0.099
IOM2：在过去的几年中，本企业围绕如何把产品销售给客户或最终用户做了一些工作	0.858	0.295	0.237	0.100	0.107
IOM3：在过去的几年中，本企业在如何把产品销售给客户或最终用户方面进行了大量投入	0.833	0.312	0.277	0.161	0.017
IOM4：在过去的几年中，围绕建立品牌或提高已有品牌的价值，本企业做了一些工作	0.770	0.366	0.282	0.166	0.010
ROI1：在过去的几年中，本企业在工艺流程（或标准）的创新上投入了很多人力、物力和财力	0.385	0.802	0.158	0.096	0.259

续表

题项	因子3	因子4	因子5	因子6	因子7
ROI2：在过去的几年中，本企业在产品设计方面投入了很多人力、物力和财力	0.378	0.825	0.280	0.114	0.070
IOD1：在过去的几年中，本企业开展了产品设计方面的工作	0.409	0.262	0.813	0.143	0.059
IOD2：在过去的几年中，本企业经常对客户的产品设计提出改进的建议	0.435	0.307	0.688	0.318	0.351
IOD3：在过去的几年中，本企业很重视产品设计方面的活动	0.489	0.357	0.672	0.113	0.179
IOP1：在过去的几年中，本企业开展了工艺流程（或标准）的调整或改善工作	0.250	0.296	0.210	0.809	0.099
IOP2：在过去的几年中，本企业围降低生产成本、提高产品质量和交货速度做了大量工作	0.308	0.341	0.149	0.786	-0.098
LFC1：在过去的几年里，客户经常向本企业提供一些指导和培训	0.065	0.152	0.120	0.509	0.798
LFC2：在过去的几年里，本企业经常能够从客户那里学到各种知识和技能	0.104	0.185	0.189	0.101	0.876
LFC3：在过去的几年里，客户提供了很多关于产品设计、制造、工艺的信息	0.217	0.044	0.093	0.225	0.837

表6-11中的因子3为自主市场开发，共包括4个题项；因子4为自主创新投入，共包括2个题项；因子5为产品技术创新，共包括3个题项；因子6为流程技术创新，共包括2个题项；因子7为外部知识学习，共包括3个题项。各因子的负载均较为理想，且没有负载"骑墙"的现象，所有题项均予以保留。

(三) 自主创新能力的因子分析

对问卷中与自主创新能力相关的题项进行KMO和Bartlett球体检验，结果如表6-12所示。KMO值为0.875，Bartlett球体检验的显著性为0.000，表明样本数据适合进行因子分析。

第六章　国际代工企业从模仿创新到自主创新的转型路径：数据分析与假设检验

表6-12　自主创新能力题项的 KMO 和 Bartlett 检验

取样足够度的 Kaiser - Meyer - Olkin 度量		0.875
Bartlett 的球形度检验	近似卡方	1152.752
	df	36
	Sig.	0.000

运用主成分分析法，经最大方差法正交旋转后，得到二因子结构，累计解释的总方差比例为74.093%。各因子的载荷如表6-13所示。

表6-13　自主创新能力因子分析的旋转成分矩阵

题项	因子8	因子9
COP1：本企业具有较强的成本控制能力	0.826	0.260
COP2：本企业具有较强的生产技术水平	0.856	0.176
COP3：本企业具有较强的生产流程管理能力	0.866	0.178
COP4：本企业具有较强的质量控制能力	0.910	0.140
COP5：本企业能够快速响应客户在生产上的要求	0.791	0.244
COD1：本企业具有较强的开发设计新产品的能力	0.362	0.863
COD2：本企业具有独立或者与客户共同开发设计新产品的能力	0.318	0.869
COD3：本企业的新产品开发设计能力优于同行业其他企业	0.331	0.861
COD4：本企业具有新产品开发设计方面的知识	-0.029	0.506

表6-13中的因子8为流程创新能力，共包括5个题项；因子9为产品创新能力，共包括4个题项，其中COD4与另外3个题项相比负载明显较小，仅为约0.5，为提高量表的结构效度，将该题项删除。

（四）代工业务升级的因子分析

对问卷中与代工业务升级相关的题项进行 KMO 和 Bartlett 球体检验，结果如表6-14所示，KMO 值为0.918，Bartlett 球体检验的显著性为0.000，表明样本数据适合进行因子分析。

表6-14　　代工业务升级题项的 KMO 和 Bartlett 检验

取样足够度的 Kaiser – Meyer – Olkin 度量		0.918
Bartlett 的球形度检验	近似卡方	1933.982
	df	55
	Sig.	0.000

运用主成分分析法，经最大方差法正交旋转后，得到三因子结构，累计解释的总方差比例为 85.275%。① 各因子的载荷如表 6-15 所示。

表6-15　　代工业务升级因子分析的旋转成分矩阵

题项	因子10	因子11	因子12
UOF1：本企业现在能够进行新技术的研究与开发	0.819	0.202	0.375
UOF2：本企业现在拥有自己独特的技术	0.811	0.246	0.298
UOF3：本企业现在能够建立或强化自有品牌	0.837	0.267	0.281
UOP1：与前几年相比，本企业生产效率有明显提升	0.291	0.874	0.182
UOP2：与前几年相比，本企业产品质量有明显提升	0.225	0.910	0.191
UOP3：与前几年相比，本企业生产管理体系更完善	0.330	0.866	0.222
UOP4：与前几年相比，本企业向客户交货的速度更快	0.290	0.801	0.313
UOD1：本企业现在能够进行产品设计的改进和完善	0.262	0.426	0.734
UOD2：本企业现在能够独立或者与客户共同进行产品设计	0.140	0.340	0.854
UOD3：本企业现在能够生产更加复杂的产品	0.452	0.289	0.733
UOD4：本企业现在新产品投产的速度更快	0.357	0.353	0.782

表6-15 中的因子10 为功能升级，共包括3 个题项；因子11 为流程升级，共包括4 题项；因子12 为产品升级，共包括4 个题项。各因子的负载均较为理想，且没有负载"骑墙"的现象，所有题项均予以保留。

二、信度与效度检验

本书中，量表的信度与效度检验，主要基于 PLS – SEM 模型，通过验

---

① 该比例为 SPSS 软件输出的结果。

证性因子分析进行。采用的指标主要包括指标变量（题项）的 R^2、克朗巴哈系数（Cronbach's alpha）、组合信度（CR）、平均提取方差（AVE）和 Fornell – Larcker 判别效度标准。

在验证性因子分析中，指标变量（题项）的 R^2 能够反映特定题项对于潜变量（构念）的信度。高格兹（Gogozzi）等认为指标变量的信度值（标准化负载值的平方）应大于 0.5，也就是标准化负载值必须等于或大于 0.71，这是验证性因子分析中经常采用的 R^2 临界值。

克朗巴哈系数也是测度题项信度常用的指标，其临界值为：大于等于 0.8 表明信度良好；大于等于 0.7 表明信度可以接受；0.6 及以上在探索性研究的量表中也可以被接受。需要指出的是，该指标相对比较保守，往往会低估信度。另外，由于在只有两个或三个题项的量表中这一指标是有偏的，因此，即使是验证性的研究，在略微低于 0.7 的情形下，量表的信度也是可以接受的。

在实证研究中，组合信度（CR）是一个比克朗巴哈系数更好的指标，因为，克朗巴哈系数可能会高估或低估量表的信度，而低估的情形更为常见。因而，组合信度在采用 PLS 的研究中经常被采用。组合信度的临界值与其他测量信度的指标相似，越接近于 1，表明信度越高。在探索性目的的研究中，组合信度应该大于等于 0.6（Chin, 1998；Höck & Ringle, 2006：15），在验证性研究中，应该大于等于 0.7（Henseler, Ringle & Sarstedt, 2012：269），大于等于 0.8 表示非常理想（Daskalakis & Mantas, 2008：288）。

平均提取方差（AVE）是测量收敛效度常用的指标。在界定良好的模型中，平均提取方差应该大于 0.5，这意味着潜变量至少解释了每个指标变量有 50% 以上的方差。

本研究中上述各个构念的主要信度和效度指标值如表 6 – 16 所示。

表 6 – 16　　　　　　　主要的信度和效度指标值

构念	题项（指标变量）	负载	克朗巴哈系数	组合信度	平均提取方差
代工业务压力	本企业的客户经常要求更高的产品质量	0.815	0.658	0.814	0.594
	本企业的客户经常要求更低的价格	0.762			
	本企业的客户经常对交货期提出更高的要求	0.733			

续表

构念	题项（指标变量）	负载	克朗巴哈系数	组合信度	平均提取方差
企业家导向	本企业的领导者具有很强的创新意识，不墨守陈规	0.874	0.859	0.905	0.707
	本企业的领导者具有很强的学习和探索精神	0.891			
	本企业的领导者在面对风险时，会持非常谨慎的态度，尽量规避风险	0.708			
	本企业的领导者具有很好的洞察力和决断力	0.876			
自主市场开发	在过去的几年中，本企业开展了针对客户或最终用户的市场调查与分析工作	0.919	0.948	0.962	0.865
	在过去的几年中，本企业围绕如何把产品销售给客户或最终用户做了一些工作	0.938			
	在过去的几年中，本企业在如何把产品销售给客户或最终用户方面进行了大量投入	0.944			
	在过去的几年中，围绕建立品牌或提高已有品牌的价值，本企业做了一些工作	0.917			
外部知识学习	在过去的几年里，客户经常向本企业提供一些指导和培训	0.837	0.828	0.897	0.743
	在过去的几年里，本企业经常能够从客户那里学到各种知识和技能	0.887			
	在过去的几年里，客户提供了很多关于产品设计、制造、工艺的信息	0.862			
自主创新投入	在过去的几年中，本企业在工艺流程（或标准）的创新上投入了很多人力、物力和财力	0.876	0.715	0.875	0.778
	在过去的几年中，本企业在产品设计方面投入了很多人力、物力和财力	0.888			
产品技术创新	在过去的几年中，本企业开展了产品设计方面的工作	0.929	0.904	0.940	0.839
	在过去的几年中，本企业经常对客户的产品设计提出改进的建议	0.881			
	在过去的几年中，本企业很重视产品设计方面的活动	0.936			

续表

构念	题项（指标变量）	负载	克朗巴哈系数	组合信度	平均提取方差
流程技术创新	在过去的几年中，本企业开展了工艺流程（或标准）的调整或改善工作	0.934	0.859	0.934	0.876
	在过去的几年中，本企业围降低生产成本、提高产品质量和交货速度做了大量工作	0.938			
流程创新能力	本企业具有较强的成本控制能力	0.875	0.923	0.942	0.765
	本企业具有较强的生产技术水平	0.875			
	本企业具有较强的生产流程管理能力	0.879			
	本企业具有较强的质量控制能力	0.910			
	本企业能够快速响应客户在生产上的要求	0.833			
产品创新能力	本企业具有较强的开发设计新产品的能力	0.950	0.943	0.963	0.897
	本企业具有独立或者与客户共同开发设计新产品的能力	0.951			
	本企业的新产品开发设计能力优于同行业其他企业	0.940			
流程升级	与前几年相比，本企业生产效率有明显提升	0.937	0.954	0.967	0.879
	与前几年相比，本企业产品质量有明显提升	0.952			
	与前几年相比，本企业生产管理体系更完善	0.955			
	与前几年相比，本企业向客户交货的速度更快	0.905			
产品升级	本企业现在能够进行产品设计的改进和完善	0.911	0.885	0.920	0.743
	本企业现在能够独立或者与客户共同进行产品设计	0.886			
	本企业现在能够生产更加复杂的产品	0.823			
	本企业现在新产品投产的速度更快	0.824			
功能升级	本企业现在能够进行新技术的研究与开发	0.919	0.926	0.953	0.871
	本企业现在拥有自己独特的技术	0.935			
	本企业现在能够建立或强化自有品牌	0.946			

从表6-16可以看出，所有指标变量对各自所测度构念（潜变量）的负载均大于0.71，最小值为0.733，最大值为0.955，表明指标变量方差至少有50%以上被所对应的构念所解释，亦即 R^2 均大于0.5，量表具有良好的信度。

在各构念的克朗巴哈系数中，只有代工业务压力的值为0.658，其余各构念的值均大于0.7。考虑到克朗巴哈系数往往会低估信度，特别是在题项少于或等于3个时是有偏的，同时，综合下面所述的组合信度值，本书认为，0.658这一水平的卡朗巴哈系数值是可以接受的。

从组合信度（CR）来看，所有构念的CR值均大于0.8，表明量表的信度非常理想。此外，AVE最小值为0.594，最大值为0.897，均大于0.5，表明各潜变量至少解释了每个指标变量50%以上的方差，量表的收敛效度可以被接受。

需要指出的是，由于在采用PLS时，数据的分布未知，因而无法进行传统的显著性检验。所以，前面的因子负载的标准值虽然表明了较好的信度水平，但因子负载本身是否显著并未得到检验。在PLS中可以通过采用Bootstrap或Jacknife的再抽样方法进行显著性检验。本书运用SmartPLS 3软件，采用Bootstrap法，设定样再抽样样本数量为5000，计算结果如表6-17所示。从表6-17可以看出，所有指标变量与潜变量5%的置信区间内均不包括0，表明它们在5%的水平上是显著的。另外，从与t统计量相对应的p值来看，所有负载至少在1‰的水平上也是显著的。综合这两个指标，可以认为，因子负载可以通过显著性检验。

表6-17　　　　　　　　指标变量负载的显著性检验

指标变量与对应构念	负载	样本均值	标准差	t统计量	p值	5%置信区间 2.50%	5%置信区间 97.50%
POC1 <- 代工业务压力	0.815	0.814	0.037	22.205	0	0.732	0.875
POC2 <- 代工业务压力	0.762	0.760	0.039	19.416	0	0.671	0.826
POC3 <- 代工业务压力	0.733	0.730	0.052	14.115	0	0.616	0.818
ENT1 <- 企业家导向	0.874	0.872	0.022	39.760	0	0.823	0.909
ENT2 <- 企业家导向	0.891	0.891	0.017	52.148	0	0.853	0.920
ENT3 <- 企业家导向	0.708	0.708	0.053	13.250	0	0.593	0.802
ENT4 <- 企业家导向	0.876	0.876	0.018	49.100	0	0.838	0.908

续表

指标变量与对应构念	负载	样本均值	标准差	t统计量	p值	5%置信区间 2.50%	97.50%
IOM1 <- 自主市场开发	0.919	0.918	0.016	58.328	0	0.883	0.945
IOM2 <- 自主市场开发	0.938	0.938	0.012	78.155	0	0.911	0.959
IOM3 <- 自主市场开发	0.944	0.944	0.011	85.642	0	0.920	0.963
IOM4 <- 自主市场开发	0.917	0.917	0.016	56.344	0	0.882	0.945
LFC1 <- 外部知识学习	0.837	0.836	0.032	26.521	0	0.768	0.890
LFC2 <- 外部知识学习	0.887	0.887	0.019	47.871	0	0.846	0.918
LFC3 <- 外部知识学习	0.862	0.860	0.027	31.660	0	0.799	0.905
ROI1 <- 自主创新投入	0.876	0.877	0.020	43.492	0	0.834	0.913
ROI2 <- 自主创新投入	0.888	0.888	0.021	42.485	0	0.841	0.924
IOD1 <- 产品技术创新	0.929	0.930	0.011	84.059	0	0.906	0.949
IOD2 <- 产品技术创新	0.881	0.879	0.026	33.967	0	0.822	0.922
IOD3 <- 产品技术创新	0.936	0.936	0.009	99.103	0	0.916	0.953
IOP1 <- 流程技术创新	0.934	0.934	0.011	83.814	0	0.910	0.954
IOP2 <- 流程技术创新	0.938	0.937	0.011	81.896	0	0.912	0.956
COP1 <- 流程创新能力	0.875	0.875	0.023	38.231	0	0.825	0.915
COP2 <- 流程创新能力	0.875	0.875	0.017	50.865	0	0.838	0.906
COP3 <- 流程创新能力	0.879	0.879	0.020	44.051	0	0.835	0.914
COP4 <- 流程创新能力	0.910	0.909	0.026	34.535	0	0.850	0.950
COP5 <- 流程创新能力	0.833	0.833	0.036	23.229	0	0.753	0.893
COD1 <- 产品创新能力	0.950	0.950	0.009	109.955	0	0.931	0.965
COD2 <- 产品创新能力	0.951	0.951	0.009	105.518	0	0.931	0.966
COD3 <- 产品创新能力	0.940	0.939	0.012	78.818	0	0.914	0.960
UOP1 <- 流程升级	0.937	0.937	0.015	62.090	0	0.903	0.962
UOP2 <- 流程升级	0.952	0.951	0.011	88.100	0	0.927	0.969
UOP3 <- 流程升级	0.955	0.955	0.009	106.343	0	0.935	0.970
UOP4 <- 流程升级	0.905	0.903	0.021	43.260	0	0.857	0.939
UOD1 <- 产品升级	0.911	0.911	0.019	48.267	0	0.867	0.940

续表

指标变量与对应构念	负载	样本均值	标准差	t统计量	p值	5%置信区间 2.50%	5%置信区间 97.50%
UOD2 <- 产品升级	0.886	0.887	0.025	35.203	0	0.832	0.930
UOD3 <- 产品升级	0.823	0.821	0.037	22.395	0	0.740	0.885
UOD4 <- 产品升级	0.824	0.823	0.033	24.782	0	0.751	0.880
UOF1 <- 功能升级	0.919	0.919	0.016	55.967	0	0.883	0.948
UOF2 <- 功能升级	0.935	0.935	0.013	72.691	0	0.907	0.957
UOF3 <- 功能升级	0.946	0.945	0.011	87.590	0	0.922	0.964

判别效度指的是一个测量值与其他应该有所不同的构念之间不相互关联的程度。判别效度可以通过 Fornell - Larcker 判别效度标准进行判断，即每个潜变量的平均提取方差的平方根应该大于该潜变量与其他潜变量之间的相关系数，常见的形式是矩阵表中对角线上的数字（平均提取方差的平方根）大于对角线下的数字（相关系数）。从理论上进行解释，也就是对于任何潜变量，其指标变量共有的方差要大于与任何其他潜变量的协方差。从表 6 - 18 可以看出，本书的量表符合 Fornell - Larcker 的标准，量表具有很好的判别效度。

表 6 - 18　　量表的判别效度检验

构念	代工业务压力	企业家导向	自主市场开发	外部知识学习	自主创新投入	产品技术创新	流程技术创新	流程创新能力	产品创新能力	流程升级	产品升级	功能升级
代工业务压力	0.771											
企业家导向	0.502	0.841										
自主市场开发	0.576	0.658	0.930									
外部知识学习	0.427	0.440	0.404	0.862								
自主创新投入	0.620	0.757	0.782	0.428	0.882							
产品技术创新	0.557	0.792	0.816	0.489	0.871	0.916						
流程技术创新	0.638	0.720	0.669	0.396	0.824	0.718	0.936					
流程创新能力	0.580	0.659	0.550	0.442	0.631	0.575	0.681	0.875				
产品创新能力	0.504	0.681	0.719	0.410	0.718	0.798	0.542	0.543	0.947			

续表

构念	代工业务压力	企业家导向	自主市场开发	外部知识学习	自主创新投入	产品技术创新	流程技术创新	流程创新能力	产品创新能力	流程升级	产品升级	功能升级
流程升级	0.538	0.697	0.603	0.352	0.700	0.622	0.720	0.675	0.599	0.937		
产品升级	0.582	0.689	0.753	0.471	0.740	0.808	0.643	0.662	0.812	0.712	0.862	
功能升级	0.570	0.668	0.784	0.487	0.735	0.800	0.612	0.642	0.834	0.592	0.851	0.933

第三节 假设检验与结果讨论

一、模型拟合情况

与基于协方差的结构方程模型相比，PLS – SEM 模型并没有公认的评估拟合程度的系列指标。不过，随着 PLS – SEM 模型的发展，针对模型拟合程度的评价问题，一些学者也进行了探讨。

泰纳豪斯、温兹、柴特林和劳若（Tenenhaus, Vinzi, Chatelin & Lauro, 2005）所提出的 PLS 拟合优度（goodness-of-fit, GoF）[①]，曾经被广泛地用于评估测量模型和结构模型的整体稳健程度（Chin, 2010; Vinzi et al., 2010）[②]，PLS GoF 的规范值在 0 和 1 之间，通常是越大越好。但是，这一指标并没有明确的临界值，而且，SmartPLS 3 不再提供该参数。在 SmartPLS 3 的使用说明中，贾森（Garson, 2016）认为，SRMR 是合适的拟合度指标。该指标测度的是观测到的相关系数矩阵与模型隐含的相关系数矩阵之间的差异，该指标值越小越好[③]。传统上认为，SRMR 应该小于 0.08（Hu & Bentler, 1998），一些学者采用更为宽松的 0.1 这一数值。在本书中，SRMR 的值为 0.089，略大于 0.08 但小于 0.1，表明可以接受本书所设定的模型。

[①] Tenenhaus, M., Vinzi, V. E., Chatelin, Y. – M., Lauro, C., PLS Path Modeling. *Computational Statistics & Data Analysis*, Vol. 48, No. 1, 2005, pp. 159 – 205.

[②] Chin, W. W., How to Write up and Report PLS Analyses. In Vinzi V. Esposito, W. W. Chin, J. Henseler, and H. Wang (Eds.). *Handbook of Partial Least Squares: Concepts, Methods, and Applications*. NY: Springer, 2010, pp. 655 – 690.

[③] Garson, G. D., *Partial Least Squares: Regression and Structural Equation Models*. Asheboro (NC): Statistical Associates Publishers, 2016.

此外，可决系数（R^2）在用于判断路径模型中，每个因变量能够被相应自变量解释的程度时，也可以对结构模型是否合理进行测量和评价。奇恩（Chin，1998：323）和其他一些学者（Höck & Ringle，2006：15）认为，R^2 在 0.6、0.33 和 0.19 时，分别意味着模型"显著""中等"和"较弱"的解释水平。表 6-19 是路径模型中，作为各级因变量出现的 10 个变量的可决系数及调整后的可决系数。10 个因变量中，自主创新投入、流程技术创新、产品技术创新、产品创新能力、产品升级、功能升级的 R^2 分别为 0.736、0.724、0.835、0.637、0.729、0.791，均高于 0.6 的"显著"解释水平；自主市场开发、流程创新能力、流程升级的 R^2 分别为 0.514、0.499、0.523，均高于 0.33 的"中等"解释水平，且较接近 0.6 的显著水平；只有外部知识学习的 R^2 为 0.253，解释能力相对较弱，但也超过了 0.19 的"较弱"水平。总体来看，路径模型设定比较合理，能够较好地解释其中的各级因变量。

表 6-19　　　　　　　　模型中各因变量的 R^2

变量	R^2	R Square Adjusted
自主创新投入	0.736	0.732
自主市场开发	0.514	0.508
生产流程创新	0.724	0.717
产品技术创新	0.835	0.831
外部知识学习	0.253	0.239
流程创新能力	0.499	0.493
产品创新能力	0.637	0.632
流程升级	0.533	0.527
产品升级	0.729	0.726
功能升级	0.791	0.787

SmartPLS 3 同时提供了 Q^2 统计量，也被称为斯通-盖瑟 Q^2（Stone-Geisser Q^2）（Stone，1974；Geisser；1974；Chin；1998；Ruiz et al.，2009：546）。该统计量通过运行 Blindfolding 而产生。Q^2 的结果共有四类，包括构念交叉验证冗余、构念交叉验证公因子、指标交叉验证冗余、指标交叉验证公因子。Q^2 大于 0，意味着 PLS-SEM 模型能够预测给定内生潜变

量,如果等于或小于0,意味着不能预测内生潜变量。在四类Q^2中,构念交叉验证冗余是Blindfolding结果输出中最令人感兴趣的,因为它表明了PLS结构模型的拟合情况,更受一些学者的偏爱(Hair et al.,2014:183)。根据科恩(1988)的观点,0.02代表外生变量对内生潜变量"小"的影响水平,0.15代表"中等"影响水平,0.35代表"高"影响水平。

在本书中,作为构念交叉验证冗余的Q^2如表6-20所示。除外部知识学习的Q^2为0.173,表明受外生变量"中等"到"高"的影响之外,其他所有内生潜变量的Q^2均大于0.35,表明模型中这些内生潜变量均受到"高"的影响水平,研究模型的拟合情况良好。

表6-20 构念交叉验证冗余

变量	SSO	残差平方和(SSE)	Q^2 ($=1-SSE/SSO$)
自主创新投入	334	149.782	0.552
自主市场开发	668	383.544	0.426
流程技术创新	334	129.605	0.612
产品技术创新	501	163.644	0.673
外部知识学习	501	414.258	0.173
流程创新能力	835	532.184	0.363
产品创新能力	501	225.446	0.55
流程升级	668	370.192	0.446
产品升级	668	328.903	0.508
功能升级	501	169.763	0.661

综合上述三类指标,可以认为本书中路径模型的拟合度较好,所设定的理论模型较为合理。

二、假设检验

在进行假设检验时,本书首先运用路径系数及其显著性检验,判断第五章所提的研究假设是否通过检验。之后,再利用f^2检验,判断某一自变量所对应的因变量的解释能力,据此进一步证实路径系数及其显著性检验的结果。

（一）路径系数及其显著性检验

在结构方程模型中，路径系数及其显著性是进行假设检验最直观的方法。在 SmartPLS 3 软件中，首先运行 PLS 计算，得到路径系数；之后采用 Bootstrap 方法，设定进行 5000 次抽样（Hayes，2009；Henseler, Ringle & Sinkovics，2009），可以得到各条路径的 t 统计量、相对应的 p 值以及 5% 的置信区间。上述两个步骤的结果合并列在表 6-21 中。

表 6-21　　　　　　　　路径系数及显著性

路径	路径系数	样本均值	标准差	t 统计量	p 值	置信区间（%） 2.50	置信区间（%） 97.50
企业家导向 -> 自主创新投入	0.387	0.386	0.058	6.663	0	0.271	0.497
企业家导向 -> 自主市场开发	0.493	0.491	0.060	8.170	0	0.371	0.607
企业家导向 -> 流程技术创新	0.213	0.210	0.057	3.720	0	0.095	0.321
企业家导向 -> 产品技术创新	0.266	0.269	0.055	4.809	0	0.157	0.377
企业家导向 -> 外部知识学习	0.253	0.254	0.102	2.479	0.013	0.044	0.451
代工业务压力 -> 自主创新投入	0.182	0.182	0.054	3.368	0.001	0.074	0.286
代工业务压力 -> 自主市场开发	0.328	0.329	0.066	5.001	0	0.201	0.455
代工业务压力 -> 流程技术创新	0.199	0.198	0.050	4.013	0	0.098	0.295
代工业务压力 -> 产品技术创新	0.033	0.033	0.041	0.798	0.425	-0.115	0.049
代工业务压力 -> 外部知识学习	0.250	0.253	0.088	2.849	0.004	0.079	0.422

续表

路径	路径系数	样本均值	标准差	t统计量	p值	置信区间（%） 2.50	置信区间（%） 97.50
自主创新投入 -> 流程技术创新	0.554	0.557	0.072	7.705	0	0.415	0.700
自主创新投入 -> 产品技术创新	0.447	0.446	0.075	5.919	0	0.299	0.594
自主创新投入 -> 外部知识学习	0.082	0.081	0.107	0.768	0.442	-0.121	0.298
自主市场开发 -> 流程技术创新	0.019	0.021	0.070	0.275	0.783	-0.157	0.119
自主市场开发 -> 产品技术创新	0.311	0.310	0.062	4.992	0	0.185	0.431
自主市场开发 -> 自主创新投入	0.423	0.423	0.061	6.983	0	0.301	0.539
流程技术创新 -> 流程创新能力	0.600	0.594	0.065	9.259	0	0.454	0.712
产品技术创新 -> 产品创新能力	0.785	0.785	0.043	18.434	0	0.700	0.864
外部知识学习 -> 流程创新能力	0.205	0.209	0.056	3.621	0	0.098	0.325
外部知识学习 -> 产品创新能力	0.026	0.025	0.053	0.497	0.619	-0.077	0.131
流程创新能力 -> 流程升级	0.497	0.494	0.079	6.324	0	0.337	0.640
流程创新能力 -> 产品升级	0.314	0.309	0.068	4.625	0	0.170	0.441
流程创新能力 -> 功能升级	0.197	0.196	0.044	4.447	0	0.105	0.281
产品创新能力 -> 流程升级	0.330	0.334	0.082	4.037	0	0.176	0.493

续表

路径	路径系数	样本均值	标准差	t统计量	p值	置信区间（%）	
						2.50	97.50
产品创新能力 -> 产品升级	0.641	0.647	0.053	11.989	0	0.539	0.751
产品创新能力 -> 功能升级	0.499	0.501	0.045	11.053	0	0.410	0.590
自主市场开发 -> 功能升级	0.316	0.316	0.051	6.233	0	0.216	0.412

从表6-21可以看出，从企业家导向到自主创新投入的路径系数为0.387，t统计量为6.663，从p值来看，该路径系数在1‰的水平上显著；同时，5%的置信区间为［0.271，0.497］，不包含0。可以认为，企业家导向对自主创新投入有正向影响，可以接受假设H1。

从企业家导向到自主市场开发的路径系数为0.493，t统计量为8.170，从p值来看，该路径系数在1‰的水平上显著。同时，5%的置信区间为［0.371，0.607］，不包含0。可以认为，企业家导向对自主市场开发有正向影响，可以接受假设H2。

从企业家导向到流程技术创新、产品技术创新、外部知识学习的路径系数分别为0.213、0.266和0.253，t统计量分别为3.720、4.809和2.479，从p值来看，三条路径分别在1‰、1‰和5%的水平上显著；同时，5%的置信区间分别为［0.095，0.321］、［0.157，0.377］和［0.044，0.451］，均不包含0。可以认为，企业家导向对流程技术创新、产品技术创新和外部知识学习都存在正向影响，可以接受假设H3A、H3B和H3C。总体来看，假设H3通过检验。

从代工业务压力到流程技术创新、产品技术创新、外部知识学习的路径系数分别为0.199、0.033和0.25，t统计量分别为4.013、0.798和2.849，从p值来看，从代工业务压力到流程技术创新的路径在1‰的水平上显著；从代工业务压力到产品技术创新的路径不显著；从代工业务压力到外部知识学习的路径在1%的水平上显著。同时，三个路径系数5%的置信区间分别为［0.098，0.295］、［0.425，-0.115］和［0.079，0.422］，从代工业务压力到产品技术创新的路径系数的置信区间包含0，其余两条路径系数的置信区间不包括0。可以认为，代工业务压力对流程技术创新和外部知识学习都存在正向影响，但对产品技术创新不存在显著的正向影响，可以接受假设H4A和H4C，但假设H4B被拒绝，总体来看，假设H4部分通过检验。

从代工业务压力到自主创新投入的路径系数为0.183，t统计量为3.368，从p值来看，该路径系数在1‰的水平上显著；同时，5%的置信区间为[0.074, 0.286]，不包含0。可以认为，代工业务压力对自主创新投入有正向影响，可以接受假设H5。

从代工业务压力到自主市场开发的路径系数为0.328，t统计量为5.001，从p值来看，该路径系数在1‰的水平上显著；同时，5%的置信区间为[0.201, 0.455]，不包含0。可以认为，代工业务压力对自主市场开发有正向影响，可以接受假设H6。

从自主创新投入到流程技术创新、产品技术创新、外部知识学习的路径系数分别为0.554、0.447和0.082，t统计量分别为7.705、5.919和0.768，从p值来看，从自主创新投入到流程技术创新和产品技术创新的路径在1‰的水平上显著，但从自主创新投入到外部知识学习的路径不显著。同时，三个路径系数5%的置信区间分别为[0.415, 0.7]、[0.299, 0.594]和[-0.121, 0.298]，除了从自主创新投入到外部知识学习的路径系数的置信区间包含0外，其他两个路径系数的置信区间均不包含0。可以认为，自主创新投入对流程技术创新和产品技术创新都存在正向影响，但外部知识学习不存在显著的正向影响，可以接受假设H7A和H7B，但假设7C被拒绝。总体来看，假设H7部分通过检验。

从自主市场开发到流程技术创新和产品技术创新的路径系数分别为0.019和0.311，t统计量分别为0.783和4.992，从p值来看，从自主市场开发到流程技术创新的路径系数不显著，但到产品技术创新的路径在1‰的水平上显著。同时，两个路径系数5%的置信区间分别为[-0.157, 0.119]和[0.185, 0.431]，前者包含0外，后者不包含0。可以认为，自主市场开发对流程技术创新不存在显著的正向影响，但对产品技术创新存在正向影响，可以接受假设H8B，但假设8A被拒绝。总体来看，假设H8部分通过检验。

从自主市场开发到自主创新投入的路径系数为0.423，t统计量为6.893，该路径系数在1‰的水平上显著，同时，5%的置信区间为[0.301, 0.712]，不包含0。可以认为，自主市场开发对自主创新投入有正向影响，可以接受假设H9。

从流程技术创新到流程创新能力的路径系数为0.6，t统计量为9.259，该路径系数在1‰的水平上显著，同时，5%的置信区间为[0.454，0.712]，不包含0。可以认为，流程技术创新对流程创新能力有正向影响，可以接受假设H10。

从产品技术创新到产品创新能力的路径系数为0.785，t统计量为18.434，该路径系数在1‰的水平上显著，同时，5%的置信区间为[0.7，0.864]，不包含0。可以认为，产品技术创新对产品创新能力有正向影响，可以接受假设H11。

从外部知识学习到流程创新能力和产品创新能力的路径系数分别为0.205和0.026，t统计量分别为3.621和0.619，从p值来看，从外部知识学习到流程创新能力的路径系数在1‰水平上显著，但到产品创新能力的路径系数不显著。同时，两个路径系数5%的置信区间分别为[0.098，0.325]和[-0.077，0.131]，前者不包含0，后者包含0。可以认为，外部知识学习对流程创新能力存在显著的正向影响，但对产品创新能力的影响不显著，可以接受假设H12A，但假设12B被拒绝。总体来看，假设H12部分通过检验。

从流程创新能力到流程升级、产品升级和功能升级的路径系数分别为0.497、0.314和0.197，t统计量分别为6.324、4.625和4.447；从p值来看，从流程创新能力到流程升级、产品升级和功能升级的路径均在1‰的水平上显著；同时，三个路径系数5%的置信区间分别为[0.337，0.64]、[0.17，0.441]和[0.105，0.281]，均不包含0。可以认为，流程创新能力对流程升级、产品升级和功能升级都存在正向影响，可以接受假设H13A、H13B和H13C。假设H13通过检验。

从产品创新能力到流程升级、产品升级和功能升级的路径系数分别为0.330、0.641和0.499，t统计量分别为4.037、11.989和11.053，从p值来看，从产品创新能力到流程升级、产品升级和功能升级的路径均在1‰的水平上显著。同时，三个路径系数5%的置信区间分别为[0.176，0.493]、[0.539，0.751]和[0.41，0.59]，均不包含0。可以认为，产品创新能力对流程升级、产品升级和功能升级都存在正向影响，可以接受假设H14A、H14B和H14C。假设H14通过检验。

从自主市场开发到功能升级的路径系数为0.316，t统计量为6.233，从p值来看，该路径系数在1‰的水平上显著；同时，5%的置信区间为

[0.216, 0.412],不包含0,可以认为,自主市场开发对功能升级有正向影响,可以接受假设 H15。

总体来看,在本书所设定的路径中,有四条路径的 t 统计量较小,p 值显示路径系数不显著,相应的5%置信区间也都包括0,与 t 统计量的结果一致。其余的所有路径,除一条(企业家导向 -> 外部知识学习)在5%的水平上显著之外,其余均在1‰水平上显著。

(二) f^2 检验

除了路径系数及其显著性,本书还采用了 PLS – SEM 中的 f^2 指标,进一步验证对应于每个因变量,某一自变量是否是重要的解释变量。f^2 是衡量 R^2 变化的一种形式。所谓 R^2 变化,指的是删除一个自变量后,R^2 的变化。R^2 的变化越大,表明被删掉自变量对因变量的解释方差越大,意味着该自变量是更为重要的解释变量。f^2 的计算公式为:

$$f^2 = (R^2 \text{original} - R^2 \text{omitted})/(1 - R^2 \text{original})$$

其中,R^2original 表示包括对应于某一因变量的所有自变量时,可决系数的大小;R^2omitted 表示删除某一自变量后,可决系数的大小。该公式表明未解释的方差有多大比例,是由被删除的自变量所带来的(Hair et al., 014: 177)[①]。科恩(Cohen, 1988)认为,0.02 代表"小"的 f^2 效应;0.15 代表"中等"的 f^2 效应,0.35 代表"高"的 f^2 效应[②]。本书中各变量的 f^2 如表 6 – 22 所示。其中,行表示模型中作为自变量出现的变量;列表示作为因变量出现的变量;表格中的数字表示当删除对应的该行中的自变量后,相应因变量的 R^2 变化幅度,即 f^2 效应。

从表 6 – 22 可以看出,企业家导向对自主市场开发、自主创新投入、产品技术创新、流程技术创新和外部知识学习的 f^2 效应分别为 0.374、0.309、0.178、0.068 和 0.036,表明企业家导向对于自主市场开发具有高的解释水平,对于自主创新投入和产品技术创新的解释水平介于中等到高之间,对于流程技术创新和外部知识学习的解释水平介于低到中等之间。

[①] Hair, J. F. Jr., Hult, G., Tomas M., Ringle, Christian M., Sarstedt, M., *A Primer on Partial Least Squares Structural Equation Modeling (PLS – SEM)*. Thousand Oaks (CA): Sage Publications, 2014.

[②] Cohen, J., *Statistical Power Analysis for the Behavioral Sciences*. Mahwah (NJ): Lawrence Erlbaum, 1988.

表 6–22　　　　　　　　　　　f^2 效应

变量	自主创新投入	自主市场开发	流程技术创新	产品技术创新	外部知识学习	流程创新能力	产品创新能力	流程升级	产品升级	功能升级
企业家导向	0.309	0.374	0.068	0.178	0.036					
代工业务压力	0.081	0.166	0.085	0.004	0.051					
自主创新投入			0.293	0.318	0.003					
自主市场开发	0.330		0.000	0.213						0.214
流程技术创新						0.605				
产品技术创新							1.288			
外部知识学习						0.070	0.001			
流程创新能力								0.372	0.257	0.122
产品创新能力								0.164	1.070	0.539

代工业务压力对自主市场开发、流程技术创新、自主创新投入、外部知识学习和产品技术创新的 f^2 效应分别为 0.166、0.085、0.081、0.061 和 0.004，表明代工业务压力对自主市场开发、流程技术创新、自主创新投入和外部知识学习的解释水平依次降低，但均介于低到中等之间。不过，代工业务压力对产品技术创新基本不具解释能力。

自主创新投入对产品技术创新、流程技术创新和外部知识学习的 f^2 分别为 0.318、0.293 和 0.003，表明自主创新投入对产品技术创新和流程技术创新的解释水平依次降低，但均介于低到中等之间。但是，该变量对外部知识学习基本不具解释能力。

自主市场开发对自主创新投入、产品技术创新、功能升级和流程技术创新的 f^2 效应分别为 0.33、0.213、0.214 和 0，表明自主市场开发对自主创新投入、产品技术创新和功能升级的解释水平依次降低，但均介于低到中等之间。此外，该变量对流程技术创新不具解释能力。

流程技术创新对流程创新能力、产品技术创新对产品创新能力的 f^2 效应为分别为 0.625 和 1.288，表明这两个变量分别对于流程创新能力和产品创新能力具有高的解释水平。

外部知识学习对流程创新能力和产品创新能力的 f^2 效应分别为 0.07 和 0.001，表明这一变量对于流程创新能力的解释水平介于低到中等之间，而对产品创新能力不具解释能力。

流程创新能力对流程升级、产品升级和功能升级的 f^2 分别为 0.372、0.257 和 0.122，表明该变量对代工业务升级的解释水平介于中等到高之间，但对流程升级的解释能力最强，其后依次是产品升级和功能升级。

产品创新能力对产品升级、功能升级和流程升级的 f^2 分别为 1.07、0.593 和 0.164，表明该变量对产品升级和功能升级具有高的解释水平，对流程升级的解释水平处于低到中等之间。

总之，f^2 检验的结果显示，代工业务压力对产品技术创新不具备解释能力；自主创新投入对外部知识学习不具备解释能力；自主市场开发对流程技术创新不具备解释能力；外部知识学习对产品创新能力不具备解释能力。除此之外，尽管解释水平不一，但其他变量对所对应的因变量都具有解释能力。这也进一步验证了路径系数显著性检验的结果。

三、结果讨论

（一）企业家导向对国际代工企业自主创新活动的影响

企业家导向对自主创新活动有正向影响的五个假设（H1、H2、H3A、H3B、H3C）均得到验证，说明对于代工企业来说，企业家导向是自主创新的非常重要的推动力量。

相比较而言，企业家导向对自主市场开发、自主创新投入和产品技术创新的影响更为显著，这充分体现了在企业家导向的影响下，代工企业所表现出来的勇于承担风险、率先追逐新市场机会以及先于竞争者进行技术创新的战略姿态。虽然 f^2 的结果显示，企业家导向对外部知识学习只有"小"的解释水平（$f^2 = 0.036$），但这并不意味着企业家导向不注重外部知识的学习，出现这样的结果，很可能是在本书中，外部知识学习聚焦于向国际代工客户的学习，而这样的学习往往集中在流程技术方面，通常表现为利用性学习而非探索性学习[1]，所以难以对企业的整体技术能力和业务升级产生重要影响，因此，以创新性、先动性和风险承担为特征的企业家导向，并不是推动这种学习的主要动力。换言之，企业家导向对外部知

---

[1] Jansen, J. J. P., Van Den Bosch, F. A. J., Volberda, H. W., Exploratory Innovation, Exploitative Innovation, and Performance: Effects of Organizational Antecedents and Environmental Moderators. *Management Science*, Vol. 52, No. 11, 2006, pp. 1661–1674.

识学习的影响,可能更多地体现在对大学、科研机构及其他技术先进企业的知识搜寻和获取上,这一点是未来研究值得关注的一个重要方向。此外,企业家导向对流程技术创新的影响水平也相对较低（$f^2=0.068$）,这很可能是因为流程技术创新更多的是竞争压力和客户推动的结果,企业家导向并不是推动流程技术创新的主要因素。

(二) 代工业务压力对国际代工企业自主创新活动的影响

代工业务压力对自主创新活动的五个假设中,有四个假设（H4A、H4C、H5、H6）通过检验,一个假设（H4B）未通过检验。

在通过的四个假设中,代工业务压力对自主市场开发的影响最大,这说明,在面对代工业务压力的时候,从事国际代工业务的企业会把进行市场研究、开发新顾客和新客户作为应对压力、摆脱困境的重要手段,而这实际上又会对其他自主创新活动产生进一步的影响。同时,面对代工业务压力,企业也会加大自主创新投入、实施流程技术创新并开展外部知识的学习,藉此增强企业技术能力,在困境中寻求出路。

代工业务压力对产品技术创新存在正向影响这一研究假设未通过检验,说明国际代工企业在面对客户在价格、质量、交货期等方面更为苛刻的要求时,开展产品设计方面的自主创新并不是一种主要的应对手段。与流程技术创新相比,产品技术创新活动更为复杂,创新结果具有更大的不确定性,这也使代工企业在面临紧迫的客户压力时,往往选择相对更为简单的与流程技术有关的创新活动来进行应对。这样做的结果,虽然在短期内有助于满足客户的要求,但从长期来看,过度依赖流程技术创新而产品技术创新相对不足,会强化代工企业被客户锁定的风险,提高陷入贫困化增长的可能,这一点需要引起企业的足够重视。

(三) 自主创新投入对国际代工企业自主创新行为的影响

自主创新投入对产品技术创新和流程技术创新具有正向影响的两个研究假设（H7A、H7B）均通过检验,说明国际代工企业在自主创新方面的人员和资金投入对于自主创新行为的实施发挥了积极的促进作用。从 f^2 指标来看,自主创新投入对产品技术创新的解释水平高于对流程技术创新的解释水平,反映了自主创新投入对于产品技术创新具有更为重要的意义。企业为了更有效地开展产品设计方面的创新,必须加大相应的投入力度。

自主创新投入对外部知识学习的假设（H7C）没有通过检验,这可能与前面所提到的、本书中的代工企业外部知识学习的特征有关。一般来说，研发经费和研发人员可以增强企业在面对外部知识时的吸收能力，对企业的外部知识学习起到强化的作用，但是在全球价值链中，代工企业的主要学习对象是作为购买者的海外客户，客户所转移的知识一方面是相对简单的流程技术知识，另一方面又以高度编码化的外显知识为主，这两类知识的学习和吸收，并不需要企业在资金和人力上的大量投入，由此，导致自主创新投入对这类学习的影响不显著。

（四）自主市场开发对自主创新行为、自主创新投入和功能升级的影响

自主市场开发对流程技术创新具有正向影响的研究假设（H8）并没有通过检验，这在一定程度上说明，流程技术创新更多的是代工业务压力推动的结果，市场需求通常不是代工企业进行流程技术创新的直接原因。

自主市场开发对产品技术创新具有正向影响的研究假设（H9）通过了检验，这也证实了巴拉钱德拉（1997）、卡兰通（1988）以及博索姆（2012）等学者的观点，即营销职能和营销活动对于产品创新会发挥积极的影响。此外，自主市场开发对自主创新投入的正向影响也是显著的，这表明代工企业的创新投入，除了受代工业务压力和企业家导向的推动之外，还具有明显的市场拉动特征，市场需求的发掘会促使企业为了满足这些需求而在创新上进行更大的投入。结合假设H7B和H9可以发现，自主市场开发除了可以直接推动代工企业的产品技术创新之外，还能够通过加大创新投入对产品技术创新发挥间接作用，这也进一步凸显了自主创新投入对产品技术创新的重要性。

另一个假设，即自主市场开发对功能升级（H15）具有正向影响也通过了检验，这意味着代工企业的功能升级一方面需要企业不断增强自主创新能力，另一方面也需要代工企业在日常的经营中强化营销职能，在与市场有关的各种活动中不断积累和丰富营销知识，为企业从OEM和ODM跃升到OBM打下基础。

（五）自主创新行为对自主创新能力的影响

在自主创新行为影响自主创新能力的四个假设中，流程技术创新正向影响流程创新能力、产品技术创新正向影响产品创新能力这两个假设（H10、H11）均通过检验，这表明，在流程技术创新和产品技术创新的过

程中所积累的知识，会直接推动国际代工企业自主创新能力的提高。同时，外部知识学习正向影响流程创新能力的假设（H12A）也通过了检验，这说明，在代工生产的过程中，客户基于产品质量、价格及交货及时性等方面的要求而向代工企业转移的生产和管理等方面的知识，对代工企业的流程创新能力具有积极的影响。不过，外部知识学习对流程创新能力的解释水平（$f^2 = 0.07$）远低于流程技术创新对流程创新能力的影响（$f^2 = 0.605$），这也提示国际代工企业在提升流程创新能力的过程中，应该以自主的创新活动为主，来自客户的外部知识转移只能起到补充作用。

此外，外部知识学习正向影响产品创新能力的假设（H12B）并未通过检验，可能的原因是在代工合作关系中，客户向代工企业转移的产品设计知识相对较少，而且在所转移的为数不多的产品设计知识中，又以图纸、技术规格说明、样品等外显知识为主，这些知识的复杂性和技术含量低，对促进代工企业产品创新能力的提高作用并不明显。

（六）自主创新能力对代工业务升级的影响

有关自主创新能力对代工业务升级的六个子假设（H13A、H13B、H13C、H14A、H14B、H14C）全部通过了检验，说明自主创新能力对于促进国际代工企业的业务升级具有非常明显的作用。

从流程创新能力来看，其对流程升级的解释水平最高（$f^2 = 0.372$），其后依次是产品升级（$f^2 = 0.257$）和功能升级（$f2 = 0.122$），这意味着流程创新能力，一方面在推动流程升级中发挥着重要作用，另一方面也对产品升级和功能升级有着非常积极的意义。

从产品创新能力来看，其对产品升级具有非常高的解释水平（$f^2 = 1.07$），对功能升级的解释水平也较高（$f^2 = 0.539$），但对流程升级的解释水平相对较低（$f^2 = 0.164$），这意味着产品创新能力的增强将会强有力地推动代工企业实现产品升级，同时，也会明显促使其实现功能升级。换言之，如果代工企业业务升级的目标是流程升级，那么就应该把流程创新能力的提高放在第一位，产品创新能力只起到辅助作用；而如果业务升级的目标是产品升级和功能升级，则产品创新能力就成为重中之重。

综合上述分析，假设检验的结果如表6-23所示。

表6-23　　　　　　　　　　　假设检验的结果

序号	研究假设	检验结果
H1	企业家导向正向影响国际代工企业自主创新投入	通过
H2	企业家导向正向影响国际代工企业自主市场开发	通过
H3	企业家导向正向影响国际代工企业自主创新行为	通过
H3A	企业家导向正向影响国际代工企业流程技术创新	通过
H3B	企业家导向正向影响国际代工企业产品技术创新	通过
H3C	企业家导向正向影响国际代工企业的外部知识学习	通过
H4	代工业务压力正向影响国际代工企业自主创新投入	通过
H5	代工业务压力正向影响国际代工企业自主市场开发	通过
H6	代工业务压力正向影响国际代工企业自主创新行为	部分通过
H6A	代工业务压力正向影响国际代工企业流程技术创新	通过
H6B	代工业务压力正向影响国际代工企业产品技术创新	未通过
H6C	代工业务压力正向影响国际代工企业的外部知识学习	通过
H7	自主创新投入正向影响国际代工企业自主创新行为	通过
H7A	自主创新投入正向影响国际代工企业流程技术创新	通过
H7B	自主创新投入正向影响国际代工企业产品技术创新	通过
H7C	自主创新投入正向影响国际代工企业的外部知识学习	未通过
H8	自主市场开发正向影响国际代工企业自主创新行为	部分通过
H8A	自主市场开发正向影响国际代工企业流程技术创新	未通过
H8B	自主市场开发正向影响国际代工企业产品技术创新	通过
H9	自主市场开发正向影响国际代工企业自主创新投入	通过
H10	流程技术创新正向影响国际代工企业流程创新能力	通过
H11	产品技术创新正向影响国际代工企业的产品创新能力	通过
H12	外部知识学习正向影响国际代工企业自主创新能力	部分通过
H12A	外部知识学习正向影响国际代工企业流程创新能力	通过
H12B	外部知识学习正向影响国际代工企业产品创新能力	未通过
H13	流程创新能力正向影响国际代工企业的业务升级	通过
H13A	流程创新能力正向影响国际代工企业的流程升级	通过
H13B	流程创新能力正向影响国际代工企业的产品升级	通过

续表

序号	研究假设	检验结果
H13C	流程创新能力正向影响国际代工企业的功能升级	通过
H14	产品创新能力正向影响国际代工企业的业务升级	通过
H14A	产品创新能力正向影响国际代工企业的流程升级	通过
H14B	产品创新能力正向影响国际代工企业的产品升级	通过
H14C	产品创新能力正向影响国际代工企业的功能升级	通过
H15	自主市场开发正向影响国际代工企业的功能升级	通过

去掉不显著的路径之后，最终通过实证检验的、以业务升级为导向的国际代工企业从模仿创新到自主创新的转型路径模型最终如图6-1所示。

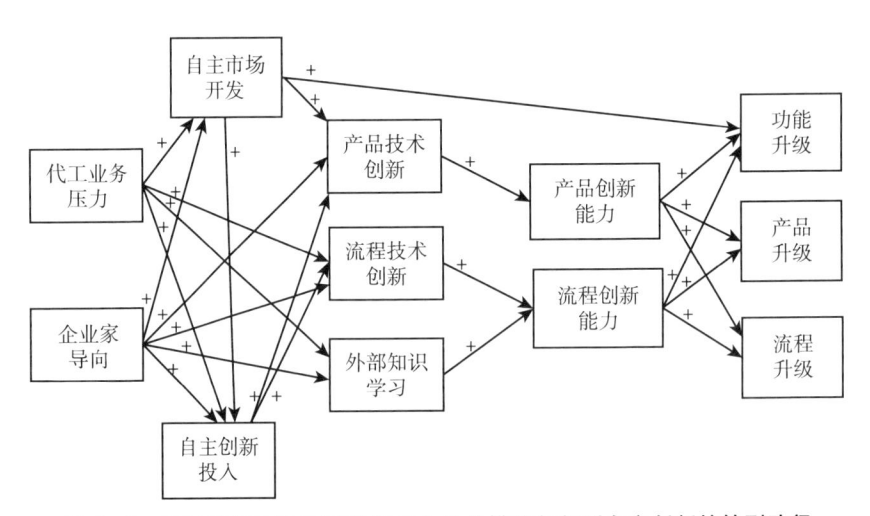

图6-1 通过实证检验的国际代工企业从模仿创新到自主创新的转型路径

第七章

国际代工企业从模仿创新到自主创新的转型路径：选择与实施

由于企业自身的异质性，不同的代工企业在实际转型过程中所选择的路径会有差异。同时，成功地实现这种转型，也需要企业采取有针对性的策略并需要有效的政策支撑与保障。

第一节 国际代工企业从模仿创新到自主创新转型路径的选择

通过第六章的实证检验，本书从总体上明确了国际代工企业从模仿创新向自主创新的转型路径。在现实中，国际代工企业客观上存在较大差异，不同企业在进行转型时，可能有不同的战略方向和侧重点。下面，本节将对国际代工企业从模仿创新到自主创新转型路径的选择问题做简要分析。

一、转型路径选择的依据及选择类型

在针对企业实地调研的过程中可以看到，从事国际代工业务的企业对于自身在全球价值链中的定位存在两种情况。有的企业把战略重点聚焦于制造环节，希冀通过制造环节做精做专，拓展企业的发展空间并谋求竞争优势。如一家家电企业的受访者对未来发展的设想是："我们要做家电代工这个行业的富士康，成为代工企业的榜样。做品牌的风险和投入都太

大，至少现在，这还不是我们的目标（A06）"①。也有企业不满足于停留在制造环节，已经或正在谋求向价值链两端的高增值环节跃升，如一家橡胶企业的受访者所言："我们的目标还是要把重点放在做自己的品牌上，用自己的品牌去占领市场（A02）"。

同时，调研结果也显示，现实中代工企业的技术能力基础差别很大。有的代工企业自身技术能力基础较为薄弱，在面对土地、劳动力成本上升的压力时，业务规模、经营范围不断缩减；也有一些代工企业已经具有很强的技术能力，在面对代工业务的压力时，依然能够实现销售收入和利润的增长，呈现出良好的发展势头。

本书认为，国际代工企业在全球价值链中的定位及其自身已有的技术能力基础，在相当大程度上会影响到其自主创新活动的实施、自主创新能力培育的重点以及代工业务升级的方向，从而形成不同的自主创新转型路径选择。根据企业在价值链中的定位，是聚焦于制造环节还是寻求向两端延伸、企业已有的技术能力基础是较为薄弱还是较为雄厚这两个维度，可以构建国际代工企业自主创新转型路径的选择模型，如图7-1所示。

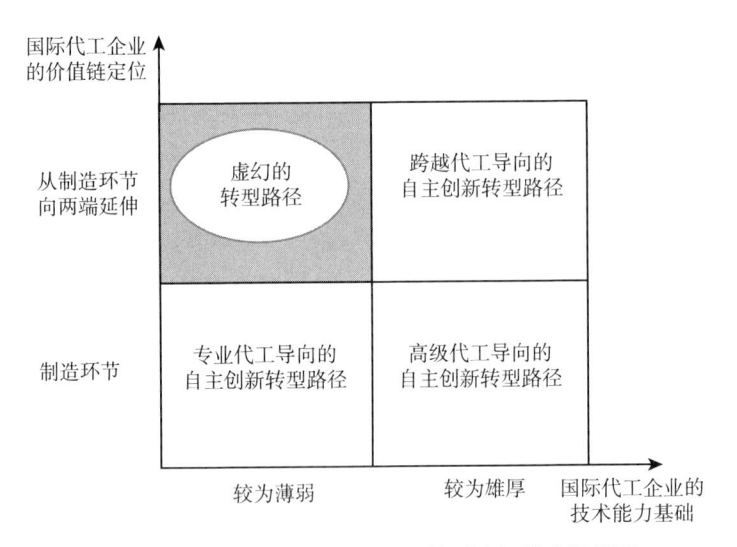

国际代工企业的价值链定位	较为薄弱	较为雄厚
从制造环节向两端延伸	虚幻的转型路径	跨越代工导向的自主创新转型路径
制造环节	专业代工导向的自主创新转型路径	高级代工导向的自主创新转型路径

图7-1　国际代工企业自主创新转型路径的选择模型

根据这一模型，如果国际代工企业是聚焦于全球价值链中的制造环

---

① A ** 表示第 ** 家被访谈企业。以下同。

第七章 国际代工企业从模仿创新到自主创新的转型路径：选择与实施

节，同时，企业的技术能力基础较为薄弱，那么在从模仿创新向自主创新的转型问题上，企业应该把重点放在流程创新能力的增强上，通过生产效率的提升实现流程升级，可以称之为"专业代工导向的自主创新转型路径"，其实质是 OEM 业务的做精、做专。如果企业的业务重心是制造环节，同时，又具备较强的技术能力，那么在从模仿创新向自主创新的转型问题上，企业应该在增强流程创新能力的同时，注重产品创新能力的培育，通过更有竞争力的产品生产来实现产品升级，可以称之为"高级代工导向的自主创新转型路径"，其实质是业务模式由 OEM 向 ODM 转换。对于那些谋求向价值链两端延伸、同时又具有较强技术能力基础的企业来说，在加强自主市场开发的基础上，着力提高产品创新能力，是其自主创新战略的必然方向，其结果是企业有能力摆脱对代工业务的依赖，进入以研发和品牌营销为标志的功能升级，可以称之为"跨越代工导向的自主创新转型路径"，企业的业务模式也相应地转换为 OBM。此外，还有一种在理论上可能存在的路径，即在企业自身技术基础非常薄弱的情况下、寻求在价值链中实现从制造环节向两端的延伸，这条路径在现实中几乎是不可能的，可以称之为"虚幻的转型路径"，在后续的分析中将被忽略。

二、不同转型路径选择的特征及要求

（一）专业代工导向的自主创新转型路径

在专业代工导向的自主创新转型路径中，企业的战略导向是实现流程升级；同时，由于企业聚焦于价值链的制造环节，因此，自主创新的关键是提高流程创新能力，产品创新能力并不是企业关注的重点。为了直观地观察这一路径，可以将基于流程创新能力提升，实现流程升级的创新路径从图 6-1 中剥离出来，在"动力—活动—能力—升级"框架模型下，专业代工导向的自主创新转型路径如图 7-2 所示。

选择这条自主创新转型路径的企业，一方面面临着客户在价格、质量、交货期等方面日益严苛的要求，另一方面又面临着在成本、柔性等方面更有效率的竞争对手的严峻挑战。由于企业原有技术能力基础比较薄弱，因而，如何通过自主创新实现流程升级、提高在全球价值链中制造环节的竞争力，成为这类企业开展自主创新时主要考虑的问题。

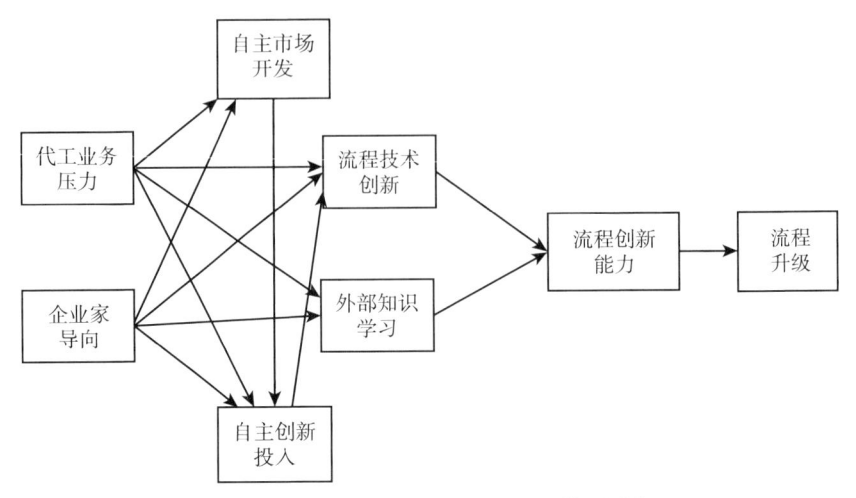

图 7-2 专业代工导向的自主创新转型路径

为了更清晰地把握这条路径的要点,可以对图 7-2 进行简化,去掉代工业务压力和企业家导向两个前置变量,重点对从活动到能力再到升级这一过程进行分析和研究,如图 7-3 所示。同时,为了准确地把握各项自主创新活动对流程升级的影响,表 7-1 对第六章中实证检验的结果进行了进一步的整理和分析,列出了流程创新能力及四类自主创新活动对流程升级的效应(包括直接效应和间接效应)。

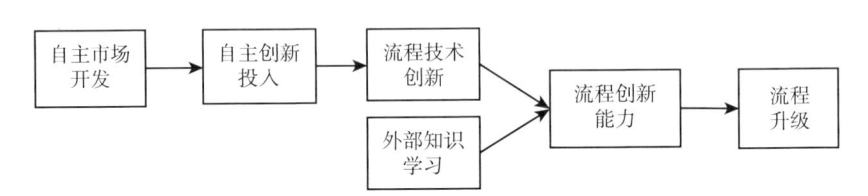

图 7-3 简化后的专业代工导向的自主创新转型路径

表 7-1　　　　　　　　自主创新对流程升级的效应

影响路径	总效应	样本均值	标准差	t统计量	p值
流程创新能力 -> 流程升级	0.497	0.495	0.078	6.349	0
流程技术创新 -> 流程升级	0.298	0.296	0.064	4.683	0
自主创新投入 -> 流程升级	0.290	0.287	0.038	7.608	0
自主市场开发 -> 流程升级	0.197	0.196	0.037	5.310	0
外部知识学习 -> 流程升级	0.110	0.112	0.037	2.952	0.003

从表 7-1 可以看出，流程创新能力毫无疑问是推动流程升级最重要的力量（效应大小为 0.497，t=6.349），此外，影响流程升级的四类自主创新活动按重要性排序依次是流程技术创新（效应大小为 0.298，t=4.683）、自主创新投入（效应大小为 0.29，t=7.608）、自主市场开发（效应大小为 0.197，t=5.31）和外部知识学习（效应大小为 0.11，t=2.952）。

综合图 7-3 和表 7-1 可以看出，对于专业代工导向的自主创新转型路径，企业自主创新战略的核心是提高流程创新能力。在具体的自主创新活动中，重点是要从先进生产设备的引进、加工工艺的改进和完善、操作方式方法的革新等方面入手，进行流程技术的创新。与此同时，企业要加大在自主创新方面的人力、财力和设备投入，为流程技术创新提供资源保障。另外，代工企业的自主市场开发也会通过推动自主创新投入，对于流程创新能力乃至流程升级，间接发挥积极的作用。此外，接受客户在生产流程方面的指导，主动加强与客户的沟通和交流，更有效地学习和吸收客户溢出的外显知识和内隐知识，也是实现流程升级的一条不容忽视的途径。

（二）高级代工导向的自主创新转型路径

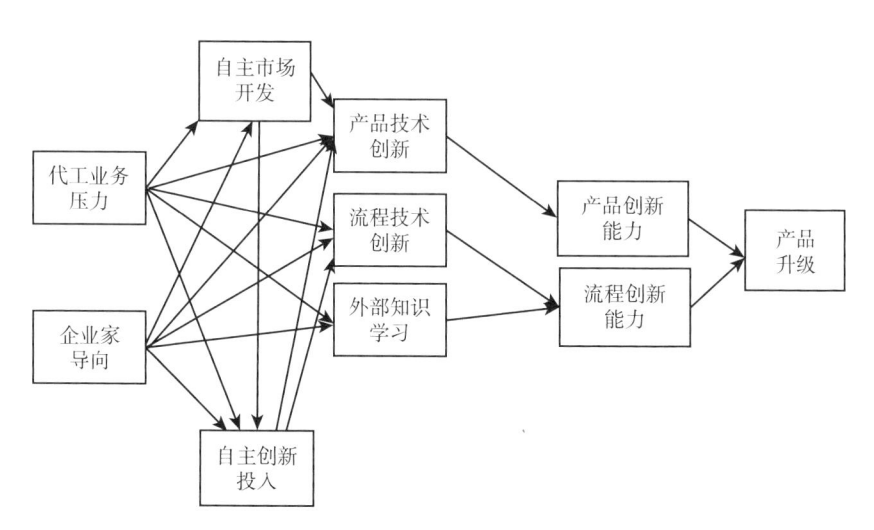

在高级代工导向的自主创新转型路径中，企业的战略导向是实现产品升级。将以产品升级为结果的创新路径框架从图 6-1 中分离出来，高级代工导向的自主创新转型路径如图 7-4 所示。

图 7-4 高级代工导向的自主创新转型路径

选择这条自主创新转型路径的企业，往往是已经具备较强的流程创新能力，且企业发展的战略导向，不仅是在生产效率方面要做到行业领先，而且要以快速的新产品引入谋求在同行业中领先的竞争地位，获取产品差异化的优势，并通过自身在产品改进和设计方面的努力，对代工客户形成较难替代的、新的吸引力。

为了更清晰认识这条路径的特征，对图7-4进行简化，同样也去掉代工业务压力和企业家导向两个前置变量，重点对从活动到能力再到升级这一过程进行分析和研究，如图7-5所示。同时，为了准确把握各项自主创新活动对产品升级的影响，表7-2对第六章中实证检验的结果进行了进一步的整理和分析，列出了流程创新能力、产品创新能力及五类自主创新活动对产品升级的效应（包括直接效应和间接效应）。

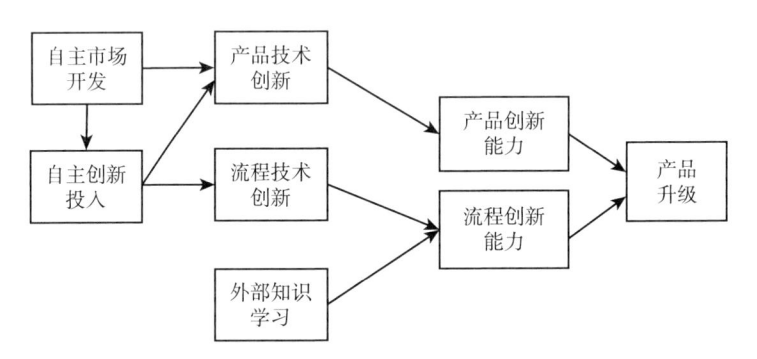

图7-5 简化后的高级代工导向的自主创新转型路径

表7-2　　　　　　　　自主创新对产品升级的效应

影响路径	总效应	样本均值	标准差	t统计量	p值
产品创新能力 -> 产品升级	0.641	0.647	0.053	12.085	0
产品技术创新 -> 产品升级	0.503	0.507	0.053	9.559	0
自主创新投入 -> 产品升级	0.336	0.332	0.045	7.414	0
流程创新能力 -> 产品升级	0.314	0.309	0.067	4.680	0
自主市场开发 -> 产品升级	0.295	0.294	0.037	7.942	0
流程技术创新 -> 产品升级	0.189	0.184	0.047	4.035	0
外部知识学习 -> 产品升级	0.081	0.083	0.042	1.914	0.056

从表 7-2 可以看出，产品创新能力是推动产品升级最重要的力量（效应大小为 0.641，t=12.085），流程创新能力对产品升级发挥着次要的积极作用（效应大小为 0.314，t=4.68）。此外，影响产品升级的自主创新活动依次是产品技术创新（效应大小为 0.503，t=9.559）、自主创新投入（效应大小为 0.336，t=7.414）、自主市场开发（效应大小为 0.295，t=7.942）和流程技术创新（效应大小为 0.189，t=4.035）。外部知识学习的影响最小，且在 5% 的水平上不显著（效应大小为 0.081，t=1.914）。除了产品创新能力和流程创新能力对产品升级的效应之外，其他效应均为间接效应。

在这一路径下，代工企业的战略导向，是在已实现流程升级的基础上向产品升级迈进。结合图 7-5 和表 7-2，自主创新的活动目标，一方面是继续强化流程技术创新和流程创新能力，为新产品的引入提供生产能力方面的支撑；更重要的是，企业要围绕产品创新能力的提升，把产品技术创新作为自主创新行为的重点，针对产品改进和新产品开发开展一系列工作，逐渐积累有关产品创新的经验和技能，形成并提升自己的产品创新能力。此外，企业也要进行更大力度的自主创新资源投入。与专业代工导向的自主创新路径不同，在高级代工导向的路径下，企业的创新经费不是大量投入到生产设备和工艺流程的改进上，而是以新产品开发所需的仪器、设备、实验材料等为主，同时，创新人员方面的投入也不仅仅是生产工艺方面的人员，而更多的是与产品改进、设计有关的设计和研发人员。此外，顺应产品技术创新的需要，代工企业要开展更加活跃的自主市场开发活动，利用与代工客户及最终顾客更为密切的交流过程中所获取的信息，寻找尚未很好得到满足的顾客需要，为现有产品的改进或新产品的开发提供指引和方向。

（三）跨越代工导向的自主创新转型路径

与前两种导向的路径不同，在跨越代工导向的自主创新转型路径中，企业的战略导向不是以在全球价值链的生产环节提高竞争力、争取客户订单为目标，而是通过功能升级，向价值链两端的高增值环节延伸，通过进入研发和品牌营销领域，实现企业经营方式和商业模式的转换。虽然流程创新能力对于功能升级依然会发挥积极的促进作用，但根据第六章实证分析的结果，产品创新能力和自主市场开发是推动功能升级最主要的力量。

暂不考虑流程创新能力的基础性作用，围绕产品创新能力和自主市场开发，从图6-1中将以功能升级为结果的创新路径单独列示出来，即为跨越代工导向的自主创新转型路径，如图7-6所示。

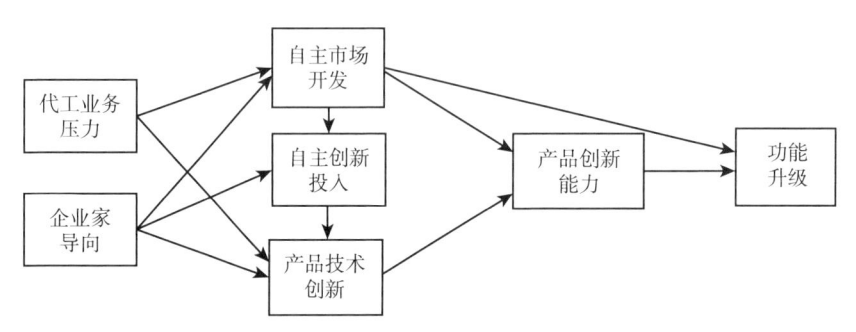

图7-6 跨越代工导向的自主创新转型路径

选择这条路径的前提是企业已经实现了流程升级与产品升级，在生产技术、生产体系和产品设计方面形成了一定的能力，且企业的战略愿景不是固化在代工模式，而是向着自创品牌和独立研发的目标努力。但是，与流程升级和产品升级相比，功能升级对于代工企业的能力和自主创新活动有着不同的要求。

简化后的跨越代工导向自主创新转型路径更为清晰地展示了其发展脉络，如图7-7所示。

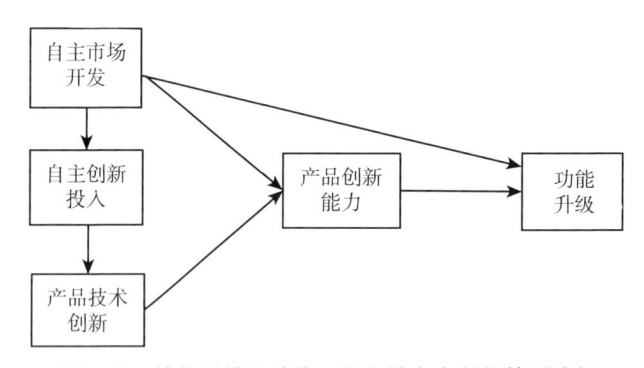

图7-7 简化后的跨越代工导向的自主创新转型路径

如同上面的分析范式，为了更为准确地辨析自主创新活动对流程升级的影响，表7-3对第六章中实证检验的结果做了进一步的整理和分析，列出了产品创新能力及自主市场开发、产品技术创新和自主创新投入对功能升级的效应（包括直接效应和间接效应）。从表7-3可以看出，产品创新能力对功能升级发挥着明显的推动作用（效应大小为0.499，t=10.813），但自主市场开发对功能升级的影响是最突出的（效应大小为0.539，t=11.245）。此外，产品技术创新（效应大小为0.392，t=10.138）和自主创新投入（效应大小为0.245，t=6.716）也显著影响功能升级。除了产品创新能力对功能升级发挥直接效应之外，自主创新投入和产品技术创新的效应均为间接效应，而自主市场开发既有直接效应、也有间接效应。

表7-3　　　　　　　　自主创新对功能升级的效应

影响路径	总效应	样本均值	标准差	t统计量	p值
产品创新能力->功能升级	0.499	0.502	0.046	10.813	0
产品技术创新->功能升级	0.392	0.392	0.039	10.138	0
自主创新投入->功能升级	0.245	0.243	0.036	6.716	0
自主市场开发->功能升级	0.539	0.538	0.048	11.245	0

综合图7-7和表7-3，要通过跨越代工导向的自主创新转型路径实现功能升级，最直接的推动力量有两股：一是进一步强化企业的产品创新能力，并将原有的产品设计开发能力向研发能力提升，逐步建立起产品研发设计平台，为研发设计活动的开展提供基础；二是要加大自主市场开发的力度，通过开展积极的营销活动，加深对国内外市场的洞察和理解，形成较为完善的海内外营销网络，建立并提升品牌在市场上的知名度和美誉度。在上述两股力量推动下的功能升级实际上也就是企业核心能力培育的过程，为此，代工企业一方面要加大在研发人才、营销人才和研发费用方面的资源投入力度，另一方面也要进一步强化产品技术创新工作，在密集的产品开发活动中积累知识和经验，逐步掌握所在产业的核心技术。

综合以上分析，表7-4对从模仿创新到自主创新转型路径的三种选择从不同维度进行了比较。

表7-4　　　　从模仿创新到自主创新转型路径三种选择的比较

维度	专业代工导向的自主创新转型路径	高级代工导向的自主创新转型路径	跨越代工导向的自主创新转型路径
价值链中的定位	聚焦于制造环节	聚焦于制造环节	向研发、品牌延伸
能力基础	较为薄弱	较为雄厚	雄厚
战略导向	流程升级	产品升级	功能升级
流程创新能力	是创新活动的重要目标	是创新活动的重要目标	是创新活动的组成部分
产品创新能力	不重要	是创新活动的重要目标	是创新活动的重要目标，在此基础上进一步构建研发设计平台
流程技术创新	重点是先进生产设备的引进、加工工艺的改进和完善、操作方式方法的革新等	为新产品引入提供生产能力基础	有积极促进作用
产品技术创新	一般没有	重点活动，围绕产品改进和设计活动开展	强化产品技术创新，逐步掌握核心技术
外部知识学习	积极学习和吸收客户在生产流程上的知识溢出	积极学习和吸收客户在生产流程上的知识溢出	有待进一步研究
自主市场开发	基本的自主市场开发工作，重点是了解客户的需求和顾客产品使用信息	更加活跃的自主市场开发，通过获取的信息为产品改进或新产品开发提供指引	获取市场信息、形成营销网络、建立和培育品牌
自主创新投入	围绕生产流程进行投入	重点围绕产品设计进行经费和人员的投入	重点围绕研发和营销进行投入

三、转型路径选择的动态演化

需要指出的是，对于国际代工企业从模仿创新到自主创新转型路径的三种选择，是建立在对某一时点上国际代工企业价值链定位和自身技术能力状态所做的横截面的分析。但是，随着时间的推进，企业的战略定位可能会由聚焦于制造环节而转为意图向价值链两端延伸，而企业的技术能力也会逐渐发展和增强，因此，企业对自主创新转型路径的选择也会呈现动态演化的特征。具体来说，其可能的演化轨迹有四条。

第七章 国际代工企业从模仿创新到自主创新的转型路径：选择与实施

1. 对于原有技术能力基础较为薄弱的代工企业，随着企业技术能力的不断增强，特别是流程技术水平的不断提高，企业虽然仍停留在制造环节，但有可能会将创新活动的重点转向产品创新能力的提高上，由此，促使企业选择的自主创新转型路径从专业代工导向演变为高级代工导向。

2. 对于技术能力基础较为雄厚、战略焦点集中在制造环节的代工企业，由于外部环境动荡、企业发展理念变化等原因，有可能将自身在全球价值链中的定位从制造环节转换为向价值链两端延伸，进而使得企业的自主创新转型路径从高级代工导向演变为跨越代工导向。

3. 从更为长远的视角来看，在自主创新的转型路径上，代工企业也有可能会依次经历上述两条演化轨迹，即先从专业代工导向演变为高级代工导向、再从高级代工导向演变为跨越代工导向。

4. 上述三条轨迹都是渐进性的演化，此外还有一种可能，即在技术能力成长的过程中，原本能力较为薄弱的代工企业会在技术能力成长的过程中，大胆寻求转变自身在全球价值链中的地位，通过并购等手段，使得自主创新的转型路径直接从专业代工导向演变为跨越代工导向，可以称之为跳跃式的演化轨迹。

正是由于代工企业在横向上存在的差异以及纵向上动态发展的属性，使得其自主创新路径的选择表现出多样化和复杂性的特征，如图7-8所示。

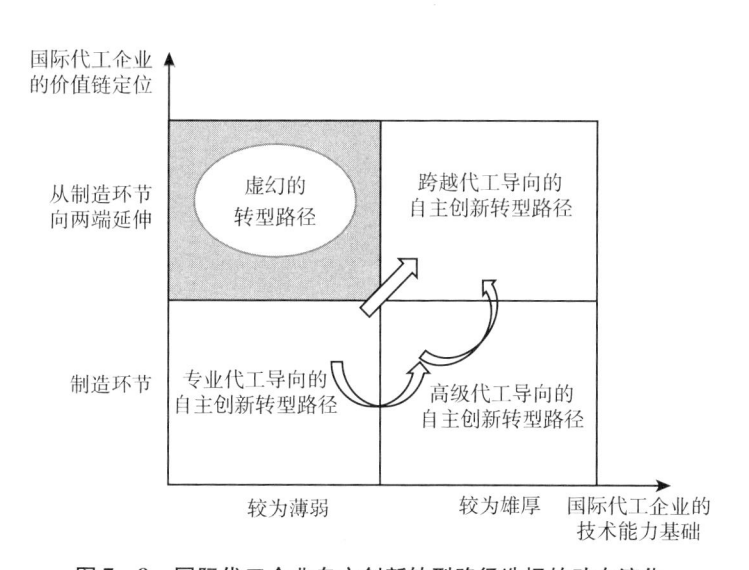

图7-8 国际代工企业自主创新转型路径选择的动态演化

第二节 国际代工企业从模仿创新到自主创新转型路径的实施：企业策略与行为

从模仿创新到自主创新转型的实施，需要国际代工企业具有自主创新的主动性和积极性，采取适当的策略与行为。本节将在重要性—表现力映射分析的基础上，结合实地调研中所了解到的信息，从微观层面上，提出代工企业从模仿创新到自主创新转型的对策建议。

一、国际代工企业从模仿创新到自主创新转型路径的重要性—表现力映射分析

SmartPLS 3 提供了重要性—表现力映射分析（Importance-performance map analysis，IPMA）模块，也被称为重要性—表现力矩阵分析。IPMA 本身并没有为所设定的模型提供更多的信息，但却带来了展示路径模型信息的另一种方式，其输出结果可以用于确定 PLS 模型中，作为自变量的潜变量的相对重要性，为研究者进一步分析有关问题提供了新的视野。

IPMA 分析强调两个方面，重要性反映了路径图中某变量对于最终的内生变量（或其他出于研究兴趣而选择的潜变量）的绝对总效应的大小，包括直接效应和间接效应，是基于标准化的结构路径系数计算出来的；表现力是经过规范化后的潜变量得分。综合考虑重要性和表现力两个因素，对于决定管理活动的优先次序至关重要。具体来说，管理者应该高度重视那些对特定目标变量重要性高、但在表现力上得分却相对较低的变量，并把与这些变量有关的活动作为改善管理的重点。

重要性—表现力映射分析的结果，可以用矩阵和图形两种形式展示出来。在重要性—表现力映射分析中，横轴测度"重要性"（Importance）的大小，如果某个变量（自变量）对所研究的目标变量（因变量）具有更高的总效应，该变量重要性就越大；纵轴测度"表现力"（performance），某一自变量的得分越高，表现力就越充分。

对于国际代工企业来说，从模仿创新向自主创新转型的目标，是要通过自主创新能力的增强实现代工业务升级，因此，本书选择自主创新能力这一关键概念作为目标变量，针对产品创新能力和流程创新能力，分别通

过重要性—表现力映射分析,明晰相关影响变量的表现及其重要性,为企业自主创新的实施提供基础。

(一) 以产品创新能力为目标变量的重要性—表现力映射分析

从表7-5和图7-9中可以看出,在以产品创新能力为目标变量的重要性—表现力映射分析结果中,对产品创新能力重要性最大的变量依次为产品技术创新、企业家导向、自主市场开发、自主创新投入、代工业务压力和外部知识学习;而在变量的表现力上,得分从高到低依次为企业家导向、代工企业务压力、自主创新投入、产品技术创新、自主市场开发和外部知识学习。从提升产品创新能力的角度来看,开展产品技术创新活动最为重要,但样本企业在这一变量上的得分相对偏低,因此,为了有效提升产品创新能力,进一步加强产品技术创新活动应该是国际代工企业的重中之重。企业家导向的得分最高,同时重要性也很强,代工企业应该巩固和强化这一变量。在六个自变量中,自主市场开发对于产品创新能力的影响居于中等,但得分却几乎最低,这在一定程度上表明,国际代工企业的自主市场开发活动相对较弱,是企业今后需要加强的方面。自主创新投入在重要性上的得分低于在表现力上的得分,说明相对于提升产品创新能力的要求来说,代工企业创新投入的结构需要进一步调整和优化。代工业务压力的得分仅次于企业家导向,但这一变量对产品创新能力的影响却很低,说明面临客户在价格、质量、交货期等方面更为苛刻的要求时,国际代工企业并没有将产品创新能力的提升作为重要的应对手段。外部知识学习的得分及重要性都是最低的,考虑到本书中的外部知识学习主要是以客户为知识源的学习,为了增强这一变量对提高产品创新能力的重要性及其自身的表现,企业应该进一步拓宽外部知识学习的对象和范围。

表7-5　以产品创新能力为目标变量的重要性—表现力映射分值

自变量	表现力	重要性
产品技术创新	69.364	0.785
企业家导向	80.742	0.545
自主市场开发	66.373	0.393
自主创新投入	73.044	0.353
代工业务压力	77.501	0.174
外部知识学习	66.083	0.026

图 7-9 以产品创新能力为目标变量的重要性—表现力映射

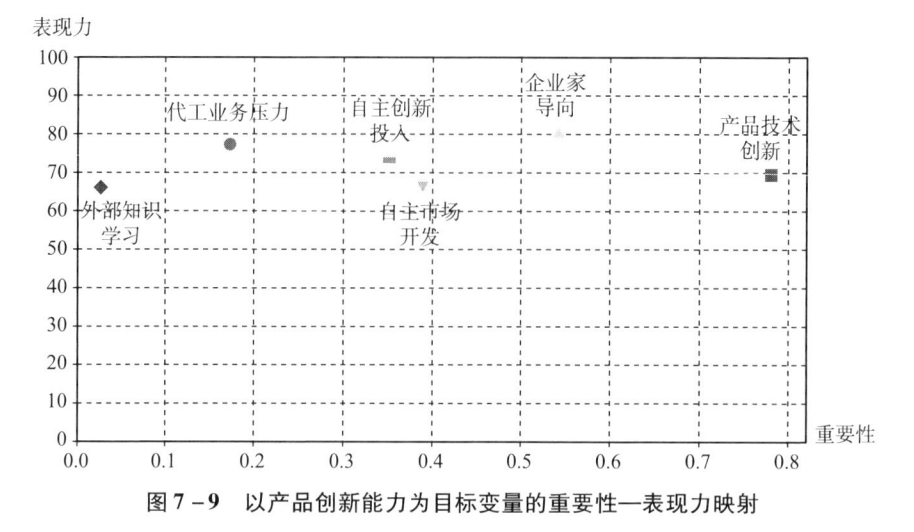

（二）以流程创新能力为目标变量的重要性—表现力映射分析

从表 7-6 和图 7-10 可以看出，在以流程创新能力为目标变量的重要性—表现力映射分析结果中，在对流程创新能力的重要性上，影响变量依次为流程技术创新、企业家导向、自主创新投入、代工业务压力、外部知识学习和自主市场开发；而在变量的表现力上，得分从高到低，依次为企业家导向、流程技术创新、代工业务压力、自主创新投入、自主市场开发和外部知识学习。因而，从提升流程创新能力的角度来看，开展流程技术创新是最为重要的；样本企业在这一变量上的得分较高，也说明国际代工企业普遍意识到了流程技术创新的重要性，并积极开展了相应的活动。企业家导向的得分最高，对流程创新能力也有较强的影响。自主创新投入在重要性上的得分排序高于在表现力上的得分，说明为了增强流程创新能力，国际代工企业有必要加大创新投入的力度。代工业务压力对流程创新能力的影响明显高于对产品创新能力的影响，说明在面对客户的压力时，国际代工企业更多的是通过流程创新加以应对。与对产品创新能力的重要性相比，外部知识学习对流程创新能力的重要性明显较大，这与客户指导下的学习基本上是围绕流程创新知识、而非产品创新知识有关。此外，自主市场开发对流程创新能力的重要性是最低的，其影响明显小于对产品创新能力的影响，这说明对于流程创新能力的培育，自主市场开发并不是企业工作的重点。

表7-6　以流程创新能力为目标变量的重要性—表现力映射分值表

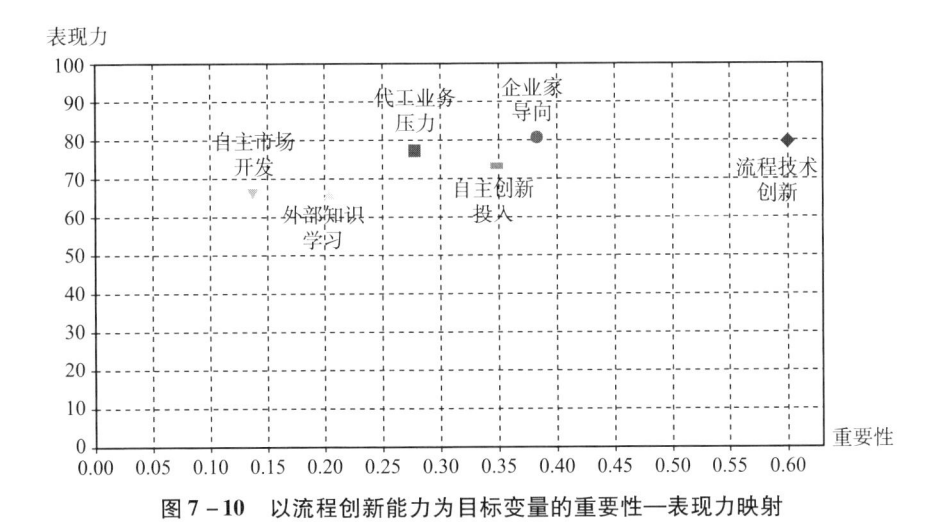

自变量	表现力	重要性
流程技术创新	79.887	0.6
企业家导向	80.742	0.382
自主创新投入	73.044	0.349
代工业务压力	77.501	0.279
外部知识学习	66.083	0.205
自主市场开发	66.373	0.136

图7-10　以流程创新能力为目标变量的重要性—表现力映射

二、国际代工企业从模仿创新到自主创新转型路径实施的策略建议

根据上述重要性—表现力映射分析结果，结合在实地调研中所获取的信息，针对国际代工企业从模仿创新到自主创新转型路径中的策略与行为，提出以下建议。

（一）明确自主创新的目标、方向与重点

在从模仿创新向自主创新战略转型的过程中，代工企业必须在明确自身能力基础和全球价值链定位的基础上，确定自主创新的目标、方向和重

点。根据第七章第一节的分类，代工企业从模仿创新向自主创新的转型路径可以有三种选择：专业代工导向的自主创新转型路径、高级代工导向的自主创新转型路径和跨越代工导向的自主创新转型路径。在专业代工导向的自主创新转型路径中，代工企业的目标是在加工制造领域形成专业化的能力，凭借制造环节的低成本和高效率形成竞争优势，其自主创新的方向是流程升级，重点是围绕着流程创新能力开展创新活动。在高级代工导向的自主创新转型路径中，代工企业的目标不仅是要在加工制造环节具备竞争优势，而且还要具备一定的产品设计能力，能够与客户共同或单独进行产品设计，自主创新的方向是产品升级，重点是围绕产品创新能力实施创新活动。在跨越代工导向的自主创新转型路径中，代工企业的发展目标是进入到产品的研发设计及品牌营销领域，而不是或不仅是为客户进行代工生产，自主创新的方向是功能升级，技术研发和品牌培育成为企业自主创新的重点。

需要指出的是，上述三种路径选择本身并没有优劣之分，当企业选择了适合自己的路径之后，沿着相应的目标、方向和重点，积极实施有效的自主创新，都有可能形成自身的竞争优势并获得相应的发展空间。以中国台湾地区的企业为例，在早期凭借代工业务发展壮大之后，鸿海集团继续走专业化代工之路，成为全球电子产业的代工巨人；而宝成鞋业则在继续强化生产制造能力的同时，不断在产品设计上寻求突破，形成了较强的产品创新能力，藉此成为高级代工的典范；与此同时，华硕则在代工的同时，加大研发力量、发展自主品牌，成功实现了从代工生产向品牌营销的战略跨越。这三家企业的转型路径虽然不同，但在不同的路径中都有清晰的创新目标、方向和重点，也都取得了显著的创新成效。

（二）以企业家导向推动创新型企业文化的培育

总体来看，样本企业表现出了较强的企业家导向，而且这种导向对产品创新能力和流程创新能力都发挥着非常积极的作用。自主创新的实现，需要在企业家导向的推动下，积极培育自主创新的企业文化，形成各级管理人员、技术人员和普通员工积极参与的全员创新氛围，这对于创新活动的开展和创新绩效的提高具有十分重要的意义。在调研中，一家企业就在企业家导向的推动下形成了浓厚的创新文化，出现了人人积极搞创新的现象。例如，该企业在产品生产中有一道封洞的工序，以前一直都是采用铆接式方法，铆接完成之后再用锤子敲打平整。在生产实践中，几位一线员工认为这道工序可以优化,于是他们与相关设备厂家积极沟通,改用小型的钻机来完成这道工序。原来的几十个铆合点,现在可以一次性铆合完成,在提高效率的同时也提升了产品的质量。

要培育这种自主创新的企业文化、实现全员自主创新,企业家首先要在企业中倡导勇于创新的价值观,使创新意识、创新观念成为指导员工日常工作的核心理念,并在企业的薪酬制度、晋升制度等方面充分体现出这样的价值观。此外,企业家在推动创新型企业文化的培育时,不仅要强调新技术的研发,也要强调对原有技术的革新和升级,这种革新和升级在活动上往往表现为"小"创新,但是"小"创新不断积累起来,就会产生自主创新的"大"成效。考虑到相当多代工企业自主创新能力基础较为薄弱的现实,鼓励这样的技术革新和升级尤为重要。还有很重要的一点,由于代工企业、特别是专业代工企业长期聚焦于生产环节,不可避免地在企业文化上有"以生产为中心"的倾向;而向自主创新的转型,需要企业加强对外部市场的关注。因而,企业家要不断强调市场的重要性,强化员工的市场意识,使"识别和开发市场"这一企业家导向的典型特征(Shane,2000)[1],渗透到流程技术创新和产品技术创新活动之中,成为企业文化的新元素。

(三) 加大自主创新的资源投入力度,优化资源投入的结构

从上面的重要性—表现力映射分析的结果可以看出,相对于影响产品创新能力和流程创新能力的其他因素,样本企业在自主创新投入上的得分并不高。要加速向自主创新转型的进程,顺利实现业务升级,代工企业必须在创新上进行持续的投入,主要包括资金和人员的投入。就资金而言,实现业务升级必须以雄厚的财务能力为基础(龚锋、曾爱玲,2016)[2],但是,由于代工企业普遍存在着为获取跨国公司订单而彼此杀价的现象,加之代工环节本身利润微薄,仅靠代工企业自身积累往往难以满足自主创新的要求。因此,企业必须积极拓宽资金投入的渠道,包括争取银行贷款和政府专项技术创新基金、吸引风险投资、采用技术入股等方式,努力构建多元化的技术创新投资体系。就人员而言,企业一方面要加大外部人才

---

[1] Shane S., Venkataraman, S., The Promise of Entrepreneurship as A Field of Research. *Academy of Management Review*, Vol. 26, No. 1, 2000, pp. 217 – 226.
[2] 龚锋、曾爱玲:《我国代工企业的功能升级:基于模块化的二重性》,载《管理世界》2016 年第 1 期。

引进的力度，另一方面要通过在职培训、参加各种学术与科技交流等方式，加大人才内部培养的力度，不断提高人才的整体水平与质量档次。

在加大资源投入力度的同时，代工企业也要优化资源投入的结构。从现有情况来看，由于面临着海外客户在成本、质量等方面更为苛刻的要求所带来的压力，相当多的代工企业在自主创新上的投入偏重于生产工艺的改良和生产设备的改造升级，大量的经费投入用于购置先进的生产设备和生产流程的自动化改造，在创新人才的引进上也偏重于生产技术人员，这样的投入方向虽然有利于流程创新能力的增强和流程升级的实现，但对于以产品升级和功能升级为自主创新方向的企业来说，在产品设计乃至于研发上的投入不足，会成为制约企业实现后两类升级的瓶颈。因此，如果企业的自主创新是着眼于高级代工导向和代工跨越导向，就应该对现有的资源投入结构进行调整和优化，使经费和人员方面的资源投入能够更好地服务于企业战略目标的实现。

（四）积极开展自主市场开发

由于业务模式的特点、在全球价值链中所处的位置以及企业发展的路径依赖等因素的影响，代工企业传统上对市场营销活动不够重视。在前面的重要性—表现力映射分析结果中，自主市场开发的表现得分较低也说明了这一点。理论分析和实证研究都显示，围绕外部市场，积极进行信息获取、渠道建设和新客户开发，一方面会直接推动代工企业的技术创新活动，进而对自主创新能力和业务升级产生积极影响；另一方面，通过自主市场开发逐渐积累起营销运作和品牌运营等方面的知识，也是企业实现功能升级所必需的。因此，代工企业必须把积极开展自主市场开发作为自主创新的重要一环。

在进行自主市场开发的时候，代工企业一方面要继续借助于与客户交流、参加展会、在海外设立分支机构等传统手段了解客户需求、开发营销渠道和新的客户资源，另一方面，为了更有效地实现业务升级特别是功能升级，企业应该：（1）进行更为全面和系统的市场调查与研究，准确把握最终顾客的需求，为新产品的设计和开发提供精准的市场信息。（2）在传统的营销渠道之外，积极利用各种网络平台寻找中间商和客户，通过电子商务开拓国际市场。（3）在出口业务和国内销售业务的发展过程中，学习和积累有关品牌营销的知识，逐步开展自主品牌产品的设计和营销。当有合适的对象和时机时，可以通过并购方式，收购已经具有一定影响力的品牌及其运营团队，实现品牌营销能力的迅速提升。(4) 当资源和能力使得企业在短期内难以利用自有品牌开拓国际市场时，可以先瞄准庞大的国内市场进行品牌营销，在形成了一定的营销能力基础之后，再进行国际市场的开拓。进行国内品牌营销也就是在全球价值链之外，在本土市场需求培育的基础上（尚涛，2016）[1]，以国内市场为导向构建由自己主导的本土价值链体系（Navas – Aleman，2011）[2]。在这种本土价值链中，一方面代工企业可以避免由于在全球价值链中对跨国公司的直接挑战而引发被打压的可能，为自主性的创新活动赢得时间和空间；另一方面也可以减轻代工企业对跨国公司主导的全球价值链的依赖，进而为寻求多个创新领域和利用多种创新方式提供可能。

（五）加大外部知识的获取与利用

自主创新并不是封闭的，而是开放式的创新。在引进、消化吸收的基础上实施再创新，也是自主创新的一种重要模式（徐冠华，2006）[3]。在全球价值链中，作为委托方的客户，客观上存在着向代工企业进行知识转移的动机，这种知识转移通过代工企业的内部分享、整合，与企业原有的知识相结合，继而内化到企业的价值创造活动之中，就可以形成企业的知识资产（野中郁次郎等，2001）[4]，如市场运营技能、工艺操作技巧、产品设计理念等，为代工企业自主创新能力的提升和业务升级提供助力。在客户知识获取与利用的过程中，代工企业要提高学习的积极性，将客户的知识转移和自身的组织学习视为获取知识、提高自身能力的重要途径，不仅要推动和促使跨国公司进行更多的质量控制方法、生产流程以及工艺、产品设计知识等意愿性知识的转移，而且要尽力通过人员交流等方式获取代工合同涉及范围之外的非意愿性知识转移；不仅要重视吸收和借鉴客户

---

[1] 尚涛：《全球价值链中代工企业能力转型、持续升级与支撑机制构建》，载《中国科技论坛》2016年第6期。
[2] Navas – Alema，L.，The Impact of Operating in Multiple Value Chains for Upgrading：the Case of the Brazilian Furniture and Footwear Industries．*World Development*，Vol. 39，No. 8，2011，pp. 1386 – 1397.
[3] 徐冠华：《关于自主创新的几个重大问题》，载《中国软科学》2006年第4期。
[4] [日] 野中郁次郎、远山亮子、[美] 菲利普·比奥西埃尔：《组织知识创新的理论：了解知识创新的能动过程》，引自 [德] 迈诺夫·迪尔克斯、[德] 阿里安娜·贝图安·安托尔、[英] 约翰·蔡尔德、[日] 野中郁次郎主编：《组织学习与知识创新》，上海人民出版社2001年版。

的外显知识，而且要利用多种手段，推动内隐知识的社会化和外部化[①]。为了获得更好的学习效果，代工企业还要努力提高自身的吸收能力，即认识到新的外部知识的价值、并吸收和利用这些知识的能力。而吸收能力的增强，一方面取决于代工企业已有的知识基础，另一方面也需要企业在经费、人员等方面进行必要的资源投入。

本书所调研的一家企业在与客户合作的过程中，非常重视吸收客户转移而来的知识，具有非常强烈的向客户学习的意愿。为了尽可能获得理想的学习效果，无论是解决生产流程中的问题，还是进行共同产品设计，企业都采用团队的形式与海外客户对接。运用团队这一组织方式，一方面可以更为准确地听取客户的建议和要求，尽可能不遗漏可能获取的外显知识，另一方面可以与客户有更多的互动，吸收更多的内隐知识。此外，从客户获取相关知识之后，该企业会尽快将这些知识在企业内部进行编码、储存和扩散。例如，团队在与客户共同解决了生产流程的某个问题之后，团队主要成员被要求要撰写书面报告，将问题成因及解决方案整理成文字，并对相关的操作规程进行调整。该企业也会组织一些专门会议，由团队成员介绍从客户那里所获取的知识或诀窍，相关技术领域的人员会进行讨论，以加深对这些知识的认识和理解。该企业将会议讨论的过程及结果整理成备忘录，用于指导后续的生产和产品技术开发。

但是，正如前面的重要性—表现力映射分析结果所显示的那样，国际代工企业在外部知识学习上的得分在影响产品创新能力和流程创新能力的因素中是最低的，同时，所发挥的作用也很小。究其原因，一方面在于接受客户知识转移、与客户在互动中进行学习的空间有限，另一方面也与向客户学习的知识结构比较单一、基本上限于生产流程知识有关。因此，要使外部知识学习对代工企业的自主创新发挥更大的作用，除了获取客户的知识之外，代工企业要更加注重与其他企业、大学和科研机构等加强合作，在互利互惠的合作关系中，吸收和借鉴对方有价值的知识资产。特别是在代工企业自身研发实力比较弱的状态下，通过委托研发、合作研发、建立联合研发部门等形式进行产学研合作，既有助于代工企业获得直接的研发成果，也为其学习和了解相关技术的发展、掌握研发的理念与方法提供了非常重要的渠道。

---

① 王生辉、孙国辉：《全球价值链体系中的代工企业组织学习与产业升级》，载《经济管理》2009 年第 8 期。

(六) 积极进行组织创新与制度创新

自主创新转型路径的实施是一个技术创新与组织创新互动的过程，实施的结果在很大程度上取决于代工企业是否采取了有效的组织结构形式。同时，在实施自主创新转型路径的过程中，由于创新活动本身的高风险性以及在此过程中知识创新的高度复杂性，也要求代工企业在组织上具有高度的柔性，在能够灵活应对各种创新挑战的同时，也可以更好地激发员工积极开展自主创新活动的积极性[①]。

例如，本研究所调研的一家电器公司，为了激发企业内部的创新意识和创新行为，对原有的按车间构建的生产组织体系进行了重新设计，构建了三个经营体。每个经营体专门负责一个产品的生产，经营体的员工按照所生产产品的绩效进行计酬。在进行了这种组织结构的创新之后，每个经营体在创新方面的积极性大大提高，围绕生产效率提高、质量控制等领域，开展了很多的创新工作，在生产流程方面的创新能力明显提高。同时，在每个经营体当中，该公司又划分出了许多"小微"（小组），四五个人负责一个小流程、小流水线的操作和运营。"小微"这种基层组织结构形成之后，成员会努力去想办法、做革新，进行一些小的提升和改造，带来了生产效率的明显提高。

在组织创新的同时，代工企业也需要进行相应的制度创新，为自主创新提供必要的制度保障。企业的薪酬制度、奖惩制度、人力资源管理制度、财务管理制度等都要进行变革，体现对创新的支持和鼓励，并且内化为员工理解创新、参与创新、重视创新的行为规范。

第三节 国际代工企业从模仿创新到自主创新转型路径的实施：政策支撑与保障

要促使国际代工企业实现从模仿创新到自主创新的路径转型，除了企业自身的策略与行为之外，也需要政府出台有针对性的政策并提供必要的支持和鼓励，为代工企业的自主创新创造适宜的外部政策环境。

[①] 王生辉：《企业技术创新战略：基于技术路径演化的研究》，中国财政经济出版社2006年版。

一、政府推动国际代工企业从模仿创新到自主创新转型的目标和方向

改革开放以来,加工贸易在扩大我国进出口贸易规模、增加外汇储备、推动经济发展以及解决劳动力就业等方面发挥了积极的促进作用。但是,随着加工贸易规模的不断扩大,其自身存在的一些问题及对我国经济发展的消极影响也逐渐显现出来,例如,增值率增长缓慢、"两高一资"项目较普遍、易受国际市场需求波动影响、对国内相关产业带动作用有限等[①]。针对这些问题,有关政府部门近年来出台了一系列推动加工贸易转型升级的政策,并在客观上取得了一定的成效。加工贸易的转型升级需要多管齐下,其中一项重要的工作就是要通过国际代工企业的自主创新,提高出口产品的技术含量和知识含量,使得代工企业参与国际市场竞争的基础从传统的比较优势转向技术、知识等要素,实现比较优势的动态转换,改变其在国际分工和交换中的不利地位[②]。换言之,政府鼓励和支持代工企业自主创新的目标,就是要在增强代工企业自主创新能力的基础上,推动加工贸易转型升级的顺利实施,进而对调整相关产业结构、转换经济增长方式发挥积极作用。

政府在通过鼓励和支持代工企业自主创新以推动加工贸易转型升级的过程中,应着力围绕两个方向做好各项工作:第一,应鼓励和支持代工企业进行生产流程创新,通过生产工艺改进、操作方法革新、先进生产设备采用等方式,提高生产加工过程的技术水平,改变对劳动力要素的高度依赖;借助于流程升级,在有效应对劳动力成本上升等不利因素对加工贸易出口影响的同时,进一步提高加工贸易的增值率。第二,应鼓励和支持代工企业进行产品技术创新和新技术研发,通过产品升级和功能升级,推动代工企业从生产加工环节向全球价值链两端延伸,从简单的 OEM 向 ODM 和 OBM 跃升,提高所生产加工产品的技术和知识含量,在改变加工贸易出口产业结构"虚高"的同时,也可以减轻对海外客户订单的依赖,降低国际市场需求波动带来的消极影响,真正实现加工贸易的转型升级。

---

① 张京红、王生辉:《外资在我国加工贸易中的地位及其对转型升级的影响》,载《经济问题探索》2015 年第 2 期。
② 王贺光:《中国加工贸易转型升级问题研究:基于产品内分工的视角》,西南财经大学出版社 2012 年版。

二、国际代工企业从模仿创新到自主创新转型路径所需的政策支撑与保障

(一) 多渠道解决中小型国际代工企业的融资难

代工企业的自主创新需要大量的资金投入，但是实地调研显示，除了部分规模大、盈利能力强的代工企业之外，中小型国际代工企业普遍面临着融资渠道不畅、融资成本过高等问题，导致自身积累能力较弱的代工企业在自主创新上的投入受到了很大的限制。这种融资难的背后，主要是与中小企业信用体系不健全、商业银行降低放贷风险的考量等因素有关。要解决中小型国际代工企业的融资难，政府应该积极推动中小企业信用体系的建设，完善有关中小企业信用标准和评级等方面的制度，为商业银行向中小型国际代工企业发放贷款的决策提供有价值的信息。同时，对于技术含量高、预期经济效益好的自主创新项目，在面对代工企业的融资需求时，政府可以强化自身在信用担保体系中的作用，尝试构建以政策性担保为主体、商业担保和互助性担保为补充的信用担保体系。相关政策性银行也可以有选择地对产品技术含量高、发展前景好的国际代工企业在自主创新活动上提供专项的金融服务支持。

另外，政府应该加强多层次资本市场的建设，鼓励创新性金融工具的发展。例如，推进中小企业板市场和创业板市场的发展，完善风险投资的运行机制，在建立中小企业信用体系的基础上，发行专门针对中小企业的债券等，为中小型国际代工企业提供更为多样化的融资渠道。

(二) 积极搭建代工企业产学研合作的平台

形成以企业为主体、市场为导向、产学研相结合的自主创新体系，对于促进企业的自主创新具有重要意义。特别是对于代工企业来说，由于大部分此类企业的研发能力较为薄弱，通过与大学和科研机构的合作，利用外部技术资源，对于流程创新和产品创新具有重要的意义。在调研中，一些从事代工业务的企业已经在积极实施产学研合作，并且取得了不错的成效。但一些企业也提出了在产学研合作中遇到的一些问题和困难，希望政府能创造良好的政策环境，帮助企业搭建产学研合作的平台。

本研究所调研的中小型代工企业在进行产学研合作时，普遍面临着投入

资金较大、单个企业的生产能力和生产规模不足以充分消化和利用研发成果等问题。面对这些问题，政府主管部门及行业协会可以牵头组织某一地区内同行业若干家有进行产学研合作意愿的代工企业组成联合体，以联合体的形式与大学及科研机构合作，实行资金投入共摊、研发活动风险共担、研发成果共享。通过这种合作模式，可以有效解决资金投入和研发成果应用方面的问题，同时还能减少代工企业在合作中面临的风险，提高企业和高校及科研机构在合作过程中的积极性。此外，为了激励国际代工企业参与产学研合作平台的运作，政府可以借鉴美国、日本等国的经验和做法，对于代工企业进行产学研合作投入的研究经费，在税收方面予以适当的优惠。例如，在美国，企业如果委托大学或科研机构进行基础研究，所投入的研发费用中，有65%可以直接从应纳所得税中抵免，新增研发费用的20%也可以直接冲减应税所得额。日本、法国、匈牙利等国对于产学研合作也有相应的税收优惠政策，如表7-7所示。

表7-7　　　　　　部分国家产学研合作的研发费用税收政策

国家	政策	备注
美国	65%直接从应纳所得税中抵免 新增研发费用的20%直接冲减应税所得额	私人为建立科研机构而捐赠的款项一律免税
法国	加倍冲抵所得税	—
匈牙利	300%的税前抵扣	一般企业研发费用税前抵扣为100%
日本	6%直接从公司税中扣除	—

资料来源：梅月华：《关于促进自主创新的税收政策及相关税政管理体制研究》，财政部财政科学研究所博士论文，2012年。

（三）加大知识产权保护的力度

知识产权保护是企业制定和实施自主创新战略的重要保障。在缺乏充分的知识产权保护的情况下，研究与开发的溢出效应使企业难以得到应有的收益补偿，创新行为不可避免地会受到抑制。在经济和社会的转型期，我国的知识产权保护制度及其执行机制还存在比较明显的缺位现象，代工企业之间普遍呈现出一种"技术模仿—套利—低成本竞争"的行为特征

(陶锋，2011)[1]，在自主创新上领先的企业研发出新产品后，大量跟随企业迅速一哄而上加以模仿，使创新领先企业面临很大的市场风险（张杰、刘志彪、张少军，2008）[2]。这样的局面一方面不利于代工企业自主创新积极性的提高，另一方面也在一定程度上弱化了海外客户对代工企业知识转移的动机。

政府加大知识产权保护的力度，进一步健全和完善知识产权法律制度，从总体上来看，有利于推动各行业企业和科研机构的创新以及国家整体自主创新能力的提升；具体到国际代工企业，有利于这类企业提高自主创新的积极性，促使其加大对自主创新的投入，在激励企业积极开展技术创新的同时，也能够促进先进技术成果的扩散和转移。

（四）加大税收政策支持的力度

自从2006年国务院发布《关于印发实施〈国家中长期科学和技术发展规划纲要（2006～2020年）〉若干配套政策的通知》后，十多年来，我国出台了一系列支持自主创新的政策，涉及增值税、企业所得税、个人所得税、营业税以及进出口税收等一系列税种，对自主创新产生了积极的推动效果。但是，目前的税收激励政策主要针对大中型企业和高新技术企业，而相当多的代工企业规模较小、也很难被认定为高新技术企业，使得这些企业虽然有着自主创新的迫切需要，但无法享受到相关的税收优惠政策。

为了推动代工企业向自主创新转型，政府应该在税收政策方面予以更为有效的支持。例如，在高新技术企业认定的政策上，对于电子、信息、化工等行业中积极开展自主创新活动、已经具备一定技术能力和技术水平的代工企业，可以适当放宽标准和范围，将其纳入相关的税收优惠体系中。另外，对于代工企业来说，通过采用先进设备以实现生产流程创新是其自主创新的一项重要内容。因此，针对用于技术更新改造的设备投资，应该对代工企业予以适当的所得税减免，以刺激代工企业进行更大规模和更高水平的生产流程改造。此外，在实地调研中发现，购买国外先进厂商的样机，通过逆向工程获取其中的产品知识，是部分代工企业进行产品技

---

[1] 陶锋：《国际知识溢出、吸收能力与创新绩效——中国代工制造业升级的研究》，经济科学出版社2011年版。

[2] 张杰、刘志彪、张少军：《制度扭曲与中国本土企业的出口扩张》，载《世界经济》2008年第10期。

术创新的一种重要途径。对于此类货物的进口，海关在税收上可以考虑参照研发设备的税率，给予一定程度的优惠，并加速通关手续的办理。

（五）大力发展生产服务业

生产服务业主要是由那些与知识和信息的生产、传播及使用密切相关的行业所组成，如金融保险、研发服务、设计服务、信息通信技术、创意服务、工程技术服务、企业咨询服务、知识产权服务、广告服务、市场调查服务及中介服务等。通过促进人力资本和知识资本深化、降低生产成本等途径，生产性服务业能够促进制造业整体效率的提高[1]。就国际代工企业而言，江静和刘志彪（2009）针对长三角生产性服务发展与制造业升级关系的研究也发现，二者之间具有显著的正相关关系[2]。

由于从事国际代工生产的企业规模普遍较小，资源基础较为薄弱，自身的力量往往不足以承担起自主创新所需开展的各项活动，因此，大力发展生产性服务业，对这类企业的自主创新具有十分重要的意义。特别是代工企业急需的一些生产服务业，如研发服务、设计服务、创意服务及工程技术服务等，可以对企业内部开展的自主创新活动形成有效的补充；而有些生产服务业，如管理咨询服务、市场调查服务和广告服务等，则可以迅速弥补代工企业自身的短板，提高企业整体竞争能力进而推动自主创新能力的提升。在调研中，多家企业都在有关信息技术服务、外部研发服务、市场中介服务等方面提出了自己的需求和设想。有关政府部门应围绕生产服务业的发展，制定有效的鼓励和支持政策，建立健全市场化服务体系，为国际代工企业自主创新提供有力的智力支持。

---

[1] 魏作磊、李丹芝：《生产服务业发展与制造业竞争力的关系》，载《广东财经大学学报》2012年第4期。

[2] 江静、刘志彪：《生产性服务发展与制造业在全球价值链中的升级：以长三角地区为例》，载《南方经济》2009年第10期。

第八章

结论与展望

第一节 主要结论

本书的主要结论如下。

第一，国际代工企业的模仿创新，是作为客户的跨国公司为确保价值链协调、高效运转而积极推动的结果；也是代工企业作为全球价值链的参与者，为达到价值链的参数标准所作出的必然选择。通过模仿创新，国际代工企业可以提高在生产流程方面的技术水平，同时，也能了解和掌握一定的产品知识和设计理念；但在模仿创新基础上，所形成的创新能力具有很大的局限性，并不能形成企业的核心能力，反而导致了代工企业对客户更大程度的依赖，强化了客户对代工企业的"锁定"。因此，国际代工企业有必要转向主要依靠自身力量、享有创新成果主要知识产权、能够改善在全球价值链中分工地位的自主创新。在从模仿创新向自主创新转型的过程中，国际代工企业存在着对于模仿创新的路径依赖，但是，内外部环境和条件的变化使得这种转型成为可能。

第二，国际代工企业从模仿创新到自主创新的转型路径，整体上遵循着"动力—活动—能力—升级"的模式，其中，动力即自主创新动力，是转型路径的前置因素，包括企业家导向和代工业务压力；活动即自主创新活动，它涵盖自主创新投入、自主市场开发和自主创新行为，是转型路径的核心和关键节点，其中，自主创新行为又包括流程技术创新、产品技术创新与外部知识的学习；能力指的是自主创新能力，包括流程创新能力和产品创新能力，它是转型路径的目标；升级即代工企业的业务升级，包括流程升级、产品升级和功能升级，是转型路径的战略导向。"动力—活动—能力—升级"的路径模式揭示了国际代工企业从模仿创新向自主创新转型的逻辑脉络和演化范式，为国际代工企业从模仿创新向自主创新转型、进而实现业务升级提供了战略上的指引。

第三，在转型路径所涵盖的各个要素中，企业家导向对自主市场开发、自主创新投入、流程技术创新、产品技术创新和外部知识的学习都有正向影响，但相对于对流程技术创新和外部知识的学习的影响来说，企业家导向对自主市场开发、自主创新投入和产品设计创新的影响更为显著。代工业务压力对自主市场开发、自主创新投入、流程技术创新和外部知识的学习都有正向影响，其中，对自主市场开发的影响最大。自主创新投入对产品技术创新和流程技术创新均具有正向影响，说明国际代工企业在自主创新方面的人员和资金投入对于自主创新行为的实施发挥了积极的促进作用。自主市场开发一方面正向影响产品技术创新，另一方面还能拉动国际代工企业的创新资源投入，进而对产品技术创新发挥间接作用，同时，还对功能升级具有直接的促进作用。在具体的三种自主创新行为中，流程技术创新和产品技术创新分别对流程创新能力、产品创新能力具有积极影响，而外部知识的学习对流程创新能力有积极影响，但对产品创新能力的影响不显著。代工企业自主创新能力对代工业务升级发挥着直接的推动作用，但在影响上存在差异，如果代工企业业务升级的目标是流程升级，那么就应该把流程创新能力的提高放在第一位，产品创新能力只起到辅助作用；而如果业务升级的目的是产品升级和功能升级，则产品创新能力的提高就成为重中之重。

第四，根据企业在价值链中的定位是聚焦于制造环节还是寻求向两端延伸、企业已有的技术能力基础是较为薄弱还是较为雄厚这两个维度，国际代工企业对自主创新转型路径的选择可以划分为三种：专业代工导向的自主创新转型路径、高级代工导向的自主创新转型路径、跨越代工导向的自主创新转型路径。三种路径在业务升级方向、所需培育的自主创新能力及主要开展的自主创新活动等方面都存在差异。当战略定位和技术能力发生变化时，国际代工企业对自主创新转型路径的选择也会发生动态演化，包括：从专业代工导向演变为高级代工导向；从高级代工导向演变为跨越代工导向；先从专业代工导向演变为高级代工导向、再从高级代工导向演变为跨越代工导向；从专业代工导向直接演变为跨越代工导向。

第五，从模仿创新到自主创新转型路径的实施而言，在国际代工企业的策略与行为上，要在明确自主创新的目标、方向与重点的基础上，以企业家导向推动自主创新企业文化培育、加大自主创新的资源投入力度,并优化资源投入的结构、积极开展自主市场开发、加大对外部知识的获取与利用以及积极进行组织创新与制度创新。在外部的政策支撑与保障上,要在明确政府推动国际代工企业从模仿创新向自主创新转型的目标和方向的基础上,多渠道解决中小型国际代工企业的融资难、积极搭建代工企业产学研合作的平台、加大知识产权保护的力度和税收政策支持的力度并大力发展生产服务业。

第二节 研究的不足与展望

一、研究的不足

由于水平的局限及条件的制约,本书所做的研究还存在一些的不足,突出表现在如下几个方面。

第一,国际代工企业从模仿创新到自主创新的转型路径是一个复杂的演化系统,涉及企业内部及外部的一系列因素。在本书中,出于研究模型简约性的考虑,只选择了自主创新动力、自主创新活动、自主创新能力及业务升级四类因素共 12 个变量。显然,这 12 个变量及其彼此之间的关系并不能完全涵盖、反映国际代工企业从模仿创新到自主创新转型路径的全貌。同时,在针对这 12 个变量的实证研究中,出于可操作性的考虑,对一些变量的外延进行了限定,使变量之间关系的丰富性、准确性受到了一定的限制和影响。

第二,本书运用扎根理论探索性地提出了从模仿创新到自主创新的转型路径模型,并对其进行了理论发展和实证分析。不过,诸如国际代工企业发展历史、规模、产业、价值链治理模式等因素对这一路径模型的影响和调节作用,由于时间、篇幅等方面的限制,并未展开进行分析。虽然这并不影响本书的主要结论,但如果能把这些变量纳入研究当中,可能会产生一些有意义的研究成果,对于国际代工企业的自主创新也会有更大的指导意义。

第三,在进行调研的过程中,由于条件限制,本书选取的 14 家企业都分布在山东青岛和山东潍坊这两个地区,访谈对象没有包括山东以外其他地区的样本，这有可能会影响到扎根理论所构建模型的严谨性。同时，由于问卷调查的周期长、难度大，所获得的有效样本只有167个，且青岛一地的样本所占比重达到45.5%，长三角和珠三角地区的样本相对较少，也有可能会影响到实证研究结论的普适性。

第四，有关模仿创新和自主创新的理论分析以及转型路径的选择问题，主要采用的是规范分析的方法，没有提出研究假设并进行实证研究，可能会影响到相关结论的说服力。

二、研究展望

未来，可以从以下几个方面继续推进和深化已有研究。

第一，进一步扩大样本规模，特别是重点增加长三角、珠三角地区的样本，以提高研究结论的普适性。同时，在更大规模、更具代表性的样本基础上，除了继续采用VB-SEM模型之外，可以再使用CB-SEM模型进行验证，以增强研究结论的稳健性。

第二，引入企业历史、规模、产业及价值链治理模式等因素，进一步分析和探讨这些因素对于转型路径中各要素彼此之间关系的影响。特别是从价值链类型出发，深入研究像纺织服装、鞋帽、玩具这类购买者驱动型全球价值链中的企业与电子、机械、化工这类生产者驱动型全球价值链中的企业在从模仿创新到自主创新的转型路径上有何异同，在继续深化该研究的同时，也可以提出更为精准的对策建议。

第三，中国台湾地区的很多企业有着更长的代工历史和更为丰富的代工业务升级经验，未来可以将调研对象扩展到这些企业，对中国大陆地区代工企业与中国台湾地区代工企业从模仿创新到自主创新的转型路径进行比较研究，探寻二者之间的异同并汲取台湾地区企业的经验和教训，以更好地推动中国大陆地区的企业借助自主创新、实现代工业务升级。

第四，围绕转型路径选择模型及动态演化问题，可以对相关变量进行操作性定义，在此基础上开发量表，进行实证研究，以提高结论的说服力。

参 考 文 献

[1][美]杰瑞·瑞安、拉塞尔·伯纳德:《数据分析与分析方法》,引自诺曼·K·邓津、伊冯娜·S·林肯主编:《定性研究:经验资料收集与分析的方法》,风笑天等译,重庆大学出版社2007年版。

[2][美]迈克尔·波特:《竞争优势》,陈小悦译,华夏出版社2005年版。

[3][美]纳雷希·K·马尔霍特拉:《市场营销研究:应用导向》(第5版),涂平译,电子工业出版社2009年版。

[4][日]野中郁次郎、远山亮子、[美]菲利普·比奥西埃尔:《组织知识创新的理论:了解知识创新的能动过程》,引自[德]迈诺尔夫·迪尔克斯、[德]阿里安娜·贝图安·安托尔、[英]约翰·蔡尔德、[日]野中郁次郎主编:《组织学习与知识创新》,上海人民出版社2001年版。

[5]毕克新、丁晓辉:《制造业中小企业工艺创新能力测度指标体系的构建》,载《数量经济技术经济研究》2002年第12期。

[6]曹洪军、赵翔、黄少坚:《企业自主创新能力评价体系研究》,载《中国工业经济》2009年第9期。

[7]陈宏辉、罗兴:《"贴牌"是一种过时的战略选择吗——来自广东省制造型企业的实证分析》,载《中国工业经济》2008年第1期。

[8]陈劲、王方瑞:《中国本土企业自主创新的路径模式探讨》,载《自然辩证法通讯》2007年第3期。

[9]陈劲:《从技术引进到自主创新的学习模式》,载《科研管理》1994年第2期。

[10]陈柳、刘志彪:《代工生产、自主品牌与内生激励》,载《财经论丛》2006年第5期。

[11]陈鹏丽:《中国微波炉产销量称霸全球 国内市场规模增长乏力》,载《每日经济新闻》2016年1月26日。

［12］陈清泰：《参与全球分工应立足自主创新》，载《科学》2008年第4期。

［13］陈向明：《质的研究方法和社会科学研究》，教育科学出版社2000年版。

［14］陈晓萍、徐淑英、樊景立：《组织与管理研究的实证方法》，北京大学出版社2008年版。

［15］陈振祥：《ODM策略之理论与架构实证》，台湾大学商研所博士论文，1997年。

［16］陈至立：《加强自主创新，促进可持续发展》，载《中国软科学》2005年第9期。

［17］程行欢：《宜家中国代工厂集体倒戈 称反抗始于利润被压榨》，载《羊城晚报》2013年1月6日。

［18］费小冬：《扎根理论研究方法论：要素、研究程序和评判标准》，载《公共行政评论》2008年第3期。

［19］冯生尧、谢瑶妮：《扎根理论：一种新颖的质化研究方法》，载《现代教育论丛》2001年第6期。

［20］符正平、彭伟：《集群企业升级影响因素的实证研究——基于社会网络的视角》，载《广东社会科学》2011年第5期。

［21］傅家骥：《技术创新学》，清华大学出版社1998年版。

［22］高俊光、杨武、于渤、徐民成：《深圳高科技企业自主创新能力实证测评》，载《研究与发展管理》2007年第5期。

［23］龚锋、曾爱玲：《我国代工企业的功能升级：基于模块化的二重性》，载《管理世界》2016年第1期。

［24］郭国庆、刘洁、王军生：《试论以市场为导向推进技术创新》，载《中国科技论坛》2000年第1期。

［25］胡军、陶锋、陈建林：《珠三角OEM企业持续成长的路径选择——基于全球价值链外包体系的视角》，载《中国工业经济》2005年第8期。

［26］黄永明、何伟、聂鸣：《全球价值链视角下中国纺织服装企业的升级路径选择》，载《中国工业经济》2006年第5期。

［27］黄攸立、吴犇、叶长荫：《企业自主创新能力的关键因子分析》，载《研究与发展管理》2009年第1期。

［28］季学军：《施工企业工艺创新及实践》，东南大学博士论文，

2006年。

[29] 贾旭东、谭新辉：《经典扎根理论及其精神对中国管理研究的现实价值》，载《管理学报》2010年第5期。

[30] 江静、刘志彪：《生产性服务发展与制造业在全球价值链中的升级：以长三角地区为例》，载《南方经济》2009年第10期。

[31] 姜劲：《基于外部社会资本、组织学习的代工企业升级研究》，华南理工大学博士论文，2013年。

[32] 雷善玉、王焕冉、张淑慧：《环保企业绿色技术创新的动力机制——基于扎根理论的探索研究》，载《管理案例研究与评论》2014年第4期。

[33] 李具恒：《自主创新新解："概念硬核"视角的集成》，载《科学学与科学技术管理》2007年第7期。

[34] 李武威：《外资研发对我国本土企业创新绩效影响的实证研究——基于我国东、中、西部不同区域的异质性分析》，载《情报杂志》2012年第10期。

[35] 李怡娜、叶飞：《高层管理支持环保创新实践与企业绩效——资源承诺的调节作用》，载《管理评论》2013年第1期。

[36] 李志刚、李兴旺：《蒙牛公司快速成长模式及其影响因素研究——扎根理论研究方法的运用》，载《管理科学》2006年第3期。

[37] 梁东黎：《中国工业自主创新能力的度量》，载《经济与管理研究》2009年第12期。

[38] 刘景江：《业务外包的新发展》，载《经济管理》2003年第10期。

[39] 刘友金：《集群式创新与创新能力集成——一个培育中小企业自主创新能力的战略新视角》，载《中国工业经济》2006年第11期。

[40] 刘志彪、张杰：《全球代工体系下发展中国家俘获型网络的形成、突破与对策——基于GVC与NVC的比较视角》，载《中国工业经济》2007年第5期。

[41] 刘志彪：《全球化背景下中国制造业升级的路径与品牌战略》，载《财经问题研究》2005年第5期。

[42] 柳卸林、游光荣、王春法：《自主创新公务员读本》，知识产权出版社2006年版。

[43] 卢锋：《产品内分工》，载《经济学》2004年第4期。

[44] 芦慧、陈红、周肖肖、柯江林：《基于扎根理论的工作群体断层——群体绩效关系概念模型的本土化研究》，载《管理工程学报》2013年第3期。

[45] 马海燕、李世祥：《代工企业和国际品牌客户相互依赖性的实证研究》，载《管理学报》2015年第10期。

[46] 马述忠、乔勃：《基于全球价值链的温州鞋业自主创新能力研究》，载《科学学研究》2010年第4期。

[47] 毛蕴诗、郑奇志：《基于微笑曲线的企业升级路径选择模型——理论框架的构建与案例研究》，载《中山大学学报》2012年第3期。

[48] 梅月华：《关于促进自主创新的税收政策及相关税政管理体制研究》，财政部财政科学研究所博士论文，2012年。

[49] 孟娟：《心理学扎根理论研究方法》，载《吉首大学学报》（社会科学版）2008年第3期。

[50] 牛美丽：《公共行政学观照下的定性研究方法》，载《中山大学学报》（社会科学版）2006年第3期。

[51] 秦颖、雷家骕：《企业自主创新研究的案例选择与创新模式比较》，载《经济管理》2009年第7期。

[52] 邱震忠：《我国移动电话制造商代工策略与行为》，元智大学管理研究所硕士论文，1998年。

[53] 瞿宛文：《台湾后起者能借自创品牌升级吗?》，载《世界经济文荟》2007年第5期。

[54] 尚涛：《全球价值链中代工企业能力转型、持续升级与支撑机制构建》，载《中国科技论坛》2016年第6期。

[55] 盛亚、蒋瑶：《吉利汽车从模仿到自主的创新路径》，载《科研管理》2010年第1期。

[56] 施振荣：《微笑曲线：缔造永续企业的王道》，复旦大学出版社2014年版。

[57] 宋河发、穆荣平、任中保：《自主创新及创新自主性测度研究》，载《中国软科学》2006年第6期。

[58] 苏卉、孟宪忠：《代工关系稳定性的影响因素研究》，载《理论探索》2007年第1期。

[59] 孙国辉、王生辉：《对加快发展中国企业国际知名品牌问题的思考》，载《中南大学学报》（社会科学版）2009年第1期。

[60] 孙治宇：《全球价值链分工与价值链升级研究》，经济科学出版社 2003 年版。

[61] 谭劲松：《关于中国管理学科发展的讨论》，载《管理世界》2007 年第 1 期。

[62] 陶锋：《国际知识溢出、吸收能力与创新绩效——中国代工制造业升级的研究》，经济科学出版社 2011 年版。

[63] 陶永明：《企业技术创新投入对技术创新绩效影响研究——基于吸收能力视角》，东北财经大学博士论文，2013 年。

[64] 佟家栋、彭支伟：《从"干中学"到"加工中学"——经济全球化背景下的国际分工、技术外溢与自主创新》，载《南开学报》（哲学社会科学版）2007 年第 6 期。

[65] 万君康：《自主创新及自主创新能力的辨识》，载《科学学研究》2008 年第 1 期。

[66] 汪建成、毛蕴诗、邱楠：《由 OEM 到 ODM 再到 OBM 的自主创新与国际化路径——格兰仕技术能力构建与企业升级案例研究》，载《管理世界》2008 年第 6 期。

[67] 汪建成、毛蕴诗：《从 OEM 到 ODM、OBM 的企业升级路径——基于海鸥卫浴与成霖股份的比较案例研究》，载《中国工业经济》2007 年第 12 期。

[68] 王海燕、周元：《"新型贴牌"与自主创新》，载《中国软科学》2007 年第 9 期。

[69] 王贺光：《中国加工贸易转型升级问题研究：基于产品内分工的视角》，西南财经大学出版社 2012 年版。

[70] 王建明、王俊豪：《公众低碳消费模式的影响因素模型与政府管制政策——基于扎根理论的一个探索性研究》，载《管理世界》2011 年第 4 期。

[71] 王雷、远秋丽：《代工专用性投资有利于海外知识获取吗》，载《科学学研究》2017 年第 4 期。

[72] 王璐、高鹏：《扎根理论及其在管理学研究中的应用问题探讨》，载《外国经济与管理》2010 年第 12 期。

[73] 王敏、银路：《企业技术创新战略选择及其对国家自主创新战略布局的影响——基于技术能力和需求多样性的分析》，载《科学学与科学技术管理》2007 年第 2 期。

[74] 王乃静：《基于技术引进、消化吸收的企业自主创新路径探析——以潍柴动力股份有限公司自主创新经验为例》，载《中国软科学》2007年第4期。

[75] 王生辉、孙国辉：《全球价值链体系中的代工企业组织学习与产业升级》，载《经济管理》2009年第8期。

[76] 王生辉：《企业非突破性自主创新模式研究》，载《科学管理研究》2007年第6期。

[77] 王生辉：《企业技术创新战略：基于技术路径演化的研究》，中国财政经济出版社2006年版。

[78] 王一鸣、王君：《关于提高企业自主创新能力的几个问题》，载《中国软科学》2005年第7期。

[79] 王重鸣：《心理学研究方法》，人民教育出版社1990年版。

[80] 魏作磊、李丹芝：《生产服务业发展与制造业竞争力的关系》，载《广东财经大学学报》2012年第4期。

[81] 温瑞珺：《企业自主创新能力评价研究》，载《集团经济研究》2005年第9期。

[82] 文丰：《企业自主创新战略性评价体系的构建》，载《南昌大学学报》（人文社会科学版）2010年第6期。

[83] 文丰：《我国企业自主创新的路径研究》，载《科技进步与对策》2007年第24期。

[84] 吴贵生：《自主创新战略探讨》，载《管理工程学报》2010年增刊。

[85] 吴明隆、涂金堂：《SPSS与统计应用分析》，东北财经大学出版社2012年版。

[86] 吴晓波、吴东：《全球制造网络与中国大中型企业的自主创新——现状、瓶颈与出路》，载《科技管理研究》2010年第4期。

[87] 夏先良：《中国企业从OEM升级到OBM的商业模式抉择》，载《财贸经济》2003年第9期。

[88] 夏志勇、林聪、何林：《中国大企业自主创新能力的实证测度与分析研究》，载《科学学研究》2008年第6期。

[89] 谢燮正：《科技进步、自主创新与经济增长》，载《软件工程师》1995年第5期。

[90] 徐冠华：《关于自主创新的几个重大问题》，载《中国软科学》

2006年第4期。

［91］许庆瑞等：《研究、发展与技术创新管理》，高等教育出版社2000年版。

［92］杨德林、陈春宝：《模仿创新、自主创新与高技术企业成长》，载《中国软科学》1997年第8期。

［93］杨佳菊：《代工企业转型升级：演进路径的理论模型——基于3家本土企业的案例研究》，载《管理世界》2010年第6期。

［94］杨曦东：《企业家导向、外部知识获取与产品创新的关系研究》，载《科学学与科学技术管理》2009年第5期。

［95］杨洋、田也壮、杨厦：《面向制造业务国际化的竞争优先权转移研究》，载《管理评论》2011年第9期。

［96］姚延波、张丹、何蕾：《旅游企业诚信概念及其结构维度——基于扎根理论的探索性研究》，载《南开管理评论》2014年第1期。

［97］弋亚群、邹明、谭国华：《企业家导向、组织学习与技术创新的关系研究》，载《软科学》2010年第8期。

［98］于建原、陈锟、李清政：《营销能力对企业自主创新影响研究》，载《中国工业经济》2007年第7期。

［99］俞荣建：《基于全球价值链治理的长三角本土代工企业升级治理机制研究》，浙江大学出版社2010年版。

［100］张辉：《全球价值链下地方产业集群转型和升级》，经济科学出版社2006年版。

［101］张建宇：《企业自主创新内在逻辑和竞争模式》，载《中南财经政法大学学报》2010年第2期。

［102］张杰、刘志彪、张少军：《制度扭曲与中国本土企业的出口扩张》，载《世界经济》2008年第10期。

［103］张京红、王生辉：《从代工到创建自主品牌：基于全球价值链理论的阶段性发展模型》，载《经济管理》2010年第4期。

［104］张京红、王生辉：《加工贸易出口对我国经济增长的影响——基于协整检验与分位数回归的分析》，载《经济问题探索》2016年第12期。

［105］张京红、王生辉：《外资在我国加工贸易中的地位及其对转型升级的影响》，载《经济问题探索》2015年第2期。

［106］张梦中、霍哲：《定性研究方法总论》，载《中国行政管理》2001年第11期。

[107] 张炜、杨选良:《自主创新概念的讨论与界定》,载《科学学研究》2006年第6期。

[108] 赵晓庆:《自主创新战略路径的国际比较》,载《管理工程学报》2010年增刊。

[109] 郑刚:《浅谈自主创新的若干认识误区》,载《自然辩证法通讯》2012年第3期。

[110] 周浩、龙立荣:《共同方法偏差的统计检验与控制方法》,载《心理科学进展》2004年第12期。

[111] 周寄中、张黎、汤超颖:《关于自主创新战略与知识产权战略之间的联动》,载《管理评论》2005年第11期。

[112] 周元、王海燕:《关于我国区域自主创新的几点思考》,载《中国软科学》2006年第1期。

[113] 朱卫东、薛豪娜、钟俊杰、严凯旋:《企业自主创新能力的内涵与构成维度解析》,载《科技管理研究》2012年第7期。

[114] 卓越、张敏:《全球价值链中的收益分配与"悲惨增长"——基于中国纺织服装业的分析》,载《中国工业经济》2008年第7期。

[115] Alcacer, J., J. Oxley, Learning by Supplying. *Strategic Management Journal*, Vol. 35, 2014, pp. 204–223.

[116] Altenburg, T., Governance Patterns in Value Chains and Their Development Impact. *The European Journal of Development Research*, Vol. 18, No. 4, 2006, pp. 498–521.

[117] Amsden, A. H., *Asia's Next Giant: South Korea and Late Industrialisation*. New York and Oxford: Oxford University Press, 1989.

[118] Anderdassen, R., Nardini, F., Endogenous Innovation Waves and Economic Growth. *Structural Change and Economic Dynamics*, Vol. 3, 2005, pp. 1–18.

[119] Arora, A., Gambardella, A., The Changing Technology of Technological Change: General and Abstract Knowledge and the Division of Innovative Labour. *Research Policy*, Vol. 23, No. 5, 1994, pp. 523–532.

[120] Asian Development Bank (ADB). *Asian Development Outlook* 2003, Metro Manila, 2003.

[121] Atuahene-Gima, K., Li. H., Strategic Decision Comprehensiveness and New Product Development Outcomes in New Technology Ventures.

Academy of Management Journal, Vol. 47, No. 4, 2004, pp. 583 – 597.

[122] Avlonitisa, G. J., Salavou, H. E., Entrepreneurial Orientation of SMEs, Product Innovativeness, and Performance. *Journal of Business Research*, Vol. 60, No. 5, 2007, pp. 566 – 575.

[123] Babüroglu, O. N., The Vortical Environment: the Fifth in the Emery – Trist Levels of Organizational Environments. *Human Relations*, Vol. 41, No. 3, 1988, pp. 181 – 210.

[124] Bair, J., Gereffi, G., Local Clusters in Global Chains: the Causes and Consequences of Export Dynamism in Torreon's Blue Jeans Industry. *World Development*, Vol. 29, No. 11, 2001, pp. 1885 – 1903.

[125] Balachandra, R., Friar, J. H., Factors for Success in R&D Projects and New Product. IEEE Transactions on Engineering Management, Vol. 44, No. 3, 1997, pp. 276 – 287.

[126] Benner, M., Tushman, M., Exploitation, Exploration, and Process Management: the Productivity Dilemma Revisited. *Academy of Management Review*, Vol. 28, 2003, pp. 238 – 256.

[127] Benner, M., Tushman, M., Process Management and Technological Innovation: A Longitudinal Study of the Photography and Paint Industries. *Administrative Science Quarterly*, Vol. 47, 2002, pp. 676 – 707.

[128] Bobillo, A. M., Rodriguez Sanz, J. A. R., Gaite F. T., Innovation Investment, Competitiveness, and Performance in Industrial Firms. *Thunderbird International Business Review*, Vol. 48, No. 6, 2006, pp. 867 – 890.

[129] Boso, N., Cadogan, J. W., Story, V. M., Entrepreneurial Orientation and Market Orientation as Drivers of Product Innovation Success: A Study of Exporters from A Developing Economy. *International Small Business Journal*, No. 31, 2012, pp. 57 – 81.

[130] Cabral, R., Leiblein M. J., Adoption of A Process Innovation with Learning by Doing: Evidence from the Semiconductor Industry. *The Journal of Industrial Economics*, Vol. 49, 2001, pp. 269 – 280.

[131] Calantone, R. J., Benedetto, C. A. di., An Integrative Model of the New Product Development Process: An Empirical Validation. *Journal of Product Innovation Management*, Vol. 5, No. 3, 1988, pp. 201 – 215.

[132] Calantone, R. J., Benedetto, C. A. di., Organisational, Tech-

nical and Marketing Antecedents for Successful New Product Development. *R&D Management*, Vol. 23, No. 4, 1993, pp. 337 – 351.

[133] Chandy, R. K., Tellis, G. J., The Incumbent's Curse? Incumbency, Size, and Radical Product Innovation. *Journal of Marketing*, Vol. 64, No. 3, 2000, pp. 1 – 17.

[134] Chin, W. W., How to Write up and Report PLS Analyses. In Vinzi V. Esposito, W. W. Chin, J. Henseler, and H. Wang (Eds.), *Handbook of Partial Least Squares: Concepts, Methods, and Applications*, NY: Springer, 2010.

[135] Choi, H., On Linsu Kim's Imitation to Innovation: The Dynamics of Korea's Technological Learning. East Asian Science, *Technology and Society: an International Journal*, Vol. 1, 2007, pp. 259 – 261.

[136] Cohen, J., *Statistical Power Analysis for the Behavioral Sciences*. Mahwah (NJ): Lawrence Erlbaum, 1988.

[137] Covin J. G., Slevin, D. P., A Conceptual Model of Entrepreneurship as Firm Behavior. *Entrepreneurship Theory and Practice*, Vol. 16, No. 1, 1991, pp. 7 – 25.

[138] Covin, J. G., Slevin, D. P., Strategic Management of Small Firms in Hostile and Benign Environments. *Strategic Management Journal*, Vol. 10, No. 1, 1989, pp. 75 – 87.

[139] Cyhn, J. C., Technology Development of Korea's Electronics Industry: Learning from Multinational Enterprises through OEM. *The European Journal of Develop Research*, Vol. 1, 2000, pp. 159 – 187.

[140] Dangayach, G. S., Deshmukh, S. G., Evidence of Manufacturing Strategies in Indian Industry: A Survey. *International Journal of Production Economics*, Vol. 83, No. 3, 2003, pp. 279 – 298.

[141] Deshpandé, R., Farley, J. U., Webster, F. E., Corporate Culture, Customer Orientation, and Innovativeness in Japanese Firms: A Quadrad Analysis. *Journal of Marketing*, Vol. 57, No. 1, 1993, pp. 23 – 37.

[142] Dess, G. G., Lumpkin, G. T., McFarlin, D., The Role of Entrepreneurial Orientation in Stimulating Effective Corporate Entrepreneurship. *Academy of Management Executive*, Vol. 19, No. 1, 2005, pp. 147 – 157.

[143] Dess, G. G., G. Lumpkin, T. Covin L. G., Entrepreneurial Strate-

gy Making and Film Performance Tests of Contingency and Configurational Models. *Strategic Management Journal*, Vol. 18, 1997, pp. 677-695.

[144] Dicken, P., *Global Shift: Reshaping the Global Economic Map in the 21st Century*. London and New York: The Guilford Press, 2003.

[145] Edquist, C., Hommen, L., McKelvey, M. D. I, Process Versus Product Innovation. In D. Archibugi and B. A. Lundvall (Eds.). *Innovation and Employment*, Brussels: Edward Elgar Pub, 2001.

[146] Ernst, D., Kim, L., Global Production Networks, Knowledge Diffusion, and Local Capability Formation. *Research Policy*, Vol. 31, 2002, pp. 1417-1429.

[147] Ernst, D., Kim, L., Global Production Networks, Knowledge Diffusion, and Local Capability Formation. *Research Policy*, Vol. 31, 2002, pp. 1417-1429.

[148] Feenstra, R., Integration of Trade and Disintegration of Production in the Global Economy. *Journal of Economic Perspectives*, Fall 1998, pp. 31-50.

[149] Fritsch, M., Lukas R., Cooperation in Regional Innovation Systems. *Regional Studies*, Vol. 35, No. 4, 2001, pp. 297-307.

[150] Gammeltoft, P., Development of Firm-Level Technological Capabilities: the Case of the Indonesian Electronics Industry. *Journal of the Asia Pacific Economy*, Vol. 9, No. 1, 2004, pp. 49-69.

[151] Garson, G. D., *Partial Least Squares: Regression and Structural Equation Models*. Asheboro (NC): Statistical Associates Publishers, 2016.

[152] Gereffi, G., A Global Value Chain Perspective on Industrial Policy and Development in Emerging Markets. Duke Journal of Comparative and International Law's 2013 Symposium, 2013.

[153] Gereffi, G., Humphrey, J., Sturgeon, T., The Governance of Global Value Chains. *Review of International Political Economy*, February 2005, pp. 78-104.

[154] Gereffi, G., International Trade and Industrial Upgrading in the Apparel Commodity Chain. *Journal of International Economics*, Vol. 48, No. 1, 1999, pp. 37-70.

[155] Gereffi, G., Tam, T., Industrial Upgrading through Organiza-

tional Chains: Dynamics of Rent, Learning and Mobility in the Global Economy. The 93rd Annual Meeting of the American Sociological Association, 1998.

［156］Gereffi, G., The Organization of Buyer-Driven Global Commodity Chains: How U. S. Retailers Shape Overseas Production Networks. In G. Gereffi and M. Korzeniewicz (eds.). *Commodity Chains and Global Capitalism*, Westport: Praeger, 1994, pp. 95-122.

［157］Gibbon, P., Global Commodity Chains and Economic Upgrading in Less Developed Countries. CDR Working Paper, 2000.

［158］Giuliani, E., Pietrobelli, C., Rabelliotti, R., Upgrading in Global Value Chains: Lessons from Latin American Clusters. *World Development*, Vol. 33, No. 4, 2005, pp. 549-573.

［159］Glaser B., *Basics of Grounded Theory Analysis*. Mill Valley (CA): Sociology Press, 1992.

［160］Glaser, B. G., *Doing Grounded Theory: Issues and Discussions*. Mill Valley (CA): Sociology Press, 1998.

［161］Glaser, B. G., Strauss, A. L., *The Discovery of Grounded Theory: Strategies for Qualitative Research*. New York: Aldine, 1967.

［162］Glaser, B. G., *The Grounded Theory Perspective: Conceptualization Contrasted with Description*. Mill Valley (CA): Sociology Press, 2001.

［163］Glaser, B. G., *Theoretical Sensitivity*. Mill Valley (CA): Sociology Press, 1978.

［164］Hair, J. F. Jr., Hult, G., Tomas M., Ringle, Christian M., Sarstedt, M., *A Primer on Partial Least Squares Structural Equation Modeling (PLS-SEM)*. Thousand Oaks (CA): Sage Publications, 2014.

［165］Haves, R. H. Wheelwright, S. C., *Restoring Our Competitive Edge: Competing through Manufacturing*. New York: John Wiley, 1984.

［166］Hayes, R. H., Wheelwright, S. C., *Restoring Our Competitive Edge: Competing through Manufacturing*. New York: Wiley, 1984.

［167］Heide, Jan B., John, G., Alliances in Industrial Purchasing: The Determinants of Joint Action in Buyer-Supplier Relationships. *Journal of Marketing Research*, Vol. 27, February 1990, pp. 24-36.

［168］Heidenreich, M., Innovation Patterns and Location of European Low and Medium-Technology Industries. *Research Policy*, Vol. 38, 2009, pp.

483 – 494.

[169] Hemmert, M., The Influence of Institutional Factors on the Technology Acquisition Performance of High – Tech Firms: Survey Results from Germany and Japan. *Research Policy*, Vol. 33, No. 6 – 7, 2004, pp. 1019 – 1039.

[170] Hervas Oliver, J. J., Sempere Ripoll, F., Boronat Moll, C., Process Innovation Strategy in SMEs, Organizational Innovation and Performance: A Misleading Debate? *Small Business Economics*, Vol. 43, No. 4, 2014, pp. 873 – 886.

[171] Heshmati, A., Productivity Growth, Efficiency and Outsourcing in Manufacturing and Service Industries. *Journal of Economic Survey*, Vol. 17, No. 4, 2003, pp. 79 – 112.

[172] Hobday, M., *Innovation in East Asia: The Challenge to Japan*. Aldershot: Edward Elgar, 1995.

[173] Hollander, S., *The Sources of Increased Efficiency: A Study of DuPont Rayon Plants*. Cambridge: The MIT Press Books, 1965.

[174] Humphrey, J., Hubert Schmitz., Developing Country Firms in the World Economy: Governance and Upgrading in Global Value Chains. INEF Report Heft 61, 2002.

[175] Humphrey, J., Schmitz, H., Governance and Upgrading: Linking Industrial Cluster and Global Value Chain Research. IDS Working Paper, No. 120, 2000.

[176] Humphrey, J., Schmitz, H., How Does Insertion in Global Value Chains Affect Upgrading in Industrial Clusters? *Regional Studies*, Vol. 36, No. 9, 2002, pp. 1017 – 1027.

[177] Humphrey, J., Upgrading in Global Value Chains. Policy Integration Department, World Commission on the Social Dimension of Globalization Working Paper, No. 28, 2004.

[178] Ivarsson, I., Alvstam, C. G., Upgrading in Global Value – Chains: A Case Study of Technology – Learning among IKEA – Suppliers in China and Southeast Asia. *Journal of Economic Geography*, Vol. 11, 2011, pp. 731 – 752.

[179] Ivarsson, I., G. Alvstam, Technology Transfer from TNCs to Local Suppliers in Developing Countries: A Study of AB Volvo's Truck and Bus

Plants in Brazil, China, India, and Mexico. *World Development*, Vol. 33, No. 8, 2005, pp. 1325 – 1344.

[180] Ivarsson, I., G. Alvstam, Upgrading in Global Value – Chains: A Case Study of Technology – Learning among IKEA – Suppliers in China and Southeast Asia. *Journal of Economic Geography*, Vol. 11, 2011, pp. 731 – 752.

[181] Jansen, J. J. P. Van Den Bosch, Frans, A. J. Volberda, H. W., Exploratory Innovation, Exploitative Innovation, and Performance Effects of Organizational Antecedents and Environmental Moderators. *Management Science*, Vol. 52, No. 11, 2006, pp. 1661 – 1674.

[182] Jansen, J. J. P., Van Den Bosch, Frans, A. J. Volberda, H. W., Managing Potential and Realized Absorptive Capacity: How do Organizational Antecedents Matter? *Academy of Management Journal*, Vol. 48, No. 6, 2005, pp. 999 – 1015.

[183] Jaworski, B. J., Kohli, A. K., Market Orientation: Antecedents and Consequences. *Journal of Marketing*, Vol. 57, No. 3, 1993, pp. 53 – 70.

[184] Jones, R. W., H. Kierzkowski., *The Role of Services in Production and International Trade: A Theoretical Framework*. In Ronald Jones, Anne Krueger (eds.), *The Political Economy of International Trade*, Oxford: Basil Blackwell, 1990.

[185] Kadarusman, Y., Nadvi, K., Competitiveness and Technological Upgrading in Global Value Chains: Evidence from the Indonesian Electronics and Garment Sectors. *European Planning Studies*, Vol. 21, No. 7, 2013, pp. 1007 – 1028.

[186] Kaplinsky, R., Morris, M., A Handbook for Value Chain Research. IDRC, 2000.

[187] Kaplinsky, R., Morris, M., Readman, J., The Globalization of Product Markets and Immiserizing Gowth: Lessons from the South African Furniture Industry. *World Development*, Vol. 30, No. 7, 2000, pp. 1159 – 1177.

[188] Keupp, M. M., Palmié, M., Gassmann, O., The Strategic Management of Innovation: A Systematic Review and Paths for Future Research. *International Journal of Management Reviews*, Vol. 14, No. 4, 2012, pp. 367 – 390.

[189] Khaemasunun, P., Yampaka, P., The Manufacturing Strategies

and Firm's Performance in the Auto Part Industry. *ABAC Journal*, Vol. 30, No. 3, 2010, pp. 45 – 55.

[190] Khandwalla, P. N., *The Design of Organizations*. New York: Harcourt Brace Jovanovich, Inc., 1977.

[191] Kogut B., Zander U., What Firms Do? Coordination, Identify, and Learning. *Organization Science*, Vol. 7, 1996, pp. 502 – 518.

[192] Kogut, B., Designing Global Strategies: Comparative and Competitive Value-added Chains. *Sloan Management Review*, Vol. 26, 1985, pp. 15 – 28.

[193] Kohli, A. K., Jaworski, B. J., Kumar, A., MARKOR: A Measure of Market Orientation. *Journal of Marketing Research*, Vol. 30, 1993, pp. 467 – 477.

[194] Kotabe, M., Martin, X., Domoto, H., Gaining from Vertical Partnerships: Knowledge Transfer, Relationship Duration, and Supplier Performance Improvement in the U. S. and Japanese Automotive Industries. *Strategic Management Journal*, Vol. 24, No. 4, 2003, pp. 293 – 316.

[195] Krajewski, L. G., Ritzman, L. P., *Operations Management: Strategy and Analysis*. New Jersey: Addison Wesley, 1996.

[196] Lall, S., Promoting Technology Development: the Role of Technology Transfer and Indigenous Effort. *Third World Quarterly*, Vol. 14, No. 1, 1993, pp. 95 – 108.

[197] Lee, L. T., Sukoco, B. M., The Effects of Entrepreneurial Orientation and Knowledge Management Capability on Organizational Effectiveness in Taiwan: the Moderating Role of Social Capital. *International Journal of Management*, Vol. 24, No. 3, 2007, pp. 549 – 573.

[198] Li, Y., Su, Z. F., Liu, Y., Can Strategic Flexibility Help Firms Profit from Product Innovation? *Technovation*, Vol. 30, No. 5 – 6, 2010, pp. 300 – 309.

[199] Lumpkin, G. T., Dess, G. G., Clarifying the Entrepreneurial Orientation Construct and Linking It to Performance. *Academy of Management Review*, Vol. 21, No. 1, 1996, pp. 135 – 172.

[200] Lynn, G., Reilly, R., *Blockbusters: the Five Keys to Developing Great New Products*. Canada: Harper Collins, 2003.

[201] Maingaa, W., P. Hirschsohnb & W. Shakantu, An Exploratory Review of the Relationship Between Enterprise Training and Technology Upgrading: Evidence from South African Manufacturing Firms. *The International Journal of Human Resource Management*, Vol. 20, No. 9, 2009, pp. 1879 – 1895.

[202] Mathews, J. A., Cho, D. S., *Tiger Technology: The Creation of A Semiconductor Industry in East Asia*. Cambridge: Cambridge University Press, 2000.

[203] Matusik, S. F., Hill, C. W. L., The Utilization of Contingent Work, Knowledge Creation, and Competitive Advantage. *Academy of Management Review*, Vol. 23, No. 4, 1998, pp. 680 – 697.

[204] Mesquita, Luiz F, Anand, J., Brush, T. H., Comparing the Resource – Based and Relational Views: Knowledge Transfer and Spillover in Vertical Alliances. *Strategic Management Journal*, Vol. 29, No. 29, 2008, pp. 913 – 941.

[205] Miller, D., The Correlates of Entrepreneurship in Three Types of Firms. *Management Science*, Vol. 29, No. 7, 1983, pp. 770 – 791.

[206] Mintzberg, H., *The Structuring of Organizations: A Synthesis of the Research*. Englewood Cliffs, N. J: Prentice – Hall, 1979.

[207] Mokyr, J., Evolution and Technological Change: A New Metaphor for Economic History. In R. Fox (Eds.), *Technological Change*, London: Harwood Publishers, 1996, pp. 266 – 272.

[208] Mokyr, J., *Evolution Phenomena in Technological Change, Technological Innovation as An Evolution Process*. Cambridge University Press, 2000, pp. 3 – 12.

[209] Mullins, J. W., Sutherland, D. J., New Product Development in Rapidly Changing Markets: An Exploratory Study. *Journal of Product Innovation Management*, Vol. 15, No. 3, 1998, pp. 224 – 236.

[210] Naman J. L., Slevin D. P., Entrepreneurship and the Concept of Fit: A Model and Empirical Tests. *Strategic Management Journal*, Vol. 14, 1993, pp. 137 – 153.

[211] Navas – Alema, L., The Impact of Operating in Multiple Value Chains for Upgrading: The Case of the Brazilian Furniture and Footwear Industries. *World Development*, Vol. 39, No. 8, 2011, pp. 1386 – 1397.

[212] Navas-Alema, L., The Impact of Operating in Multiple Value Chains for Upgrading: the Case of the Brazilian Furniture and Footwear Industries. *World Development*, Vol. 39, No. 8, 2011, pp. 1386-1397.

[213] Negassi, S., R&D Cooperation and Innovation: A Microeconometric Study on French Firms. *Research Policy*, Vol. 33, No. 3, 2004, pp. 365-384.

[214] OECD, Oslo Manual: Guidelines for Collecting and Interpreting Innovation Data. Paris: OECD, 2005.

[215] Phusavat, K., Kanchana, R., Competitive Priorities of Manufacturing Firms in Thailand. *Industrial Management and Data Systems*, Vol. 107, No. 7, 2007, pp. 979-996.

[216] Pietrobelli, C., R. Rabellotti., Global Value Chains Meet Innovation Systems: Are There Learning Opportunities for Developing Countries? *World Development*, Vol. 39, No. 7, 2011, pp. 1261-1269.

[217] Pipkin, S. A., Fuentes. Spurred to Upgrade: A Review of Triggers and Consequences of Industrial Upgrading in the Global Value Chain Literature. *World Development*, Vol. 98, 2017, pp. 536-554.

[218] Podsakoff, P. M., MacKenzie, S. B., Lee, J. Y., Podsakoff, N. P., Common Method Biases in Behavioral Research: A Critical Review of the Literature and Recommended Remedies. *Journal of Applied Psychology*, Vol. 88, No. 5, 2003, pp. 879-903.

[219] Quinn, J. B., Strategic Outsourcing: Leveraging Knowledge Capabilities. *Sloan Management Review*, Vol. 40, 1999, pp. 9-21.

[220] Rasiah, R., Kong, X. X., Vinanchiarachi, J., Moving up in the Global Value Chain in Button Manufacturing in China. *Asia Pacific Business Review*, Vol. 17, No. 2, 2011, pp. 161-174.

[221] Rauch, A., Wiklund, J., Lumpkin, G. T. Frese, M., Entrepreneurial Orientation and Business Performance: An Assessment of Past Research and Suggestions for the Future. *Entrepreneurship: Theory & Practice*, Vol. 33, No. 3, 2009, pp. 761-787.

[222] Reichstein, T., Salter, A., Investigating the Sources of Process Innovation among UK Manufacturing Firms. *Industrial and Corporate Change*, Vol. 15, No. 4, 2006, pp. 653-682.

[223] Romijn, H., Albaladejo, M., Determinants of Innovation Capability in Small Electronics and Software Firms in Southeast England. *Research Policy*, Vol. 31, 2002, pp. 1053 – 1067.

[224] Rouvinen, P., Characteristics of Product and Process Innovators: Some Evidence from the Finish Innovation Survey. *Applied Economics Letters*, Vol. 9, 2002, pp. 575 – 580.

[225] Russell, S. N., Millar, H. H., Competitive Priorities of Manufacturing Firms in the Caribbean. *Journal of Business and Management*, Vol. 16, No. 10, 2014, pp. 72 – 82.

[226] Salter, W., *Productivity and Technical Change*. Cambridge: Cambridge University Press, 1960.

[227] Shane S., Venkataraman, S., The Promise of Entrepreneurship as A Field of Research. *Academy of Management Review*, Vol. 26, No. 1, 2000, pp. 217 – 226.

[228] Shane, S., Prior Knowledge and the Discovery of Entrepreneurial Opportunities. *Organization Science*, Vol. 11, No. 4, 2000, pp. 448 – 469.

[229] Simon, H., *Hidden Champions: Lessons from 500 of the World's Best Unknown Companies*. Boston (Mass.): Harvard Business School Press, 1996, P. 110.

[230] Skinner, W., Manufacturing – Missing Link in Corporate Strategy. *Harvard Business Review*, May – June 1969, pp. 136 – 145.

[231] Spring, M., Boaden, R., One More Time, How Do You Win Orders: A Critical Reappraisal of the Hill's Manufacturing Strategy Framework. *International Journal of Operations and Production Management*, Vol. 20, No. 4, 1997, pp. 441 – 467.

[232] Strauss, A. Corbin, J., *Basic of Qualitative Research: Grounded Theory Procedures and Techniques*. New Bury Park (CA): Sage Publications, 1990, P. 176.

[233] Sturgeon, T., Lee, Ji – Ren., Modular Production Networks: Value Chain Co-evolution and the Rise of A Shared Supply-base for Electronics Manufacturing. Nelson and Winter Conference, 1998.

[234] Sturgeon, T., Modular Production Networks: A New American Model of Industrial Organization. *Industrial and Corporate Change*, Vol. 11,

No. 3, 2002, pp. 451 – 496.

[235] Subramaniam, M., Venkatraman, N., Determinants of Transnational New Product Development Capability: Testing the Influence of Transferring and Deploying Tacit Overseas Knowledge. *Strategic Management Journal*, Vol. 22, 2001, pp. 359 – 378.

[236] Tan, J., Litschert, R. J., Environment – Strategy Relationship and Its Performance Implications: An Empirical Study of Chinese Electronics Industry. *Strategic Management Journal*, Vol. 15, 1994, pp. 1 – 20.

[237] Tenenhaus, M., Vinzi, V. E., Chatelin, Y. – M., Lauro, C., PLS Path Modeling. *Computational Statistics & Data Analysis*, Vol. 48, No. 1, 2005, pp. 159 – 205.

[238] Teng, B. S., Corporate Entrepreneurship Activities through Strategic Alliances: A Resource – Based Approach toward Competitive Advantage. *Journal of Management Studies*, Vol. 44, No. 1, 2007, pp. 119 – 140.

[239] Tidd, J., Innovation Management in Context: Environment, Organization and Performance. *International Journal of Management Reviews*, Vol. 3, No. 3, 200, pp. 169 – 183.

[240] Uddaby, R., From the Editors: What Grounded Theory Is Not, *Academy of Management Journal*, Vol. 49, No. 4, 2006, pp. 633 – 642.

[241] UNCTAD, World Investment Report 2013 – Global Value Chains: Investment and Trade for Development. Geneva, 2013.

[242] UNIDO, Industrial Development Report 2002/2003: Competing through Innovation and Learning, Vienna, 2002.

[243] Van Assche, A., Brandl, K., Perri, A., Scalera, V. G., The Nature of Innovation in Global Value Chains. *Journal of World Business*, Vol. 52, 2017, pp. I – III.

[244] Van Der Panne, G., Cees Van Beers, Kleinknecht, A., Success and Failure of Innovation: A Literature Review. *International Journal of Innovation Management*, Vol. 7, No. 3, 2003, pp. 309 – 338.

[245] Veryzer, R. W., Discontinuous Innovation and the New Product Development Process. *Journal of Product Innovation Management*, Vol. 15, No. 4, 1998, pp. 304 – 321.

[246] Veugelers, R., Internal R&D Expenditures and External Technology Sourcing. *Research Policy*, Vol. 26, No. 3, 1997, pp. 303 – 316.

[247] Volberda, H. W., *Building the Flexible Firm*. Oxford: Oxford University Press, 1998.

[248] Voss Z. G., Moorman C., An Empirical Examination of the Complex Relationships between Entrepreneurial Orientation and Stakeholder Support. *European Journal of Marketing*, Vol. 39, 2005, pp. 1132 – 1150.

[249] Wells, K., The Strategy of Grounded Theory: Possibilities and Problems. *Social Work Research*, Vol. 19, No. 1, 1995, pp. 33 – 37.

[250] Wiklund J., Shepherd D., Entrepreneurial Orientation and Small Business Performance: A Configurational Approach. *Journal of Business Venture*, Vol. 20, 2005, pp. 71 – 91.

[251] Williamson, O. E., *The Mechanisms of Governance*. New York: Oxford University Press, 1996.

[252] Wind, Y., Mahajan, V., Issues and Opportunities in New Product Development: An Introduction to the Special Issue. *Journal of Marketing Research*, Vol. 34, No. 1, 1997, pp. 1 – 12.

[253] Wortzel, L. H., Wortze, l. H. V., Export Marketing Strategies for NIC and LDC – Based Firms. *Columbia Journal of World Business*, Spring 1981, pp. 51 – 60.

[254] Yam, R. C. M., An Audit of Technological Innovation Capabilities in Chinese Firms: Some Empirical Findings in Beijing China. *Research Policy*, Vol. 33, 2004, pp. 1123 – 1140.

[255] Yan, H., Entrepreneurship, Competitive Strategies and Transforming Firms from OEM to OBM in Taiwan. *Journal of Asia – Pacific Business*, Vol. 13, 2012, pp. 16 – 36.

[256] Zahra, S. A., Goverance, Ownership, and Corporate Entrepreneurship: the Moderating Impact of Industry Technological Opportunities. *Academy of Management Journal*, Vol. 39, No. 6, 1996, pp. 1713 – 1735.

[257] Zander, U., B. Kogut, Knowledge and the Speed of the Transfer and Imitation of Organizational Capabilities: An Empirical Test. *Organization Science*, Vol. 6, No. 1, 1995, pp. 76 – 92.

[258] Zhao, X., Yeung, J. H. Y., Zhou, Q., Competitive Priorities

of Enterprises in Mainland China. *Total Quality Management*, Vol. 13, No. 3, 2002, pp. 285 – 300.

[259] Zhou, Z., Yim, C. K., Tse, D. K., The Effects of Strategic Orientations on Technology and Market – Based Breakthrough Innovations. *Journal of Marketing*, Vol. 69, No. 2, 2005, pp. 42 – 60.

后　　记

　　本书是在作者主持的国家社会科学基金一般项目（项目名称：从模仿创新到自主创新的转型路径研究）结项报告的基础上修订成稿的。课题从申报到研究再到结项，历时近五年。在这一过程中，来自中央财经大学校内外的众多专家、学者、同仁和朋友给予了许多帮助。在此，特别要感谢中央财经大学商学院孙国辉教授、崔新健教授、于广涛教授、刘晓红教授、曲扬副教授，美国密苏里大学哥伦比亚校区商学院邹绍明教授，北京第二外国语学院王成慧教授以及中央财经大学商学院的各位领导和同事，正是他（她）们所给予的非常宝贵的建议、指导、支持和关心，才使得课题能够申报成功并顺利完成。

　　能否走出象牙塔，深入到作为研究对象的企业之中、扎根于企业的运营实践之中，通过访谈、问卷调查、现场观察等手段获取充分、真实的第一手资料和数据，是决定管理学研究成果质量的关键因素之一。在本研究实地调研和问卷调查的过程中，来自不同地区、不同行业的多位领导、朋友给予了热情的支持和积极的协助，在此，仅向他（她）们致以诚挚的谢意！他（她）们是：山东省青岛市科学技术协会王崇江先生，山东省青岛市黄岛区商务局管学锋先生、王光华先生、李丽娜女士，中央财经大学商学院于广涛先生，国家税务总局青岛市城阳区税务局张英女士，中国银行山东省分行王炳华先生，中国银行山东省潍坊市分行刘永明先生，山东省潍坊市人力资源管理服务中心张希成先生，国家税务总局江阴市税务局顾方媛女士。同时，一并向接受调研及问卷调查的企业及相关负责人表示感谢！

　　我指导的中央财经大学商学院企业管理专业2015级硕士研究生莫沁妍、2016级硕士研究生李克玲在企业实地调研、访谈资料整理、调查问卷录入等方面做了许多工作。两位同学皆已学成毕业，感谢她们，祝她们前程似锦！

　　特别感谢孙国辉教授在关心和支持本课题研究的同时，于百忙之中拨冗为本书做序！

任何学术研究成果都是站在前人的肩膀上登高远眺的结果。本书的完成和书稿的出炉，同样离不开大量国内外文献所提供的丰沃的理论土壤和方法启迪。对于本书所参考和引用的国内外专家、学者的观点和研究成果，本人尽可能地在书中脚注和书后的参考文献中列示了出处。对于那些由于本人疏失而可能未予标注和列示的学者及相关领域专业人士，深表歉意！在此，谨向对本研究有所启示的所有文献的作者表示真挚的感谢！

王生辉

2018 年 9 月于密苏里大学哥伦比亚校区商学院

附录：问卷调查表

尊敬的女士/先生：

    您好！非常感谢您在百忙之中填写本问卷。本问卷由中央财经大学国家社会科学基金项目"从模仿创新到自主创新的转型路径——基于代工业务升级视角的研究"（批准号：12BGL012）课题组所编写，旨在了解开展创新活动对代工业务升级的影响。本问卷的结果将完全用于学术研究，不涉及任何商业意图。我们会对您所填写的资料将严格保密。如有需要，我们将向您提供该研究的报告。谢谢！

第一部分　基本信息

1. 贵公司已经成立的年数是：_____
   A. 0~5 年（含 5 年）　　　　　　B. 5~10 年（含 10 年）
   C. 10~15 年（含 15 年）　　　　 D. 15 年以上

2. 贵公司所在地是：_____省_____市

3. 贵公司的企业性质属于：_____
   A. 国有及国有控股企业　　　　　B. 集体企业
   C. 民营企业　　　　　　　　　　D. 其他性质企业

4. 贵公司拥有员工数：_____
   A. 100 人以下（含 100）　　　　 B. 100~500 人（含 500）
   C. 500~1000 人（含 1000）　　　 D. 1000 人以上

5. 贵公司为客户代工生产的产品主要是：_____
   A. 通信设备、计算机、家电及其他电子设备
   B. 电气设备、机械、仪器仪表、化工及橡胶
   C. 纺织面料、服装、鞋、帽、皮革制品、箱包、玩具
   D. 工艺品、木制品、体育用品及五金
   E. 其他（_____）

6. 贵公司除了为客户代工制造产品之外，是否还为客户开发与设计产品？_____
   A. 是，我们为客户开发设计产品
   B. 否，该产品的开发设计，是由客户所提供

续表

7. 贵公司是否做自有品牌的营销？_____
   A. 是，我们也做类似产品的品牌营销
   B. 否，我们是专业代工，不做自有品牌营销

8. 您在贵公司的职位是：_____
   A. 高层管理者   B. 中层管理者
   C. 基层管理者   D. 其他

第二部分　企业创新及代工业务升级相关信息

填写说明：下列每个题项后面都有 1 到 7 个等级，分别表示对题项中的描述感觉"非常不同意""不同意""不太同意""一般""比较同意""同意""非常同意"。请根据贵企业实际情况在每个题项后面的相应等级上打√。您选的数字越大就表示您越同意该题项的描述。

序号	题项	非常不同意	不同意	不太同意	一般	比较同意	同意	非常同意
POC1	本企业的客户经常要求更高的产品质量	1	2	3	4	5	6	7
POC2	本企业的客户经常要求更低的价格	1	2	3	4	5	6	7
POC3	本企业的客户经常对交货期提出更高的要求	1	2	3	4	5	6	7
POC4	本企业主要客户转单的风险较高	1	2	3	4	5	6	7
ENT1	本企业的领导者具有很强的创新意识，不墨守陈规	1	2	3	4	5	6	7
ENT2	本企业的领导者具有很强的学习和探索精神	1	2	3	4	5	6	7
ENT3	本企业的领导者在面对风险时，会持积极大胆的态度，敢于冒风险	1	2	3	4	5	6	7
ENT4	本企业的领导者具有很好的洞察力和决断力	1	2	3	4	5	6	7
LFC1	在过去的几年里，客户经常向本企业提供一些指导和培训	1	2	3	4	5	6	7

续表

序号	题项	非常不同意	不同意	不太同意	一般	比较同意	同意	非常同意
LFC2	在过去的几年里,本企业经常能够从客户那里学到各种知识和技能	1	2	3	4	5	6	7
LFC3	在过去的几年里,客户提供了很多关于产品设计、制造和工艺方面的信息	1	2	3	4	5	6	7
ROI1	在过去的几年中,本企业在工艺流程(或标准)的创新上投入了很多人力、物力和财力	1	2	3	4	5	6	7
ROI2	在过去的几年中,本企业在产品设计方面投入了很多人力、物力和财力	1	2	3	4	5	6	7
IOP1	在过去的几年中,本企业开展了工艺流程(或标准)的调整或改善工作	1	2	3	4	5	6	7
IOP2	在过去的几年中,本企业围绕降低生产成本、提高产品质量和交货速度做了大量工作	1	2	3	4	5	6	7
IOD1	在过去的几年中,本企业开展了产品设计方面的工作	1	2	3	4	5	6	7
IOD2	在过去的几年中,本企业经常对客户的产品设计提出改进的建议	1	2	3	4	5	6	7
IOD3	在过去的几年中,本企业很重视产品设计方面的活动	1	2	3	4	5	6	7
IOM1	在过去的几年中,本企业开展了针对客户或最终用户的市场调查与分析工作	1	2	3	4	5	6	7
IOM2	在过去的几年中,本企业围绕如何把产品销售给客户或最终用户做了一些工作	1	2	3	4	5	6	7
IOM3	在过去的几年中,本企业在如何把产品销售给客户或最终用户方面进行了大量投入	1	2	3	4	5	6	7
IOM4	在过去的几年中,围绕建立品牌或提高已有品牌的价值,本企业做了一些工作	1	2	3	4	5	6	7

续表

序号	题项	非常不同意	不同意	不太同意	一般	比较同意	同意	非常同意
COP1	本企业具有较强的成本控制能力	1	2	3	4	5	6	7
COP2	本企业具有较强的生产技术水平	1	2	3	4	5	6	7
COP3	本企业具有较强的生产流程管理能力	1	2	3	4	5	6	7
COP4	本企业具有较强的质量控制能力	1	2	3	4	5	6	7
COP5	本企业能够快速响应客户在生产上的要求	1	2	3	4	5	6	7
COD1	本企业具有较强的开发设计新产品的能力	1	2	3	4	5	6	7
COD2	本企业具有独立或者与客户共同开发设计新产品的能力	1	2	3	4	5	6	7
COD3	本企业的新产品开发设计能力优于同行业其他企业	1	2	3	4	5	6	7
COD4	本企业具有新产品开发设计方面的知识	1	2	3	4	5	6	7
UOP1	与前几年相比，本企业生产效率有明显提升	1	2	3	4	5	6	7
UOP2	与前几年相比，本企业产品质量有明显提升	1	2	3	4	5	6	7
UOP3	与前几年相比，本企业生产管理体系更完善	1	2	3	4	5	6	7
UOP4	与前几年相比，本企业向客户交货的速度更快	1	2	3	4	5	6	7
UOD1	本企业现在能够进行产品设计的改进和完善	1	2	3	4	5	6	7
UOD2	本企业现在能够独立或者与客户共同进行产品设计	1	2	3	4	5	6	7
UOD3	本企业现在能够生产更加复杂的产品	1	2	3	4	5	6	7
UOD4	本企业现在新产品投产的速度更快	1	2	3	4	5	6	7

续表

序号	题项	非常不同意	不同意	不太同意	一般	比较同意	同意	非常同意
UOF1	本企业现在能够进行新技术的研究与开发	1	2	3	4	5	6	7
UOF2	本企业现在拥有自己独特的技术	1	2	3	4	5	6	7
UOF3	本企业现在能够建立或强化自有品牌	1	2	3	4	5	6	7

问卷到此结束,非常感谢您的支持与合作!

如果您需要研究结果,请您留下联系方式,以方便我们将研究报告呈送给您。

姓名:_____,电话:_____,E-mail:_____

地址:_____,邮编:_____